本图书受浙江师范大学科研启动费资金资助

特此鸣谢

案例疏议
国际民商法与国际经济法

范祺博文 ◎ 著

INTERNATIONAL CIVIL AND
COMMERCIAL LAW AND INTERNATIONAL
ECONOMIC LAW CASES

中国政法大学出版社

2023·北京

声　明　　1. 版权所有，侵权必究。

　　　　　2. 如有缺页、倒装问题，由出版社负责退换。

图书在版编目（ＣＩＰ）数据

案例疏议：国际民商法与国际经济法/范祺博文著.—北京：中国政法大学出版社，2023.12
ISBN 978-7-5764-1245-1

Ⅰ.①案… Ⅱ.①范… Ⅲ.①国际法－民商法－研究 ②国际经济法－研究 Ⅳ.①D997.1 ②D996

中国国家版本馆CIP数据核字(2023)第232455号

出 版 者	中国政法大学出版社
地　　址	北京市海淀区西土城路 25 号
邮寄地址	北京 100088 信箱 8034 分箱　邮编 100088
网　　址	http://www.cuplpress.com（网络实名：中国政法大学出版社）
电　　话	010-58908289(编辑部) 58908334(邮购部)
承　　印	固安华明印业有限公司
开　　本	720mm×960mm　1/16
印　　张	17.5
字　　数	270 千字
版　　次	2023 年 12 月第 1 版
印　　次	2023 年 12 月第 1 次印刷
定　　价	89.00 元

PREFACE 序
国际两大解决问题的重要途径

当今社会发展日新月异,一日千里,人们对知识的渴望日益增大。知识,也进入了大爆炸时代,尤其对西方的诉讼和仲裁规则技巧和经验急需,而又没有捷径可走。

习近平总书记指出,参与全球治理需要一大批熟悉党和国家方针政策,了解我国国情,具有全球视野,熟练运用外语,通晓国际规则,精通国际谈判的专业人才。

通晓国际规则且精通国际谈判的国际型人才,除了精通英语之外,还必须具备国际诉讼与仲裁方面的法律知识。国内缺少一本关于美国诉讼与仲裁的教科书籍,于是范祺博文博士这本详细介绍美国的诉讼与仲裁的疏议应运而生。

本书作者毕业于北京师范大学历史学院、法学院后,于美国印第安纳大学法学院深造,获博士学位。她精通英语,熟悉美国法律。受浙江师范大学之邀,加盟该校法学院任教国际诉讼与仲裁,教书育人。在忙碌的教学过程中,面对莘莘学子的需求和对知识的渴望,她决心要编一本这方面的书,满足学子们成为通晓国际规则且精通国际谈判的国际型人才的需求,这也成为范祺博文博士研究和努力的方向。她也成为社会主义事业先进示范省浙江的先行先试者。

通过每一个诉讼案例,让读者了解美国的法律,懂得在诉讼中如何保障涉外企业,经济法律规则,以及规则所起的作用。

通过学习国际仲裁知识,人们可以了解国际仲裁与国内仲裁的区别和契合点；通过一个个精彩的案例分析，介绍美国先进成熟的诉讼与仲裁。当然，说它先进与成熟，这并不是菲薄自己，不是否定我国的诉讼与仲裁的成功与经验，而是更好地把我国一代代的高端法学人才，培养成通晓国际规则且精通国际谈判的专业人才，提升对国际大环境中的认同感，以更好地为我国经济建设发展助力服务。避免损失，规范涉外企业自我行为，走向世界。目前，我国的大部分进出口企业缺乏国际诉讼和国际仲裁方面的知识和技能。这本书详细地介绍了美国诉讼与仲裁的原则，逻辑脉络和纹理十分清晰。看完以后，会让人耳目一新，立刻想奔赴美国的法庭或仲裁庭，一试身手，为企业一争，为国争光，有种争取民族利益的自豪感！

古代一位西方哲人曾经说过法律的生命在于运用。国际诉讼与仲裁也是一样，它的生命，要在维护企业，维护国家利益时发挥出作用，才能体现出自身的价值和光彩。

本书作者呕心沥血，就是为中华民族屹立于世界之林，成为复合型强国，添砖加瓦，锦上添花而尽绵薄之力。为我们法学教育国际诉讼与仲裁这方面填补空白。

在编著过程中，作者受到学校领导、学院领导的关心和中国政法大学出版社老师们的指点和支持，也得到了同学们的帮助。本书可谓群策群力的结果。

衷心希望有更多有识之士，返回祖国，在建设我国社会主义现代化国家新征程中，能多介绍国际仲裁诉讼案例、规则，多引荐西方教育的实用法律知识，以利于国家建设需求。

最后，真诚地希望这本书能够"润物细无声"，让广大读者在轻松的阅读中，了解和掌握国际的法学知识，为我们国家建设出一份力。阅读和学习这本书，将使你的眼界更上一层楼，你的事业行稳致远。也希望此书能为企业走向国际舞台利益最大化、合法化、规范化，助力前行，有所帮助。

秉承这份祝福，提笔作序。

范胜利

2023年1月26日

目 录

序 | 国际两大解决问题的重要途径 ································ 001

上篇：国际民事诉讼与商事仲裁

1 管辖权 | 嘉能可谷物诉施威纳瑞案 ························ 003

【原文赏析】 ·· 003

【案情简介】 ·· 015

【争议焦点】 ·· 015

【法律规范】 ·· 016

【双方辩词】 ·· 018

【判决结果】 ·· 021

【思考延伸】 ·· 022

2 海事管辖权 | 杰曼诉菲卡拉案 ······························ 026

【原文赏析】 ·· 026

【案情简介】 ·· 042

【争议焦点】 ·· 042

【法律规范】 ·· 043

【双方辩词】 ·· 045

【判决结果】 ·· 048
【思考延伸】 ·· 048

3 联邦主权豁免法 | 萨布利奇诉克罗地亚线案 ········ 049
【原文赏析】 ·· 049
【案情简介】 ·· 055
【争议焦点】 ·· 055
【法律规范】 ·· 055
【双方辩词】 ·· 056
【判决结果】 ·· 059
【思考延伸】 ·· 059

4 外国主权豁免法 | 苏丹共和国诉哈里森案 ········ 060
【原文赏析】 ·· 060
【案情简介】 ·· 071
【争议焦点】 ·· 071
【法律规范】 ·· 071
【双方辩词】 ·· 073
【判决结果】 ·· 078
【思考延伸】 ·· 078

5 不方便法院 | 帕珀飞机公司诉雷诺案 ········ 079
【原文赏析】 ·· 079
【案情简介】 ·· 089
【争议焦点】 ·· 090
【法律规范】 ·· 090
【双方辩词】 ·· 091
【判决结果】 ·· 094

【思考延伸】······094

6 不方便法院｜迈尔斯诉波音公司案······095

【原文赏析】······095
【案情简介】······108
【争议焦点】······108
【法律规范】······109
【双方辩词】······111
【判决结果】······114
【思考延伸】······114

下篇：国际经济法

7 国家经济主权原则、公平互利原则、国际合作以谋发展原则｜校园石油公司等诉工业和能源部长案······119

【原文赏析】······119
【案情简介】······131
【争议焦点】······131
【法律规范】······132
【双方辩词】······134
【判决结果】······137
【思考延伸】······138

8 海上货物运输法和责任限制｜诺福克诉科百案······141

【原文赏析】······141
【案情简介】······153
【争议焦点】······154

【法律规范】 …………………………………………… 154

【双方辩词】 …………………………………………… 158

【判决结果】 …………………………………………… 161

【思考延伸】 …………………………………………… 161

9 《关贸总协定》最惠国待遇、国民待遇、非歧视待遇、一般例外与安全例外丨世界贸易组织—美国重新配方汽油和常见汽油的标准案 … 163

【原文赏析】 …………………………………………… 163

【案情简介】 …………………………………………… 185

【争议焦点】 …………………………………………… 186

【法律规范】 …………………………………………… 186

【双方辩词】 …………………………………………… 188

【判决结果】 …………………………………………… 197

【思考延伸】 …………………………………………… 198

10 信用证丨哈尼尔银行诉印尼国家银行案 …………… 201

【原文赏析】 …………………………………………… 201

【案情简介】 …………………………………………… 209

【争议焦点】 …………………………………………… 209

【法律规范】 …………………………………………… 209

【双方辩词】 …………………………………………… 212

【判决结果】 …………………………………………… 214

【思考延伸】 …………………………………………… 215

11 禁制令丨哈里斯公司诉伊朗国家广播电视公司案 …… 217

【原文赏析】 …………………………………………… 217

【案情简介】 …………………………………………… 229

【争议焦点】 …………………………………………… 230

【法律规范】……………………………………………………… 230
【双方辩词】……………………………………………………… 233
【判决结果】……………………………………………………… 236
【思考延伸】……………………………………………………… 236

12 知识产权的国际保护 | 柯桑恩诉约翰·威利父子公司案 ………… 238

【原文赏析】……………………………………………………… 238
【案情简介】……………………………………………………… 259
【争议焦点】……………………………………………………… 260
【法律规范】……………………………………………………… 260
【双方辩词】……………………………………………………… 263
【判决结果】……………………………………………………… 268
【思考延伸】……………………………………………………… 268

上 篇

国际民事诉讼与商事仲裁

1 管辖权 | 嘉能可谷物诉施威纳瑞案[1]

> 原文赏析

嘉能可谷物鹿特丹公司根据《承认及执行外国仲裁裁决公约》(以下简称《公约》)向地区法院提出申请,要求确认它与施威纳瑞-哈纳兰公司的仲裁裁决。根据施威纳瑞-哈纳兰公司的动议,地区法院以缺乏属人管辖权为由驳回了嘉能可谷物鹿特丹公司的申请。

根据《美国法典》第28篇第1291条,我们对嘉能可谷物鹿特丹公司的上诉有管辖权。我们认为,《公约》并没有取消正当程序要求,即在确认先前发布的仲裁裁决的诉讼中,联邦法院对被告的人身或财产拥有管辖权。由于嘉能可谷物鹿特丹公司未能①确定施威纳瑞-哈纳兰公司在法院地拥有的任何财产,或②指控支持属人管辖权结论的事实,我们确认地区法院对申诉的驳回。

一、背景

本案源于11份一系列的合同,根据这些合同,嘉能可谷物鹿特丹公司(一家主要营业地在鹿特丹的荷兰公司)同意从施威纳瑞-哈纳兰公司(在印度注册的大米制造商和出口商,主要营业地在印度新德里)购买约300 000吨大米。这些合同要求在印度坎德拉港交付大米。每份合同中规定的权利和责任包括以下仲裁和法律选择条款:

11-由本合同产生的任何争议应提交给伦敦米商经纪人协会的仲裁员小组

---

[1] Glencore Grain Rotterdam B. V. v. Shivnath Rai Harnarain Harnarain Co., 284 F. 3d 1114 (9th Cir. 2002).

的两名成员或其裁判员（也是该小组的成员）进行仲裁解决。每一方指定一名仲裁员并有权拒绝一名被提名人，仲裁各方有权在裁决之日起30天内就任何裁决（法律问题除外）向伦敦米商经纪人协会提出上诉，该协会的决定为最终决定。因裁决而产生的任何款项应在裁决日期后30日内支付。

……

14-住所：本合同应被视为在英国订立，在所有方面都受英国法律管辖。由此产生的或与之相关的任何争议，应根据伦敦米商经纪人协会的规则提交仲裁。

合同双方之间出现了关于大米交付的争议，并提交伦敦米商经纪人协会进行仲裁。在1997年7月的书面裁决中，伦敦米商经纪人协会作出了有利于嘉能可谷物鹿特丹公司的裁决，裁决给它大约650万美元；包括利息在内，该裁决超过了700万美元。施威纳瑞-哈纳兰公司既没有在英国质疑该裁决（在英国该裁决成为最终裁决并可以执行），也没有支付赔偿。

1998年3月，嘉能可谷物鹿特丹公司向位于印度新德里的德里高等法院提起诉讼，要求执行未支付的仲裁裁决。施威纳瑞-哈纳兰公司从几个方面反对执行该裁决，理由包括其未同意相关合同中的仲裁条款，以及仲裁员分配的时间不足以就案情进行辩护。嘉能可谷物鹿特丹公司的执行诉讼仍在德里高等法院审理中。

2000年7月，嘉能可谷物鹿特丹公司向加州北区联邦地区法院提出申请，要求根据《公约》[1]确认仲裁裁决。施威纳瑞-哈纳兰公司以六个不同的理由（包括缺乏属人管辖权）提出了驳回申请的动议。

在反对驳回的动议中，嘉能可谷物鹿特丹公司提交了施威纳瑞-哈纳兰公司与加州和整个美国的最低限度联系的证据，以证明行使属人管辖权的合理性。嘉能可谷物鹿特丹公司提供了施威纳瑞-哈纳兰公司运送大米的以下证据：1987年运入洛杉矶港的1次货物；1993年至1995年通过东海岸港口的7次货物；1999年3月至2000年3月运入旧金山港的15次货物。此外，嘉能可谷物鹿特丹公司提交的文件显示，位于加州联合市的亚洲品牌有限公司总

---

[1] Convention, June 10, 1958, 21 U.S.T. 2517, T.I.A.S. 6997, 330 U.N.T.S. 38, reprinted following 9 U.S.C.A. §201 (West 1999).

裁阿洛克·莫汉担任施威纳瑞-哈纳兰公司的销售代理,负责其在全美的大米销售。嘉能可谷物鹿特丹公司认为,这些联系支持对施威纳瑞-哈纳兰公司行使特殊或一般管辖权。

毫不动摇地,地区法院以缺乏属人管辖权为由驳回了诉讼。在驳回一般管辖权的论点时,地区法院的理由是:"原告没有证实被告除了通过这个销售代理(即亚洲品牌有限公司)在(美国)开展的业务以外的任何业务。"据此,地区法院没有发现足够的联系来行使一般管辖权。此外,地区法院拒绝行使一般管辖权,因为"(嘉能可谷物鹿特丹公司)对诉讼起因来自或与(施威纳瑞-哈纳兰公司)在法院地内的活动有关没有提出任何主张"。由于对施威纳瑞-哈纳兰公司缺乏属人管辖权,地区法院驳回了嘉能可谷物鹿特丹公司要求确认其仲裁裁决的申请。

于是,上诉被及时提出了。

二、争议

(一)审查标准

我们从头审查因缺乏管辖权而驳回的案件。[1]因为地区法院在没有举行证据听证会的情况下驳回了该案件,嘉能可谷物鹿特丹公司只需要通过其诉状和宣誓书对支持管辖权的事实进行初步证明,就可以避免被驳回。我们接受嘉能可谷物鹿特丹公司毫无争议的指控为真实,并以对其有利的方式解决各方文件中的事实冲突。[2]

(二)《公约》规定了对嘉能可谷物鹿特丹公司执行其仲裁裁决的诉讼标的物管辖权

1970年,美国国会批准了《公约》,这是一项多边条约,规定"承认和执行在寻求承认的国家以外的国家境内作出的仲裁裁决"。[3]国会通过《美国联邦仲裁法》[4]实施该《公约》,其中规定:

---

[1] Myers v. Bennett Law Offices, 238 F. 3d 1068, 1071 (9th Cir. 2001).

[2] AT & T Co. v. Compagnie Bruxelles Lambert, 94 F. 3d 586, 588 (9th Cir. 1996).

[3] Convention, art. I (1), 21 U. S. T. 2517.

[4] 9 U. S. C. §§201-208.

依据《公约》的诉讼或程序应被视为根据美国的法律和条约产生。无论争议的金额如何，美国的地区法院对这种诉讼或程序具有原始管辖权。[1]

《美国联邦仲裁法》进一步规定：

在根据《公约》作出仲裁裁决的3年内，仲裁的任何一方可根据本章向具有管辖权的任何法院申请发布命令，确认该裁决对仲裁的任何其他当事方有效。法院应确认该裁决，除非它发现任何一条上述《公约》中规定的拒绝或推迟承认或拒绝执行该裁决的理由。[2]

该《公约》适用于确认嘉能可谷物鹿特丹公司仲裁裁决的诉讼，因为该诉讼是嘉能可谷物鹿特丹公司在英国（伦敦）获得裁决后3年内向地区法院提起的。"关键因素是裁决的地点：如果该地点在《公约》缔约国的领土内，无论仲裁各方的公民身份或住所如何，所有其他《公约》缔约国都必须承认和执行该裁决。"[3]因此，地区法院对嘉能可谷物鹿特丹公司的申请有标的物管辖权。

（三）《公约》并没有废除对被告的人身或财产存在管辖权的正当程序要求

在考虑嘉能可谷物鹿特丹公司关于对施威纳瑞-哈纳兰公司存在管辖权的论点之前，我们认为有必要简要地讨论一下嘉能可谷物鹿特丹公司的暗示，即《美国联邦仲裁法》考虑减少对诉讼中被告的管辖权要求以确认仲裁裁决。出于以下原因，我们认为这一立场毫无意义。

《公约》及其执行立法具有支持执行的倾向性，这是最高法院长期承认的一项政策：《公约》的目标，以及美国通过和实施该《公约》的主要目的，是鼓励承认和执行国际合同中的商业仲裁协议，并统一签署国遵守仲裁协议和执行仲裁裁决的标准。[4]

《公约》本身和《美国联邦仲裁法》的强制性语言反映了这种偏向性，使地区法院"几乎没有自由裁量权"。[5]《公约》第3条说明了这一点："各

---

[1] 9 U. S. C. §203.

[2] 9 U. S. C. §207.

[3] Restatement (Third) of Foreign Relations Law §487 cmt. b (1987).

[4] Scherk v. Alberto-Culver Co., 417 U. S. 506, 520 n. 15 (1974).

[5] Ministry of Def. of the Islamic Republic of Iran v. Gould, Inc., 969 F. 2d 764, 770 (9th Cir. 1992).

缔约国应承认仲裁裁决具有约束力",而不创造比适用于国内仲裁裁决更繁琐的条件或程序。[1]同样,《美国联邦仲裁法》规定,联邦法院"应确认裁决,除非发现了《公约》中规定的拒绝承认或执行该裁决的理由之一"。[2]

鉴于这种确认裁决的任务,嘉能可谷物鹿特丹公司似乎发现了《公约》和《美国联邦仲裁法》没有明确的含义:①《公约》及其执行立法都没有明确要求对被请求确认的一方有属人管辖权;②在请求执行的国家,对被告缺乏属人管辖权不属于《公约》中对承认和执行外国仲裁裁决的七项抗辩。[3]我们不这样认为。

民事诉讼程序和《宪法》的基本原则是:"在《宪法》禁止时,法规不能授予属人管辖权。"[4]这一规定反映了这样一个理念,即地区法院必须拥有对标的物和当事人进行管辖的权力,这些不同的权力来自《宪法》的不同领域。尽管《宪法》第3条第2款第1项划定了"联邦司法权可能延伸的争议的性质",但下级联邦法院需依靠国会授予法定的管辖权来获得这种权力。[5]"因此,标的物管辖权是《宪法》第3条的要求,也是一项法定要求。"[6]

相比之下,属人管辖权要求"来自正当程序条款(并)代表了对司法权力的限制,不是作为一个主权问题,而是作为一个个人自由问题"。地区法院确定属人管辖权的存在与否,不是参考法定的认可,而是询问对被告的诉讼的维持是否符合国际鞋业公司案[7]中概述的正当程序的《宪法》概念,以及其内容。因此,实施《公约》的立法缺乏要求对诉讼当事人进行属人管辖的语言,这一点丝毫不重要。我们认为,无论是《公约》还是其实施立法都没有取消地区法院在确认仲裁裁决的诉讼中对被告的管辖权的义务。

也许是因为我们的裁决是如此的不寻常,我们发现了相对较少的正视这

---

[1] 21 U. S. T. 2517.

[2] 9 U. S. C. §207.

[3] Convention, art. V, 21 U. S. T. 2517.

[4] Gilson v. Republic of Ir. , 682 F. 2d 1022, 1028 (D. C. Cir. 1982).

[5] Ins. Corp. of Ir. v. Compagnie des Bauxites de Guinee, 456 U. S. 694, 701 (1982).

[6] Ins. Corp. of Ir. v. Compagnie des Bauxites de Guinee, 456 U. S. 694, 702 (1982).

[7] International Shoe Co. v. Washington, 326 U. S. 310 (1945).

个问题的权威。现有的少数权威明确地支持我们的立场。首先，我们注意到《对外关系法重述》中的以下语言："仲裁裁决通常是通过在判决书中确认来执行的，与判决一样，执行外国仲裁裁决的诉讼需要对裁决债务人或其财产的管辖权。"[1]

其次，我们从明确考虑过《公约》规定的管辖权要求的少数法院中找到了统一的支持。在跨大西洋散货航运有限公司案[2]中，一名利比里亚原告根据《公约》提起诉讼，要求确认其对沙特被告的伦敦仲裁裁决。在处理属人管辖权问题时，法院得出结论：

与（《美国联邦仲裁法》）一样，它授权法院审理以前不属于其标的物管辖权范围的新类别的诉讼。但是，它并没有赋予法院对全世界所有签订了《公约》所涵盖的仲裁协议的人的管辖权力。必须有某种依据证明他受法院的管辖，无论是根据被申请人的居住地、他的行为、他的同意、他的财产所在地或其他方面。

最近的几项判决明确地采用了跨大西洋散货航运有限公司案的推理。[3][4][5] 在泽勒兹尼案中，CME 请求法院确认在阿姆斯特丹对捷克公民泽勒兹尼作出的 2300 万美元的仲裁裁决。CME 辩称，法院有确认其裁决的管辖权，因为泽勒兹尼在该法院地有资产——银行账户资金。泽勒兹尼反驳说，法院不能审理此案，因为法院缺乏属人管辖权；泽勒兹尼认为，银行账户是不够的。对此，法院不同意。因为"法院有权根据被告人或被告财产来裁决案件"，法院认为它可以对财产行使准标的物管辖权，因此，法院对确认裁决有管辖权。

最后一个考虑因素表明了我们的立场。在确认仲裁裁决的诉讼中，如果将《美国联邦仲裁法》解释为免除正当程序的管辖要求，将对法规的合宪性产生明显的质疑。我们应尽可能避免这种在《宪法》上有问题的解释。[6]

---

〔1〕 Restatement (Third) of Foreign Relations Law §487 cmt. c (1987).

〔2〕 Transatlantic Bulk Shipping Ltd. v. Saudi Chartering S. A., 622 F. Supp. 25 (S. D. N. Y. 1985).

〔3〕 Italtrade Int'l USA, L. L. C. v. Sri Lanka Cement Corp., 2002 WL 59319 (E. D. La. Jan. 15, 2002).

〔4〕 Dardana Ltd. v. Yugansknefregaz, 2001 WL 1131987 (S. D. N. Y. Sept. 24, 2001).

〔5〕 CME Media Enters. B. V. v. Zelezny, 2001 WL 1035138 (S. D. N. Y. Sept. 10, 2001).

〔6〕 United States v. Buckland, 277 F. 3d 1173, 1179 (9th Cir. 2002).

当然，前面的地区法院意见和《对外关系法重述》中所支持的立场对本法院没有约束力。然而，我们认为它们理由充分、具备说服力。因此，我们认为，在根据《公约》确认外国仲裁裁决的诉讼中，正当程序要求地区法院对被请求执行的被告或其财产拥有管辖权。

（四）地区法院对施威纳瑞-哈纳兰公司缺乏管辖权

1. 根据《联邦民事诉讼规则》第4（k）（1）（A）条和加州长臂管辖权：施威纳瑞-哈纳兰公司缺乏与加州的最低限度联系

当像这里一样，标的物管辖权是以联邦问题为前提时，对非居民被告行使属人管辖权必须得到规则或法规的授权，并符合《宪法》规定的正当程序原则。〔1〕由于没有可适用的属人管辖权的联邦法规，我们的出发点是加州的长臂法规。〔2〕〔3〕加州的长臂法规允许在正当程序的范围内行使管辖权。〔4〕〔5〕于是，我们对加州长臂法规和《宪法》规定的属人管辖权的分析合二为一，只考虑对施威纳瑞-哈纳兰公司行使管辖权是否符合正当程序。

当非居民被告"与（法院地）有某些最低限度的联系，使诉讼的维持不违反'公平竞争和实质正义的传统观念'时，就满足了《宪法》的正当程序"。〔6〕根据外国被告与法院接触的性质，联邦法院可以获得对他的特殊或一般管辖权。如果诉讼是由被告与法院的联系引起的，或者与被告的联系有实质性的关系，法院就会行使特殊管辖权。〔7〕另外，如果被告的联系是实质性的、持续的和系统性的，那么即使诉讼涉及的事项不是他与法院的联系所引起的，也要接受法院的一般管辖。〔8〕无论是处理特殊管辖权还是一般管辖权，试金石仍然是"有目的的利用"。通过要求"联系是由被告本身的行为造成的，与法院地国有'实质性的联系'"，《宪法》确保"被告不会仅仅因为'随

---

〔1〕 Myers, 238 F. 3d at 1072.
〔2〕 Fed. R. Civ. P. 4（k）（1）（A）.
〔3〕 Doe v. Unocal Corp. , 248 F. 3d 915, 923（9th Cir. 2001）.
〔4〕 Cal. Civ. Proc. Code §410. 10.
〔5〕 Peterson v. Highland Music, Inc. , 140 F. 3d 1313, 1317 n. 2（9th Cir. 1998）.
〔6〕 Milliken v. Meyer, 311 U. S. 457, 463（1940）.
〔7〕 Hanson v. Denckla, 357 U. S. 235, 251（1958）.
〔8〕 Helicopteros Nacionales de Colombia, S. A. v. Hall, 466 U. S. 408, 415 n. 9（1984）.

机的''偶然的'或'衰弱的'联系而被拖入一个司法管辖区"。[1][2]

(1) 对施威纳瑞-哈纳兰公司的特殊管辖权是不恰当的。

我们的巡回法庭采用三部分测试来评估行使特殊管辖权的适当性：①被告是否有意利用在法院地进行活动的特权；②索赔是否由被告在法院地的相关活动引起或导致；③行使管辖权是否合理。[3] 嘉能可谷物鹿特丹公司的诉讼不符合第二部分。

我们采用"但是"测试来评估嘉能可谷物鹿特丹公司的索赔是否"源于"施威纳瑞-哈纳兰公司在法院地的行为。嘉能可谷物鹿特丹公司必须证明，如果没有施威纳瑞-哈纳兰公司与加州的联系，它就不会受到伤害。[4] 引起这个争议的合同是在国外谈判的，涉及外国公司，并要求在印度履行（即交付大米）。简而言之，嘉能可谷物鹿特丹公司的索赔并不是由针对加州或与加州有关的行为引起的。因此，正当程序禁止行使特殊管辖权。

(2) 对施威纳瑞-哈纳兰公司的一般管辖权是不恰当的。

接下来，我们考虑施威纳瑞-哈纳兰公司的联系的性质，看它们是否构成那种"近似实际存在"的持续和系统的一般商业联系。[5] 在珀金斯案[6]中，最高法院总结了该案中允许对被告外国公司行使一般管辖权的情况：

在日本占领菲律宾群岛期间，一家菲律宾矿业公司的总裁和总经理在俄亥俄州设有一个办公室，他在那里代表公司进行活动。他在办公室里保存公司档案并在那里召开董事会议，处理与业务有关的通信，分发从两个活跃的俄亥俄州银行账户中提取的工资支票，聘请一家俄亥俄州银行作为转账代理，并监督处理该公司在菲律宾的财产的恢复政策。简而言之，该外国公司通过其总裁"在俄亥俄州持续和系统地开展了其公司一般业务的一部分，但很有限"。[7]

---

[1] McGee v. Int'l Life Ins. Co., 355 U.S. 220, 223 (1957).

[2] Keeton v. Hustler Magazine, Inc., 465 U.S. 770, 773 (1984).

[3] Myers, 238 F. 3d at 1072.

[4] Unocal, 248 F. 3d at 924.

[5] Bancroft & Masters, Inc. v. Augusta Nat'l Inc., 223 F. 3d 1082, 1086 (9th Cir. 2000).

[6] Perkins v. Benguet Consol. Mining Co., 342 U.S. 437, 448 (1952).

[7] Perkins, 342 U.S. at 438.

相比之下，法院在直升机案中没有发现对外国被告的一般管辖权。争论的焦点是总部位于波哥大的哥伦比亚海立克尔公司是否会因为其直升机在秘鲁坠毁造成的死亡而在得克萨斯州受到起诉。最重要的联系是在 7 年的时间里累积建立的。"（海立克尔公司）从（得克萨斯州）贝尔直升机公司购买了直升机（约占其机队的 80%）、备件和配件，价值超过 400 万美元。"此外，海立克尔公司还将其飞行员和维修人员送到得克萨斯州进行培训和技术咨询。法院认为这些联系不足以支持一般管辖权。"仅仅是购买，即使是定期发生的，也不足以保证一个国家在与这些购买交易无关的诉讼因由中主张对非居民公司的属人管辖权。"

在这里，施威纳瑞-哈纳兰公司与加州的联系相当于一个独立雇用的销售代理，他进口和分销施威纳瑞-哈纳兰公司的大米，包括 1987 年运入洛杉矶的大米，以及 1999 年 3 月至 2000 年 3 月 15 次运入旧金山的大米。没有证据表明施威纳瑞-哈纳兰公司在加州拥有财产、保留银行账户、有雇员、招揽生意或已指定代理送达诉讼文书。虽然施威纳瑞-哈纳兰公司通过旧金山港出口了大量大米，但这些联系似乎"构成了与加州的商业往来，但不构成在加州的商业往来。这是因为与法院地州的居民从事商业活动本身并不是那种接近于在该州边界内实际存在的活动"。[1]换句话说，虽然很明显施威纳瑞-哈纳兰公司已经跨进了这扇门，但没有迹象表明它已经坐下来把这里当成了家。

在珀金斯案中，外国被告把法院地当成主营业地的想法至关重要，在该案中，外国被告在法院地建立了大部分的业务。施威纳瑞-哈纳兰公司在旧金山的出货量与珀金斯案中移植的商业运作相比显得微不足道。此外，施威纳瑞-哈纳兰公司的联系甚至不能与直升机案中被认为不充分的联系相提并论：不仅施威纳瑞-哈纳兰公司与法院地联系的持续时间没有海立克尔公司与法院地联系的持续时间长（1 年对比 7 年），而且施威纳瑞-哈纳兰公司的雇员也没有被指控踏入过加州。直升机案中，讨论了在法院地训练被告的飞行员，管理和维护被告的工作人员。[2]诚然，施威纳瑞-哈纳兰公司的销售代理位于

---

[1] Bancroft & Masters, 223 F.3d at 1086.

[2] Helicopteros, 466 U.S. at 411.

法院地，但没有争议的是，这个亚洲品牌的销售代理阿洛克·莫汉，既不受雇于施威纳瑞-哈纳兰公司，也不能代表它自由签约。因此，根据我们的一般管辖权分析，亚洲品牌有限公司的存在并没有明显地放大施威纳瑞-哈纳兰公司在加州的存在。总而言之，施威纳瑞-哈纳兰公司与加州的联系最多只能使其成为法院地的访客；主张一般管辖权所需的"实际存在"需要更多。因此，地区法院拒绝行使一般管辖权是正确的。

（3）对施威纳瑞-哈纳兰公司行使个人管辖权将是不合理的。

即使假设施威纳瑞-哈纳兰公司有支持行使一般管辖权所需的最低限度的联系，本法院也必须分析主张管辖权是否合理。[1][2]

为了评估行使管辖权的合理性，我们考虑最高法院在汉堡王案中确定的七个因素：①被告有目的地介入法院地事务的程度；②被告在法院地进行辩护的负担；③与被告本国主权的冲突程度；④法院地在裁决争端中的利益；⑤对争议的最有效的司法解决；⑥法院地对原告在方便和有效救济中的利益的重要性；⑦存在替代法院。[3]

即使粗略地看一下这些因素，也会发现在本案中行使管辖权是不合理的。

第一，假设施威纳瑞-哈纳兰公司定期运往旧金山的货物构成了"系统和持续的"联系，但由于前文所述的原因，其有目的的介入程度是轻微的。

第二，鉴于施威纳瑞-哈纳兰公司是在印度成立的公司，在该法院地没有财产，也没有雇员或被授权在那里代表其行事的人，因此施威纳瑞-哈纳兰公司在加州为诉讼辩护的负担似乎很大。此外，其潜在的证人和证据可能在半个地球之外。

第三，至于与印度主权的潜在冲突，本法院已经指出，"如果像这里一样，被告来自外国而不是另一个州，那么主权障碍就很高，破坏了属人管辖权的合理性。"[4]

---

[1] Asahi Metal Indus. Co. v. Superior Court, 480 U.S. 102, 113 (1987).

[2] Amoco Egypt Oil Co. v. Leonis Navigation Co., 1 F.3d 848, 851 (9th Cir. 1993).

[3] Myers, 238 F.3d at 1075.

[4] Leonis, 1 F.3d at 852.

第四，潜在的争议涉及外国当事人，该合同在英国执行，要求在印度交付大米，并规定在发生争议时由英国仲裁。加州在裁决这一诉讼时涉及的利益似乎很小。

第五，"最有效的解决方式"因素"涉及替代性法院的比较"。两个替代法院是很明显的：印度，那里有一个平行的诉讼正在进行；英国，那里已经作出终局的仲裁裁决，可以被起诉。

第六，鉴于上述分析，嘉能可谷物鹿特丹公司的利益似乎更适合在另一个法院提起诉讼，这一点并不令人惊讶。嘉能可谷物鹿特丹公司没有提供任何证据表明加州对它这个荷兰公司特别方便。在没有任何证据表明嘉能可谷物鹿特丹公司可以在加州法院执行其裁决的资产的情况下，我们发现嘉能可谷物鹿特丹公司在"方便和有效"的救济方面的利益因在加州提起诉讼而受挫，而不是促进。

第七，如上所述，在印度存在一个替代性法院，目前有关这一相同仲裁裁决的诉讼正在进行。此外，英国同样也存在替代性法院。

合理性的计算显然迫使我们得出结论，对施威纳瑞-哈纳兰公司行使属人管辖权是不合理的。

2. 根据《联邦民事诉讼规则》第4（k）（2）条和联邦长臂管辖权：施威纳瑞-哈纳兰公司缺乏与美国的最低限度的联系

嘉能可谷物鹿特丹公司在上诉中辩称，第4（k）（2）条在某些情况下授权基于被告的国内联系的管辖权，相当于规定了对施威纳瑞-哈纳兰公司的属人管辖权。对此我们不同意。

第4（k）（2）条规定：如果管辖权的行使符合美国《宪法》和法律，对于根据联邦法律引起的索赔，送达传票或提交放弃送达也有效，从而确立对不受任何州一般管辖权的任何被告的属人管辖权。

该规则在满足三个条件的情况下起作用：①诉讼原因必须是根据联邦法律产生的；②被告必须不受任何具有一般管辖权的州法院的属人管辖；③联邦法院行使属人管辖权必须符合正当程序。因此，该规则规定，当联系达到了美国联邦的长臂法规的有限范围，美国就可以基于最小限度的联系成为相关的法院地。[1][2][3]

嘉能可谷物鹿特丹公司根据《美国联邦仲裁法》提起强制执行诉讼，满足了第一个条件。根据这个未曾有过的记录，我们无法评估第二个条件——施威纳瑞-哈纳兰公司是否受任何州法院的属人管辖。即使假设不是，施威纳瑞-哈纳兰公司的国内联系也不支持行使管辖权。除了上面讨论的加州的联系外，嘉能可谷物鹿特丹公司还指出施威纳瑞-哈纳兰公司在1993—1995年期间的7次东海岸运输。然而，这些东海岸的货物数量很少，年份也很久远，对管辖权的分析几乎没有任何帮助。基本上，我们这次只能考虑全国范围内施威纳瑞-哈纳兰公司与加州的联系是否能支持行使一般管辖权。答案仍然是否定的。

在缺乏属人管辖权的情况下，嘉能可谷物鹿特丹公司只能通过证明法院可以将其管辖权建立在施威纳瑞-哈纳兰公司拥有并位于法院地的财产上，才能避免其诉讼被驳回。我们现在讨论的就是这最后一个问题。

3. 嘉能可谷物鹿特丹公司未能确定可作为施威纳瑞-哈纳兰公司管辖权基础的财产

嘉能可谷物鹿特丹公司宣称："针对位于该司法管辖区的资产执行外国仲裁裁决的程序不应要求显示属人管辖权来满足正当程序，因为诉讼程序要求确定争议的是非曲直，因为案情已经决定。"虽然我们不反对这个一般性的论点，但我们质疑它对本案的适用性。

相当多的权威支持嘉能可谷物鹿特丹公司的立场，即它可以针对施威纳瑞-哈纳兰公司在法院的财产执行裁决，即使该财产与当事人之间的基本争议没有关系。在沙弗尔案[4]中，最高法院赞同嘉能可谷物鹿特丹公司的立场。

一旦有管辖权的法院确定被告是原告的债务人，允许在被告拥有财产的国家就该债务进行诉讼，似乎没有什么不公平，无论国家是否有权将债务的存在确定为原始事项。

---

[1] Fed. R. Civ. P. 4 advisory committee's note 1993 Amendments.
[2] United States v. Swiss Am. Bank, Ltd., 191 F. 3d 30, 36 (1st Cir. 1999).
[3] Go-Video, Inc. v. Akai Elec. Co., 885 F. 2d 1406, 1416 (9th Cir. 1989).
[4] Shaffer v. Heitner, 433 U. S. 186 (1977).

"《公约》没有提到这个问题,但显然,扣押和类似的执行外国仲裁裁决的临时补救措施,如果在执行国有的话,是符合《公约》的。"[1][2]卡罗来纳州电力和照明公司案[3]中认为原告可以在双方于纽约进行仲裁之前,扣押被告的加州财产作为担保。

然而,正如施威纳瑞-哈纳兰公司在其论点中承认的那样,以被告在法院地的资产为基础的管辖权的必要条件是确定某种资产。嘉能可谷物鹿特丹公司未能确定施威纳瑞-哈纳兰公司在法院地拥有的任何财产,却试图对其执行裁决。事实上,嘉能可谷物鹿特丹公司最多只能说它真诚地相信施威纳瑞-哈纳兰公司已经或将要在法院地拥有资产,这根本是不够的。鉴于我们面前的记录,我们必须拒绝嘉能可谷物鹿特丹公司基于法院地的财产而提出的管辖权论点。

三、结论

我们得出了一个我们认为不起眼的结论:《公约》和《美国联邦仲裁法》授权行使标的物管辖权,但不授权行使属人管辖权。属人管辖权必须以被告的人身或财产为基础。嘉能可谷物鹿特丹公司未能确定施威纳瑞-哈纳兰公司的任何财产或行为可作为法院对其行使管辖权的依据;即使施威纳瑞-哈纳兰公司的行为支持行使管辖权,考虑到本案的情况,这种行使也是不合理的。因此,地区法院正确地驳回了这项诉讼。

▶案情简介

嘉能可谷物向加州北部联邦地区法院提出申请,根据《公约》寻求确认仲裁,施威纳瑞以六个不同的理由提出驳回动议,其中包括缺乏属人管辖权。

▶争议焦点

基于第 4(k)(1)(A) 条和加州长臂管辖权,施威纳瑞与加州是否缺

---

[1] Shaffer, 433 U. S. at 210 n. 36.
[2] Restatement (Third) of Foreign Relations Law § 487 reporter's note 7 (1987).
[3] Carolina Power & Light Co. v. Uranex, 451 F. Supp. 1044, 1049 (N. D. Cal. 1977).

乏最低限度联系？——是

对施威纳瑞的特殊管辖权是否合适？——否

对施威纳瑞的一般管辖权是否合适？——否

对施威纳瑞行使个人管辖权是否不合理？——是

根据第4（k）（2）条和联邦长臂管辖权，施威纳瑞是否与美国缺乏最低限度联系？——是

嘉能可谷物是否未能确定可以作为施威纳瑞管辖权基础的财产？——是

法律规范

1970年，美国国会批准了多边条约——《承认及执行外国仲裁裁决公约》，规定承认并执行在其他国家作出的仲裁裁决。美国国会通过《美国联邦仲裁法》[1]实施该《公约》，其中规定：依据《公约》的诉讼或程序应被视为根据美国的法律和条约产生。无论争议金额多少，美国地区法院对这种诉讼或程序享有原始管辖权。

《美国联邦仲裁法》进一步规定：依《公约》作出仲裁裁决后的3年内，仲裁的任何一方可根据本章向具有管辖权的任何法院提出请求，确认裁决对仲裁的任何一方均有效。除非依《公约》有拒绝或推迟承认、拒绝执行裁决的理由，法院应确认裁决。

《公约》及其执行立法具有支持执行的倾向性，这是最高法院长期承认的一项政策：《公约》的目标，以及美国通过和实施该《公约》的主要目的，是鼓励承认和执行国际合同中的商业仲裁协议，统一签署国遵守仲裁协议和执行仲裁裁决的标准[2]。

《公约》第3条说明了，各缔约国应承认仲裁裁决具有约束力，不能创造比国内仲裁裁决更繁琐的条件或程序。

民事诉讼程序和宪法的基本原则是，在宪法禁止时，法律不能授予属人管辖权[3]。这一规定反映出地区法院必须对标的物和诉讼各方拥有管辖权，

---

[1] Federal Arbitration Act, 9 U.S.C. §§201-208.

[2] Scherk v. Alberto-Culver Co., 417 U.S. 506, 520 n.15 (1974).

[3] Gilson v. Republic of Ir., 682 F.2d 1022, 1028 (D.C. Cir. 1982).

不同的权力来自宪法的不同领域。尽管《宪法》第3条第2款第1项划定了联邦司法权可能延伸的争议的性质，但下级联邦法院仍需依靠国会授予法定的管辖权来获得这种权力[1]。管辖权是《宪法》第3条的要求，也是一项法定要求。

管辖权以联邦问题为前提时，对非本国居民被告行使属人管辖权必须得到规则或法规的授权，并符合《宪法》规定的正当程序原则。由于没有可适用的联邦法律规定属人管辖权，出发点是加州长臂法规[2]。加州长臂法规允许在正当程序的范围内行使管辖权[3]。

第4（k）（2）条[4]规定：如果管辖权的行使符合美国宪法和法律，送达传票或提出放弃送达有效。根据联邦法律提出的索赔，法院对不受任何州法院一般管辖权管辖的被告有属人管辖权。

仲裁裁决通常是通过判决书的确认来执行的。与判决一样，执行外国仲裁裁决的诉讼需要法院对债务人或债务人的财产有管辖权。[5]

采用三部分测试来评估行使特殊管辖权的适当性：①被告是否有意利用在法院地进行活动的特权；②索赔是否由被告在法院地的相关活动引起或导致；③行使管辖权是否合理。[6]

考虑被告接触的性质是否构成那种"近似实际存在"的持续的、系统的一般商业联系。[7]

为了评估行使管辖权的合理性，考虑最高法院在汉堡王案[8]中确定的七个因素：①被告有目的地介入法院地事务的程度；②被告在法院地进行辩护的负担；③与被告本国主权的冲突程度；④法院地在裁决争端中的利益；⑤对争议的最有效的司法解决；⑥法院对原告获得方便和有效救济中的利益的重要性；⑦存在替代法院。

---

[1] Ins. Corp. of Ir. v. Compagnie des Bauxites de Guinee, 456 U. S. 694, 701 (1982).
[2] Fed. R. Civ. P. 4（k）（1）（A）; Doe v. Unocal Corp., 248 F. 3d 915, 923 (9th Cir. 2001).
[3] Cal. Civ. Proc. Code § 410. 10.
[4] Federal Rule of Civil Procedure 4（k）（2）.
[5] Restatement (Third) of Foreign Relations Law § 487 cmt. c (1987).
[6] Myers v. Bennett Law Offices, 238 F. 3d 1068, 1072 (9th Cir. 2001).
[7] Bancroft & Masters, Inc. v. Augusta Nat'l Inc., 223 F. 3d 1082, 1086 (9th Cir. 2000).
[8] Myers, 238 F. 3d at 1075.

双方辩词

原告：法院将对被告有属人管辖权，因为被告与加州和美国有最低限度的接触，如1978年运入洛杉矶港的货物，1993年至1995年通过东海岸港口运送7批货物，1999年3月至2000年3月运入旧金山港15批货物。

被告：法院对我没有属人管辖权，因为原告没有宣称诉讼是由我在法院地的活动引起或与我在法院地的活动有关。

原告：(《公约》《美国联邦仲裁法》) 根据《公约》和《美国联邦仲裁法》，裁决应予执行。因为《公约》《美国联邦仲裁法》都没有明确要求对被请求确认执行仲裁的一方要有属人管辖权，《公约》的第2条要求签订《公约》的国家承认仲裁条款的约束力、不设置比适用国内仲裁裁决更为严苛的条件和程序，对被告缺乏管辖权并不属于《公约》规定的7项抗辩理由。

《美国联邦仲裁法》规定联邦法院应确认仲裁裁决，除非它发现《公约》中明确规定拒绝承认或执行裁决的理由。《美国联邦仲裁法》规定依据《公约》的诉讼或程序等同于依据美国的法律和条约，无论争议金额多少，美国地区法院对此诉讼和程序具有原始管辖权。《公约》的目的和美国通过《公约》，都是想鼓励《公约》缔约国承认和执行跨国合同中的仲裁。

被告：(《宪法》) 地区法院对标的物、仲裁的执行、当事人不具备属人管辖权，因为在《宪法》禁止的情况下，法规不能授予属人管辖权，该诉讼不符合国际鞋业公司案[1]中概述的《宪法》的正当程序概念。在确认仲裁裁决诉讼中，无论是《公约》还是执行《公约》的法律《美国联邦仲裁法》，都没有免除地区法院需要对被告具有管辖权的义务。而且，根据《对外关系法重述》[2]，在执行外国仲裁裁决的诉讼中，法院需要对债务人或其财产有管辖权。

原告：(自由裁量权)《公约》和《美国联邦仲裁法》的强制性语言给地区法院的自由裁量权很少。

被告：法院审理此案是违宪的，因为不公平而且不合理。

---

[1] International Shoe Co. v. Washington, 326 U.S. 310 (1945).

[2] Restatement (Third) of Foreign Relations Law §487 cmt. c (1987).

原告：（代理人）被告与法院地的联系支持法院对被告行使特殊管辖权或一般管辖权，因为亚洲品牌的总裁阿洛克·莫汉是施威纳瑞的大米在全美销售的代理，他住在加州联合市。

被告： 法院应以缺乏属人管辖权驳回本案，因为我在加州没有银行账户，没有钱，根据加州长臂法规，我不是加州居民，我在加州只有一个代理人，在加州没有雇员或工厂，是与一个在加州的人做生意并不是在加州做生意。

原告：（送达）法院对被告有管辖权，因为行使管辖权符合美国宪法和法律，送达传票或提交放弃送达的申请也有效。根据联邦法起诉的案件，地区法院对不受州一般管辖权管辖的被告具有属人管辖权。

被告：（美国长臂法规，加州长臂法规，最低限度联系）根据第4（k）(1)（A）条和加州长臂法规，我与加州缺乏最低限度的联系，根据第4（k）(2)条和联邦长臂法规，我与美国缺乏最低限度的联系。我不符合三个条件，诉由不是根据联邦法产生的，被告受某州法院一般管辖权管辖，联邦法院行使属人管辖权不符合正当程序。

由于记录不完整，法院无法评估被告是否受任何州法院的属人管辖。即使假设被告不受任何州法院的属人管辖，被告和法院地的联系也不支持法院行使管辖权，因为被告东海岸的货物运输数量很少、年份久远，对管辖权的判断帮助很少。即使对管辖权的判断有帮助，原告未能指出可以对被告行使管辖权基础的财产，也未指出能执行仲裁裁决的我的任何财产。

原告：（仲裁，执行）强制执行财产位于法院地的外国仲裁裁决，不同于起诉寻求法院支持自己主张的案件。在起诉寻求法院支持自己主张的案件中，只有证明属人管辖权才能符合正当程序。我已经在仲裁中获胜，即使被告在法院地的财产与争议没有关系，我也可以执行该财产。我真诚地认为被告曾经或将会在法院地有资产，被告在1993—1995年有7次东海岸的运输，我的主张是根据《美国联邦仲裁法》提出，法院对被告在法院地的财产有管辖权。

被告： 行使属人管辖权违反正当程序，原告没有指出我在加州有任何财产。

原告：（印度）美国法院对由联邦法引起的案件有属人管辖权。

被告： 此案在印度还在审理中。

原告：符合《宪法》正当程序原则，因为作为非居民的被告与法院地有最低限度的联系，诉讼并不违反公平竞争和实质正义的传统观念。

被告：（非本地居民）我是非居民，因此，对我行使属人管辖权必须得到规则或法规的授权、必须符合《宪法》正当程序原则。

原告：（特殊管辖权）如果我的请求是由被告与法院地的联系引起或者和被告在法院地的联系有实质关联，联邦法院可以获得特殊管辖权。如果不是被告与加州的联系，我的利益不会受损。

被告：（没有实体存在）我不应被扯进加州参与诉讼，因为我与加州只有偶然的、微弱的联系。

正当程序禁止法院行使特殊管辖权，因为我的行为不是由加州产生也不与加州有关，引起争端的联系是在国外谈判的、涉及外国公司、要求在印度交付大米。

原告：（一般管辖权）联邦法院可以获得对被告的一般管辖权，因为被告的联系是实质的、持续的、系统的。即使诉讼涉及事项不是由被告与法院的联系引起的，法院对被告也有一般管辖权。

被告：主张一般管辖权物理存在的必要性不能满足，因为被告联系的性质不是近似物理存在持续的、系统的一般商业联系。原告没有证据证明我拥有财产、持有银行账户和雇员、招揽生意或指定代理人在加州接受诉讼文书，出口构成与加州做生意、不是在加州做生意，与法院地的居民从事商业活动不能近似于在州内有物理存在的活动，我没有定居下来把加州当成家。

原告：（一般管辖权或特殊管辖权，有目的地利用）法院有特殊管辖权或一般管辖权，因为被告有目的地利用加州、通过旧金山港出口了大量大米，被告与加州的联系相当于有个独立雇用的销售代理。销售代理进口并分销被告在1987年运到洛杉矶的大米以及1999年3月至2000年3月间在旧金山的15批货物，被告的销售代理位于法院地。

被告：（雇员）与直升机案[1]不同的是，我的联系甚至没有达到直升机

---

〔1〕 Helicopteros Nacionales de Colombia, S. A. v. Hall, 466 U. S. 408 (1984).

案中不充足的程度。我的联系只有1年,不仅远没有直升机案的持续时间7年之久,我也没有员工曾踏足加州。

亚洲品牌的销售代理阿洛克·莫汉,既不受雇于我,也没有权利代表我签订合同。因此,就一般管辖权分析,亚洲品牌的存在并没有扩大我在加州的存在。我与加州的联系使我成为法院地的来访者,主张一般管辖权需要证明更多的实际存在。

原告:(合理的)对被告行使属人管辖权是合理的,因为被告定期运往旧金山的货物构成了系统的、持续的联系。

被告:对我行使属人管辖权是不合理的,因为我对法院地有目的的涉足很轻微。

原告:被告的负担并不高,因为我只想执行合同,仲裁对我有利。

被告:由于我的公司在印度注册成立,在法院地没有财产,没有雇员或授权其他人代表我行事,潜在的证人和证据可能在半个地球之外,因此我在加州为诉讼辩护的负担很大。

原告:印度法院将与我们合作。

被告:主权障碍很高,因为我来自外国而不是加州以外其他的州。

原告:加州法院对我来说是理想法院,因为加州法院对我来说是方便和有效的,我在印度和英国都没有获得赔偿。

被告:在诉讼中加州所获的利益很小,因为争端涉及外国原告和被告,涉及的合同在英国执行,合同要求在印度交付大米,合同规定发生争议时在英国仲裁。

有两个明显的可供选择的法庭,一个是印度,那里有一个平行的诉讼;另一个是英国,那里的仲裁裁决已经作出、是最终裁决、可以起诉。在其他法院提起诉讼更符合原告的利益,原告没有提供证据表明加州对原告荷兰公司特别方便。

印度有关该同一仲裁裁决的诉讼正在进行,英国法院也可。

▶ 判决结果

属人管辖权必须以被告的人身或财产为基础。嘉能可谷物未能确定施威纳瑞的任何财产或行为可作为法院对其行使管辖权的依据。即使施威纳瑞的行为支持行使管辖权，考虑到本案的情况，行使也是不合理的。

思考延伸

1. 什么是程序法？

程序性制度提供了将实体法适用于实际纠纷的机制。这种制度为法官或陪审团收到哪些信息、如何提交这些信息，以及以何种证据标准（例如，"排除合理怀疑""以明确和令人信服的证据""以优势证据"）来裁定这些信息制定了准则。一个有效的程序系统可以确保法院对类似案件的处理是相似的。

"程序法"是指对某些程序性方法和规则的保障，与"实体法"有所区别，后者是指日常行为的权利和义务，如与合同法和侵权法有关的权利和义务。

国际仲裁的使用已经发展到允许来自不同法律、语言和文化背景的当事人以最终和有约束力的方式解决他们的争端，通常不需要他们自己法律体系的程序规则的手续。

2. 什么是程序性正当程序？

"程序性正当程序"涉及政府在剥夺个人的生命、自由或财产之前必须遵循的程序。

例如，如果没有刑事审判的严格保护和对死亡的加重因素的特别裁定，任何人都不能被剥夺生命。另一方面，吊销驾照可能没有相同的保护措施。

3. 正当程序的目标是什么？

一个目标是通过使用公平的程序产生更准确的结果，防止利益被错误地剥夺。另一个目标是让人们感到政府公平地对待他们，倾听他们的想法。

4. 什么构成自由利益？

剥夺某些基本自由（如旅行的自由、与子女共同生活和抚养子女的自由、免于监禁的自由、不遭受身体暴力或强迫医疗的自由）将引发政府提供正当程序的要求。

5. 正当程序条款本质上是对基本公平性的保证，那么什么构成公平？

通知，有机会在一个有意义的时间以有意义的方式被听到，有实质性证据支持的决定。

6. 政府公布了"过度饮酒者"的名字，禁止向任何因过度饮酒而成为危害社区和平的人出售或赠送酒类。你认为在发出这样一份名单之前，是否必须举行某种听证会？

是的。公开披露不容易获得的、积累的和综合的个人信息，对个人和职业生活造成潜在危害，可以预见对名誉会造成伤害，打上公共危险的法定标签。

7. 被单独监禁的囚犯（琼斯）从州立监狱转移到州立精神病院前，他将被迫接受行为矫正，这是否违反了他的正当程序权利？

原告： 转移到精神病院接受非自愿的精神治疗会带来耻辱性后果，对琼斯进行强制性行为矫正，构成了需要程序性保护的剥夺自由的行为。

被告： 囚犯已经失去了自由，所以从一个国家机构转移到另一个国家机构不应该触发正当程序的要求。在被发现患有精神疾病并被移至精神病院之前，通知至关重要，可以让琼斯有机会质疑预期的行动，了解发生在他身上的事情的性质。

8. 印度的博帕尔化工厂生产杀虫剂、塑胶、化肥，后发生了毒化气体泄漏事件，造成数千人死亡，20多万人受害，家畜残废，环境污染。博帕尔化工工程公司由美国联合碳化公司持股50.9%，印度政府持有22%的股份，剩余股份由印度人持有。美国联合碳化公司在印度有14个工厂。你主张在美国起诉还是印度起诉，理由是什么？

应该在美国起诉，因为大部分股东在美国，有财产可供执行。

应该在印度起诉，因为印度有证据、证人，在印度起诉印度政府更为方便，印度人在印度诉讼没有语言障碍。

9. 美国常见的法院有哪些？

联邦法院：地区法院（审判法院）、作为上诉法院的巡回法院（13个）、美国最高法院。

州法院：初审法院、上诉法院和州最高法院。（纽约中级法院是纽约州最高法院。)

10. 国际仲裁与诉讼相比有什么好处？

使用国际仲裁而不是传统的法院诉讼来解决争端的主要好处包括：国际仲裁可以比传统的法院诉讼更迅速地解决争端，因为对仲裁裁决的上诉是有限的。国际仲裁可能比传统的法院诉讼费用低。国际仲裁可以提供更高质量的司法。许多国内法院负担过重，法官并不总是有足够的时间作出高质量的法律裁决。客户可以选择国际仲裁领域的行业专家，而许多国内法院的法官多是通才。国际仲裁是灵活的，争端的各个当事方在选择最适合解决其国际争端的程序方面发挥着重要作用，决定是否适用某些程序。国际仲裁可以保密，比如当事人希望继续业务关系或避免负面报道。国际仲裁是中立的，这对跨境交易非常重要，因为它避免了一方获得"主场"优势的可能。在某些国家，法官并不独立裁决。在国际仲裁中，裁决必须是独立作出的，否则不能执行。如投资者与国家之间的争端，国际仲裁为侵犯合法权利的行为提供了唯一的补救办法。

11. 你想从国际诉讼和仲裁中了解什么？

深入分析欧盟、美国和中国目前的法律争端解决机制，以及它们的法律-文化差异。

关注欧盟和全球层面程序规则的协调及其对各国民事诉讼制度的影响。

探讨私人当事方的国际争端的解决、美国法院适用的理论。如管辖权、外国主权豁免、国家行为原则、国外程序的送达、平行诉讼、国外证据的发现、法律选择、治外法权、外国判决的执行以及国际商业仲裁。

12. 挑选仲裁员是投资仲裁中最重要的决定之一，如何评估候选人的信息？

主要考虑以下要素：仲裁员在国际公法和国际投资法方面的专业知识；仲裁员的仲裁经验，特别是投资仲裁经验；仲裁员在案件所涉及的主题事项或具体法律领域的经验；语言能力，包括阅读与诉讼有关的文件的能力，与律师和当事人、证人和专家沟通的能力，在决定和裁决上清晰撰写理由的能力；不存在利益冲突；当事人指定的仲裁员不是指定他们的一方立场的代言人，他们必须在任何时候都保持独立和公正；有能力与法庭其他成员共同工作；有能力迅速处理案件，包括有能力前往听证会并在短时间内作出裁决；仲裁员的履历，他们的教育和工作经验；仲裁员发布的决定和裁决，仲裁员撰写的出版物以及仲裁员所做的演讲；在审议中的仲裁员面前出庭的律师的意见。

2 海事管辖权 | 杰曼诉菲卡拉案[1]

原文赏析

上诉的关键问题是,联邦法院对乘客在开放的可航行水域跳船受伤的索赔是否有海事管辖权。他们有。但在我们讨论这个问题之前,我们必须首先解决菲卡拉的主要论点,即目前的上诉是对地区法院的发回重审命令的不当攻击。事实并非如此。

一

菲卡拉反对杰曼上诉的主要论点是,杰曼对限制性申请被驳回的上诉是对地区法院发回重审的命令的不当攻击,杰曼没有——事实上也不能——上诉。简而言之,正如下文所详细讨论的,由于涉及责任限制请求的海事案件可以在州法院和联邦法院双轨进行,杰曼有权对其限制请求的驳回提出上诉。

宪法规定,"司法权应扩展到所有海事和海洋管辖权的案件"。[2]国会在《美国法典》第28篇第1333(1)条中编纂了宪法授予的海事和海洋管辖权,该条规定:"地区法院对各州的法院以外的任何民事案件都有原始管辖权。任何海事或海洋管辖权的民事案件,在所有案件中,起诉人应保留他们有权获得的所有其他补救措施。"排他性条款和第1333(1)条中的保护起诉人条款

---

[1] In re Petition of Germain, 824 F. 3d 258 (2016).
[2] U. S. Const. art. III, § 2.

之间的相互作用引起了很多混淆。例如，刘易斯案中指出[1]，"司法法案的起草人在创建保护起诉人条款时的意图并不完全清楚，而且一直是一些辩论的主题"。

让人更加困惑的是另外一部法规，即1851年的《责任限制法》，[2]国会颁布该法是为了"鼓励造船业，并促使资本家在这一行业分支中投资"。[3]正如我们在谭登案中所解释的，"根据该法规的现有版本，船主对任何索赔、债务或（该法所涉及的）责任不应超过船舶和待运货物的价值"。

更具体地说，《责任限制法》创造了"海事和海商背景下特有的诉讼形式"，允许船主向联邦法院提出申请，寻求完全免除或限制"因其船长或船员的疏忽而造成的损害"的责任。[4][5]典型的是，"一旦船东提出限制请求，与该事项有关的针对船东的所有（其他）索赔和诉讼都应停止"。[6]然后通知所有主张受到限制程序影响的人，他们可以提出索赔，并质疑申请人的限制权或免责权。"如果限制责任的申请被批准，船东对所涉及的索赔的责任只限于他的船只及其待运货物的总价值；然后，该金额将按比例分配给已证明的索赔。"

正如这段简短的讨论所揭示的，"保留给起诉人的条款和《责任限制法》之间存在一定的矛盾。一项法规赋予起诉人选择补救措施的权利，而另一项法规赋予船东在联邦法院寻求责任限制的权利"。[7]为了解决这一矛盾，"上诉法院通常允许索赔人在只有一个索赔人的情况下在州法院进行索赔，或者索赔总额不超过限制基金的价值"。在刘易斯案中，最高法院认可了这一做法，并做出了进一步澄清。

地区法院对根据《时效法》提起的诉讼有管辖权，他们可以酌情中止或驳回根据《时效法》提起的诉讼，以允许起诉人在州法院进行索赔。如果地

[1] Lewis v. Lewis & Clark Marine, Inc., 531 U.S. 438, 444 (2001).
[2] 46 U.S.C. §§ 30505-30512.
[3] Lewis, 531 U.S. at 446.
[4] 46 U.S.C. § 30511 (a).
[5] Rule F.
[6] 46 U.S.C. § 30511 (c).
[7] Lewis, 531 U.S. at 448.

区法院得出结论,船东的限制权不会得到充分的保护——例如,在一群索赔人中不能就适当的规定达成一致,或者对基金的充足性或索赔的数量存在不确定性的情况下——法院可以继续裁定案情,决定责任和限制问题。但是,如果地方法院确信船东寻求限制的权利将得到保护,那么解除(中止州法院诉讼)的禁令的决定就完全属于法院的自由裁量权。[1]

"总之,(法院的)判例法明确指出,只要船东寻求责任限制的权利得到保护,州法院及其所有的补救措施就可以裁决对船东的索赔。"[2][3][4][5]

因为涉及限制申请的案件可以在州法院和联邦法院双轨进行,所以杰曼目前的上诉没有任何不允许之处。地区法院的结论是,这两个程序都缺乏海事管辖权,这一结论使得菲卡拉的过失诉讼必须发回重审,且杰曼的限制性申请被驳回。但是,由于如果存在海事管辖权,地区法院仍然可以对他的限制性申请进行裁决,杰曼对限制性申请的驳回提出上诉是适当的,即使该上诉强调了主体管辖权的存在,这与地区法院发回重审的命令中关于管辖权不存在的前提相反。

二

在解决了目前上诉的适当性之后,我们现在必须决定上诉是否有任何价值。作为一个门槛问题,"虽然《责任限制法》为寻求免责或限制的船主提供了一个联邦诉讼理由,但它'并没有为联邦海事管辖权提供独立的基础'。"[6]换句话说,船东可以提出限制申请,并不意味着地区法院一定有管辖权来审理。相反,只有当地区法院对请求限制的相关索赔已经拥有海事管辖权时,才会由海事管辖权来审理该请求。

与谭登案一样,我们目前的任务仅限于确定"基础索赔是否引起了地区法院根据《美国法典》第28篇第1333(1)条可以审理的'海事或海洋管辖

---

[1] Lewis, 531 U. S. at 454.
[2] Lewis, 531 U. S. at 455.
[3] 3 Benedict on Admiralty §13 (7th ed. rev. 2015).
[4] 2 Thomas J. Schoenbaum, Admiralty and Maritime Law §15-5 (5th ed. 2011).
[5] 13 Charles A. Wright et al., Federal Practice and Procedure §3527 (3d ed. 2008).
[6] MLC Fishing, Inc. v. Velez, 667 F. 3d 140, 143 (2d Cir. 2011).

权的民事案件'"。

在回答这个问题时，我们首先将该测试置于其旨在解决的问题的背景下，讨论了现代海事侵权管辖权测试的历史。然后，我们将该检验标准应用于本案的事实，并牢记这一法学历史。尽管我们不同意地区法院对现代检验标准的应用，但该检验标准远非清晰的典范，而且可以理解地区法院在其深思熟虑的意见中是如何偏离方向的。

(一)

传统上，海事法院"对侵权行为的管辖权主要通过适用'地点'测试来确定"。[1]也就是说，"传统的海事侵权管辖权检验只问侵权行为是否发生在可航行水域。如果是这样，就存在海事管辖权；如果不是这样，就不存在海事管辖权"。[2] "每一种侵权行为，无论如何发生，无论是否在船上，如果在公海或可航行的水域，都属于海事法庭的管辖范围。"[3]

然而，在1948年，国会扩大了这一狭窄的规则，颁布了《海事管辖权扩展法》，其中规定：

美国的海事管辖权延伸到包括船只在可航行水域对人或财产造成伤害或损害的案件，即使该伤害或损害是在陆地上发生或完成的。[4]

正如最高法院所解释的，"该法的目的是通过赋予海事法庭对船舶或其他船只在通航水域造成的伤害的'所有案件'的管辖权，即使这种伤害发生在陆地上，来结束对陆地和水域之间有时令人困惑的界限的关注。"[5]

"在国会做出这一修改，将奇怪的案件集中到海事法庭后"，最高法院的一系列四个案例对传统的地点测试进行了调整，以"将不同类别的奇怪案件排除在外"。在第一个案例，即行政飞机航空公司诉克利夫兰市一案中，一架飞机从俄亥俄州克利夫兰的伯克湖滨机场起飞后不久，其喷气发动机吸入了一群海鸥，从而坠入伊利湖。[6]由于飞机坠落在可航行的水域中，根据地域

---

[1] Sisson v. Ruby, 497 U. S. 358, 360 (1990).
[2] Grubart, 513 U. S. at 531–532.
[3] The Plymouth, 70 U. S. 20, 36 (1866).
[4] 46 U. S. C. § 30101 (a)
[5] Grubart, 513 U. S. at 532.
[6] Executive Jet Aviation, Inc. v. City of Cleveland, 409 U. S. 249, 250 (1972).

性测试,海事管辖权可以说是存在的。但法院指出:"'纯粹机械地应用地域性测试'并不总是'明智的'或'符合海商法的目的',因为(例如)地域性规则的字面和普遍应用会要求海事法院对相撞的游泳者之间的侵权纠纷进行裁决。"[1]

考虑到这一问题,法院决定至少在航空方面撤回地点测试。法院指出,"与水运船只不同,(飞机)不受一维地理和物理边界的限制。基于这一基本原因,(法院)得出结论,仅仅是被指控的错误'发生在'或'位于'可航行水域上——无论这在航空背景下意味着什么——这一事实本身并不足以将飞机过失案件变成'海上侵权行为'。"[2]相反,行政飞机航空公司案中,法院认为"要求错误与传统的海事活动有重大关系,这与海事法的历史和目的更为一致"。因此,法院认为"除非存在这样的关系,否则在没有相反的立法的情况下,飞机事故引起的索赔在海事法中是不能被认可的"。在这样的裁定中,法院至少在航空领域采纳了一些下级法院的立场,即"仅有一个海上地点并不足以将侵权行为纳入联邦海事法庭的管辖范围,还必须有一个海上关系——侵权行为与传统的海上活动之间的某种关系,涉及在可航行水域的航行或商业"。[3]

尽管法院明确地将行政飞机航空公司案的裁决限制在"航空背景"下,但这并没有阻止下级法院将其——特别是海上联系的要求——推理延伸到其他情况,法院在先锋保险公司案[4]中明确认可这一延伸。在该案中,两艘游船在路易斯安那州的阿米特河上发生碰撞。尽管法院"承认游船本身与作为海事法院基本工作核心的海上贸易没有什么关系",但它"还是发现了必要的关系",即海事关系,"在可航行水域上的船只之间的碰撞对(海上贸易的)潜在破坏性影响,再加上海事法对航行的传统关注。"[5]法院阐述说,"如果这两艘船在圣劳伦斯航道口相撞,就会对海上贸易产生重大影响,无论任何

---

[1] Exec. Jet, 409 U. S. at 261.
[2] Exec. Jet, 409 U. S. at 268.
[3] Exec. Jet, 409 U. S. at 256.
[4] Foremost Insurance Co. v. Richardson, 457 U. S. 668 (1982).
[5] Foremost, 457 U. S. at 675.

一艘船是否积极或曾经从事过商业活动。"[1]

因此,法院认为如果有关事件对海上贸易有潜在的破坏性影响,就可以满足行政飞机航空公司案的海上联系要求,该案中的休闲船碰撞事件就属于这种情况。[2]这一结论至少部分基于法院的观点,即"虽然海事管辖权的主要焦点无疑是保护海上商业,只有当所有在通航水域上的船只经营者都遵守统一的行为规则时,保护海上商业的联邦利益才能得到充分体现"。[3]然而,法院在脚注上指出,"并不是所有在可航行水域发生的可能破坏海上贸易的事故都能支持联邦海事管辖权"。相反,只有"当这种对海上商业的潜在危险产生于与传统海上活动有实质性关系的活动,如先锋保险公司案中的船只航行,该海事管辖权才是合适的"。

八年后,这个脚注将演变成现代的海事侵权管辖权的多部分测试。在西森诉吕比案中,法院被要求决定海事管辖权是否扩展到停靠在码头的一艘游船上的有缺陷的洗衣机起火后引起的侵权索赔,所引起的大火烧毁了游船、附近停靠的其他船只以及码头本身。[4]在断定海事管辖权涵盖了与这场火灾有关的索赔时,法院将先锋保险公司案中讨论海上联系要求的脚注分为两个部分。[5]根据西森案的检验标准,在确定满足地点测试后,法院必须首先"通过审查某类事件的一般特征来确定其潜在的影响",以及这类事件是否"可能扰乱海上商业活动"。[6]其次,"寻求援引海事管辖权的一方必须证明引起该事件的活动与传统的海事活动之间存在着实质性的关系"。

法院解释说,联系的第一部分"调查并不取决于某一特定事件对海上贸易的实际影响";"相反,法院必须评估所涉及的事件类型的一般特征,以确定这种事件是否有可能扰乱商业活动"。例如,法院将西森案中事件的一般特征描述为"停靠在通航水域码头的船只发生火灾",在行政飞机航空公司案中描述为"一架飞机沉入水中",在先锋保险公司案中描述为"通航水域的船只

---

[1] Foremost, 457 U. S. at 675.
[2] Grubart, 513 U. S. at 533.
[3] Foremost, 457 U. S. at 674-675.
[4] Sisson v. Ruby, 497 U. S. 358, 360 (1990).
[5] Grubart, 513 U. S. at 533.
[6] Sisson, 497 U. S. at 363.

之间发生碰撞"。[1]

法院进一步解释说，根据联系的第二部分，"相关的'活动'不是由事件的特定情况界定的，而是由事件产生的一般行为界定的"。例如，在西森案中，"相关活动是在可航行水域的码头储存和维护船只"，在行政飞机航空公司案中，"相关活动不是飞机在伊利湖沉没，而是一般的航空旅行"，而在先锋保险公司案中，"相关活动（是）一般的船只航行"。[2] 在这第二条原则下，西森案的法院重申了先锋保险公司案的教训："引起海事管辖权的基本利益是对海上商业的保护，除非通航水域上的所有船只经营者都遵守统一的行为规则，否则这种利益无法得到充分体现。"此外，"对统一的海事行为和责任规则的需求并不限于航行，而是至少延伸到传统上由船只进行的任何其他活动，无论是商业还是非商业活动。"西森案的法院得出的结论是，"与航行一样，在通航水道上的码头储存和维护船只也与传统的海事活动有很大关系。"

最后，在杰罗姆·B. 顾伯特公司诉大湖疏浚与码头公司一案中，法院考虑海事管辖权是否延伸到与芝加哥市中心环线洪水有关的索赔。此前，芝加哥驳船上的起重机操作员将桩打入水下隧道上方的河床，据称削弱了隧道承重能力并造成了洪水。[3] 在支持对此类事实的海事管辖权之前，法院确认并进一步发展了西森案的测试，并解释说，根据西森案，"寻求对侵权索赔援引联邦海事管辖权的一方必须满足地点和与海事活动相关的条件"。首先，"适用地点测试的法院必须确定侵权行为是否发生在通航水域，或者在陆地上遭受的伤害是不是由通航水域的船只造成的"。其次，在适用连接测试时，法院审查了两个问题：①法院"必须评估所涉及的事件类型的一般特征，以确定该事件是否对海上商业有潜在的破坏性影响"；②"法院必须确定引起该事件的活动的一般特征是否显示与传统的海上活动有实质性关系"。[4]

顾伯特案法院进一步解释说，第一条联系原则"转向对事件的描述，在

---

〔1〕 Sisson, 497 U. S. at 363.
〔2〕 Sisson, 497 U. S. at 364-365.
〔3〕 Grubart, 513 U. S. at 529.
〔4〕 Id., at 534.

可能的一般性的中间水平",重点是"事件的'一般特征'"。法院阐述说,"尽管在应用西森案测试时,在选择正确的一般性程度时,不可避免地会有一些发挥,但不可避免的不精确性并不是异想天开的借口。"在顾伯特案中,法院的结论是,"本案争议事件的'一般特征'可以描述为航行水域中的船只对水下结构的损害"。

与此相反,第二条联系原则是指"引起事件的活动的一般性质是否显示出与传统的海事活动有实质性的关系",法院应该"询问侵权人在可航行水域的活动,无论是商业的还是非商业的,是否与传统上受海事法管辖的活动密切相关,以至于适用特殊海事规则的理由将适用于眼前的诉讼"。"在可航行水域的船只航行显然属于实质性关系,如先锋保险公司案;在可航行水域的码头储存船只也足够接近,如西森案;而在水面上驾驶飞机,如行政飞机航空公司案,就像游泳一样,这种关系太微弱了。"在顾伯特案中,"'导致事件发生的活动'(被)定性为维修或其他活动,(被)定性为在船上进行的通航水道的修理或维护工作",法院认为,这也属于实质性关系。

然而,顾伯特案的法院在确认复杂的西森案测试时也告诫说,西森案应被视为"剔除没有海上联系的侵权行为的测试",而不是"消除对甚至与传统海上贸易有关的船舶侵权行为的管辖权的任意做法"。换句话说,"虽然(现代测试)通过增加对潜在伤害和传统活动的要求来缓和地点测试,但它反映了习惯做法,即当侵权行为源自可航行水域的船只时,将管辖权视为规范,并将偏离地点原则视为例外。"

为了强调这一点,法院对以下批评给予了相当大的关注:"如果(顾伯特案中的)争议活动(被)视为与海事有关,那么几乎'所有涉及可航行水域的船只的活动'都将是'足以援引海事管辖权的传统海事活动'。"法院直截了当地回应说,"这不是致命的批评",因为法院"没有对侵权案件中援引海事管辖权的传统标准提出任何彻底改变"。相反,法院解释说,它"只是跟随下级联邦法院的步伐,拒绝接受一个如此僵硬的地点规则,将海事管辖权扩展到涉及飞机而非船只的案件,而这些活动与传统意义上的海事活动相去甚远"。它进一步指出:

在行政飞机航空公司案之后的案件中,法院强调了海事联系的必要性,但却在游船的航行或停泊中发现了海事联系,尽管游船活动是在近岸进行的,而国家对适用自己的侵权法有着强烈的兴趣,或者与传统上构成大多数海事法院业务的海上航运和商业不完全相同。虽然我们同意请愿人的观点,即这些案例并没有说涉及通航水域上的船只的所有侵权行为无论如何都属于海事管辖权的范围,但它们确实表明,通常情况下会是这样。

我们最近在谭登案中适用了行政飞机航空公司案系列案件,该案涉及码头上的争吵,一些争吵者落入了周围的可航行水域——这种"反常的和偶然的边界情况"本可以满足地方性测试,而现代测试的目的是排除这种情况。[1]应用顾伯特案的测试,我们认为海事管辖权不涉及与此争吵有关的索赔,"因为这种类型的事件不会对海上商业产生潜在的破坏性影响"。

在总结了行政飞机航空公司案系列案件后,我们对顾伯特案的检验标准做了如下重申:

首先,我们询问被指控的侵权行为是否符合地点测试,即是否发生在通航水域或由通航水域的船只造成。其次,我们要问被指控的侵权行为是否符合关联测试的两个子部分,即所涉及的一般事件类型是否对海上商业有潜在的破坏性影响,以及引起该事件的活动的一般特征是否与传统的海上活动有实质性的关系。只有在符合地点测试和关联测试的两个子部分的情况下,根据第1333(1)条,海事侵权管辖权才是适当的。

在该意见的后面,我们解释说,"关联测试的第一部分着眼于立即引起基本伤害的事件的性质;相反,第二部分着眼于引起该事件的更广泛活动的性质。"

在应用关联测试的第一部分时,我们指出,"这项工作的总体目的是确定'该事件是否可以被看作是对商业航运构成超过想象的风险的一类事件'。"[2]"我们的结论是,(该)案件中的争议事件(被)最好描述为休闲游客在一个被通航水域包围的永久码头上和周围人发生的肢体冲突。"

在对这一事件进行定义后,"我们得出结论,这类事件实际上不会对海上贸易构成威胁",原因有四:①"在码头上和码头周围的斗殴不可能立即扰乱

---

〔1〕 Exec. Jet, 409 U. S. at 255.

〔2〕 Grubart, 513 U. S. at 539.

航行";②"在码头上的斗殴不可能立即损害附近的商业船只";③"我们在这里考虑的一类事件只包括在永久性码头上的斗殴","对海上商业造成的风险与发生在通航水域的船只上的斗殴不一样";④"我们所考虑的这类事件只涉及休闲游客之间的肢体冲突,而不是从事海事工作的人员"。因为我们的结论是该事件未能满足顾伯特案关联测试的第一部分,所以我们的分析到此为止。

针对"挣扎的尸体本身可能构成航行危险"的论点,我们指出,"在最坏的情况下,这种事件可能暂时阻止商业船只停泊在发生争斗的永久码头。但是,这种暂时性干扰的潜在影响实在是太小了,不足以支持管辖权。"对于"在被通航水域包围的码头上发生的打斗,可能需要应急人员乘船前往码头,然后再乘船离开,可能会阻碍附近水域的海军交通"的论点,我们承认,其他法院已经发现,在某些情况下,海上应急反应的潜在破坏性影响足以满足关联测试的第一部分,但"这些案件通常涉及在船上或在开放水域发生的事件"。我们进一步承认,"当这种事件发生在船上或远离海岸的开放水域时,海上应急反应对商业航运造成的潜在危险可能会更大。"

(二)

本案所称的侵权行为涉及航行水域上的船只——最高法院提醒我们,这些因素通常会将一个案件置于海事法的管辖范围内。[1]尽管如此,地区法院还是应用了顾伯特案测试,并得出结论认为法院缺乏海事管辖权,强调了该船及其乘客的娱乐性质以及事件发生在浅水区的位置。我们不同意这些因素使本案脱离了海事管辖权。

1. 通过顾伯特案测试,地区法院首先指出,"各方都同意,由于被指控的侵权行为发生在可航行的水域奥奈达湖上,因此满足了地点测试。"[2]

谈到关联测试的第一步——所涉及的一般类型的事件是否对海上贸易有潜在的破坏性影响,地区法院提出了对该事件的一般描述,如前所述,必须在"可能的一般性的中间水平"进行描述。[3]地区法院认为,"该事件最好

---

[1] Grubart, 513 U. S. at 543.
[2] Ficarra, 91 F. Supp. 3d at 313.
[3] Grubart, 513 U. S. at 538.

被描述为在可航行水域的浅水娱乐性海湾中,从娱乐性船只上跳下的娱乐性乘客的伤害"。〔1〕

这种描述很难说是适合"异想天开",〔2〕但我们在谭登案中解释说,对事件的描述在可能的中间层次上应该是"既不至于太笼统,无法区分不同的案件,也不至于太具体,无法区分特定案件的独特事实",过于具体的描述会招致未来对事实模式的哪怕是最小的变化的诉讼,即使这种变化对联邦法院是否应该行使海事管辖权没有什么影响。因此,描述应该"足够笼统,以涵盖类似事件对海上商业的可能影响"。在这方面,我们恭敬地认为地区法院过于具体的描述是不必要的。

第一,最高法院一直指出,就海事侵权管辖权而言,所涉船只是用于商业还是娱乐目的并不重要。〔3〕也见美国雅马哈汽车公司案〔4〕,认为海事管辖权延伸到喷气滑雪事故。之所以如此,是因为联邦"只有在通航水域上的所有船只经营者都受制于统一的行为规则时,联邦的利益才能得到充分维护"。〔5〕"因此,目前的测试将海事管辖权扩展到游艇,但只有在它们在具有商业航行能力的水道上运行的情况下。"〔6〕因此,地区法院强调杰曼的船只的娱乐性质是错误的。

第二,最高法院从来没有表示,有争议的可航行水域是浅还是深很重要。法院没有讨论过可航行水域的深度,这并不奇怪,因为"为了海事管辖权的目的,可航行性的基本测试是丹尼尔球案〔7〕的公式,该公式要求,除其他事项外,证明目前或潜在的商业航运",〔8〕"只要证明了这种商业活动,特定的旅行方式或船只类型——平底船、驳船、动力船或其他方法——就不重要了。"〔9〕如果满足了可航行性,那么就第一条联系原则而言,可航行水域是浅还是深,

---

〔1〕　Ficarra, 91 F. Supp. 3d at 314.

〔2〕　Grubart, 513 U. S. at 542.

〔3〕　Foremost, 457 U. S. at 674-75.

〔4〕　Yamaha Motor Corp. , U. S. A. v. Calhoun, 516 U. S. 199, 206 (1996).

〔5〕　Foremost, 457 U. S. at 675.

〔6〕　1 Thomas J. Schoenbaum, Admiralty and Maritime Law §3-3 at 130-131 (5th ed. 2011).

〔7〕　The Daniel Ball, 77 U. S. 557 (1870).

〔8〕　1 Schoenbaum, §3-3 at 125-27.

〔9〕　§3-3 at 127.

应该没有多大关系。

我们在谭登案中指出,"在考虑所涉及的事件类型时,事件的地点可能是相关的",[1]但在那里我们关注的是与岸边的距离,或者更准确地说,与最近的码头或船坞的距离,而不是水域的深度。具体来说,在评估对海上商业的潜在影响时,我们注意到,"对浮动码头及其周围事件的应急反应,比对船只上的事件或开放水域的事件的应急反应更不可能使海上交通陷入困境。"谭登案中发生在码头上和周围的事件不同,这里的事件发生在船上和开放水域。

第三,地区法院依据谭登案的观点,即当事人的角色可能与海上贸易的潜在影响有关。[2]但是,如前所述,现代检验的第一个重点是掌握类似事件对海上商业的可能影响。如果涉及不同类型人员的类似事件产生了类似的影响,对海上商业产生了潜在的破坏性效果,那么在事件的描述中就应该省略涉及的人员类型。正如下文所详细讨论的,在开放的可航行水域上跳船的乘客受伤对海上商业的潜在影响包括因船员分心而与商业船只发生碰撞,以及因海上救援而对海上交通造成的干扰。这些潜在的影响可能是相同的,无论受伤的乘客是娱乐性的还是受雇于海上商业的,它们也足以满足测试的要求。当然,海上雇员的损失可能会对海上商业产生额外的影响。[3]但是,至少在这里,这种额外的影响并没有改变第一条联系的结果,因为无论涉及哪种类型的人,都会满足第一条联系。

因此,我们认为对该事件更恰当的描述是:在开放的可航行水域上跳船的乘客受到的伤害,其描述在可能的一般性的中间水平,并足以概括类似事件对海上贸易可能产生的影响。"这一描述准确地抓住了引起本案诉讼的事件的性质,以及该事件可能对海上商业造成的风险类型。"

"我们不看摆在我们面前的案件的具体事实——即海上贸易是否确实受到了干扰——而是看类似的事件是否有可能造成干扰",我们得出结论,该事件符合第一条联系原则。首先,地区法院的结论是,该事件不会对海上贸易构成超过想象的威胁,主要是因为事件发生的地点是在"浅滩、休闲海湾——

---

[1] Tandon, 752 F. 3d at 251.

[2] Tandon, 752 F. 3d at 249.

[3] Tandon, 752 F. 3d at 250.

不适合商业航运的水域,因此即使船员因乘客跳海而分心,也不会有与商业船只相撞的危险"。[1]地区法院似乎假定商业意味着大型,但商业船只可以包括用于商业目的的小型或平底船（例如,渔船,或带付费乘客到浅滩、难以到达的海湾进行浮潜、潜水等的船只)。参考辛克莱案[2],认为潜水员对运送他到潜水地点的船只的船员的索赔属于海事管辖权的范围。

此外,最高法院对小型娱乐性船只在通航水域发生碰撞可能造成的商业影响采取了广泛的观点,而不管这些船只相对于商业交通的确切位置。例如,在先锋保险公司案中,法院"用对圣劳伦斯航道口的碰撞可能造成的影响的描述来支持对潜在破坏的认定,该地区是商业船只往来频繁的地区,尽管实际发生碰撞的地方显然'很少,如果曾经用于商业运输'"。[3]类似的,我们得出结论,当乘客因跳海受伤时,在开放通航水域上的商业或娱乐船只的船员可能会分心,并且分心可能会与商船发生碰撞。罗恩案[4]中,"船上的人全神贯注于拯救一个陷入困境的游泳者的生命,很可能分心于其他船只的接近所带来的危险,这些船只没有意识到正在进行的救援,或正高速驶来试图提供援助。"

而后,地区法院驳回了杰曼的论点,即"这类事件仍有可能扰乱海上贸易,因为在可航行水域的受伤乘客会招致救援"。[5]尽管地区法院承认有些法院接受了这一论点,但其认为"这些案件通常涉及海上或远离海岸的救援,在那里,紧急救援的潜在风险使商业航运交通受阻是比较现实的"。[6][7]

但是,与在码头或附近的救援相比,这里发生在开放的可航行水域的事件更像是海上的救援。我们在谭登案中认为,在码头上或码头附近救援斗殴者不太可能使海上交通陷入困境,原因之一是"紧急救援人员可能需要乘船前往永久码头附近救援受伤人员,但他们不必走远。而且一旦紧急救援人员

---

[1] Ficarra, 91 F. Supp. 3d at 314.
[2] Sinclair v. Soniform, Inc., 935 F. 2d 599, 600 (3d Cir. 1991).
[3] Foremost, 457 U. S. at 670 n. 2.
[4] Roane v. Greenwich Swim Comm., 330 F. Supp. 2d 306, 315 (S. D. N. Y. 2004).
[5] Ficarra, 91 F. Supp. 3d at 315.
[6] Roane, 330 F. Supp. 2d at 314.
[7] Szollosy v. Hyatt Corp., 208 F. Supp. 2d 205, 212 (D. Conn. 2002).

到达现场，他们可以将船只停泊在永久码头，而不必同时专注于驾驶船只和救援伤者"。[1]相比之下，在开放的可航行水域的船上，对受伤乘客的救援往往不是来自岸边、码头或停靠的船只，而是来自同一可航行水域的其他船只。例如，在这里，菲卡拉据称被船救出，并通过一条联邦航道冲过奥奈达湖5海里，返回布鲁顿。在开放的可航行水域进行的这种海上救援可能会转移在涉及商业船只的事件中所需要的资源，需要商业船只本身来协助救援工作，或以其他方式扰乱商业航运，例如，利用联邦航道将受伤的乘客运送到安全地带。[2][3][4][5]

基于类似的推理，至少有三个巡回法院依靠海上应急反应的潜在破坏性影响来维持海事管辖权，即使所涉及的活动或船只是娱乐性的。[6][7][8]我们在谭登案中对这些案件进行了区分，理由是它们"通常处理的是发生在船上或公开水域的事件"，我们进一步指出，"当这种事件发生在船上或远离海岸的公开水域时，海上应急反应对商业航运造成的潜在危险可能会更大。"[9]如上所述，这些因素在这里都存在。

因此，我们得出结论，本案所涉及的一般类型的事件——在开放的可航行水域上跳船的乘客受伤——对海上商业有潜在的破坏性影响。

2. 地区法院进一步得出结论，即使进入下一步——引起该事件的活动的一般性质是否显示与传统的海事活动有实质性的关系——"海事管辖权仍然不存在"。[10]恕我们不同意。

根据这第二步，地区法院正确地从"描述被指控的侵权者的活动的'一般特征'开始，而这些活动引起了该事件"。[11]地区法院描述了"杰曼被指

---

［1］ Tandon, 752 F. 3d at 252.

［2］ Craddock v. M/Y The Golden Rule, 110 F. Supp. 3d 1267, 1275（S. D. Fla. 2015）.

［3］ Polly v. Estate of Carlson, 859 F. Supp. 270, 272（E. D. Mich. 1994）.

［4］ In re Complaint of Bird, 794 F. Supp. 575, 580（D. S. C. 1992）.

［5］ Foremost, 457 U. S. at 675.

［6］ In re Mission Bay Jet Sports, LLC, 570 F. 3d 1124, 1129-1130（9th Cir. 2009）.

［7］ Ayers v. United States, 277 F. 3d 821, 827-828（6th Cir. 2002）.

［8］ Sinclair, 935 F. 2d at 602.

［9］ Tandon, 752 F. 3d at 252.

［10］ Ficarra, 91 F. Supp. 3d at 315.

［11］ Grubart, 513 U. S. at 539.

控的导致事件发生的活动是将一艘休闲船停泊在一个浅的休闲海湾，而没有充分警告一名乘客跳入水中的风险"。然后它得出结论，这种活动"与传统上受海事法管辖的活动没有密切关系，以至于适用特殊海事规则的理由将适用于当前的诉讼"。[1]

我们认为，对杰曼活动的"一般性质"更准确的描述是在可航行水域运送和照顾船上的乘客，这更普遍地抓住了杰曼活动的许多方面，菲卡拉声称这些活动导致了对他的伤害（例如，杰曼没有：以保护乘客安全的方式操作、驾驶、停泊、维护或控制他的船；指导乘客安全划船和潜水；检查船只停泊的区域；警告乘客船只停泊的情况）。与地区法院的建议相反，有关活动不需要"与传统上构成大多数海事法院业务的海上航运和商业完全一致"，特别是当有关活动涉及可航行水域的船只时。[2]

在任何情况下，我们的结论是，本案所涉及的活动——无论是在可航行水域的船只上运送和照顾乘客，还是更具体的停泊船只而不警告随之而来的危险——都与传统的海事活动有很大关系。辛克莱案[3]，"运送和照顾乘客与传统的海事活动有很大的关系"；凯利诉史密斯案[4]，"海军部传统上关心的是为那些在通航水域旅行时受伤的人提供救济"。[5]"法院认为船只在可航行水域的停泊是一种传统的海事活动，因此，第二项原则也得到了满足"；[6]"由于船只经营者或所有者的过失而造成的游览船或其他出租船只上的乘客的伤害是海事行为，即使这种伤害没有任何独特的海事性质"。[7]

总之，我们认为与本案所称事实有关的索赔属于海事侵权管辖权的范围。首先，基本权利要求符合地点测试，因为它发生在可航行水域。其次，相关索赔符合关联测试的两个部分：①事件的一般类型——在开放的可航行水域上跳船的乘客受伤——对海上商业有潜在的破坏性影响；②引起事件的活动

---

[1] Grubart, 513 U. S. at 539.
[2] Grubart, 513 U. S. at 543.
[3] Sinclair, 935 F. 2d at 602.
[4] Kelly v. Smith, 485 F. 2d 520, 526 (5th Cir. 1973).
[5] Grubart, 513 U. S. at 544.
[6] Bird, 794 F. Supp. at 581.
[7] 1 Benedict on Admiralty § 171 at 11-20 (7th ed. rev. 2015).

的一般性质——无论被描述为在可航行水域的船上运送和照顾乘客,还是在没有警告随之而来的危险的情况下停泊船只,都与传统的海事活动有很大的关系。

（三）

在口头辩论中,杰曼敦促我们采用更简单的规则,并认为海事管辖权延伸到所有源自可航行水域的船只上的侵权行为。我们同意,一般来说,法院应努力采用明确的法律规则,特别是在管辖权方面——很少有事情比你能在哪里打官司更浪费时间的。"平衡测试的缺点在管辖权领域最为明显,也许也最具破坏性。"[1]而在这方面,现代的海事侵权管辖权测试还有待改进。

下级法院已经花了相当大的力气来理解这个测试,同时对其复杂性和不明确性感到遗憾。"虽然该测试是基于广泛的,但它绝不是一个明确的规则,因此未能作为明确的管辖规则,这在确定主体管辖权时是非常重要的。西森案中定义的关系测试反而会招致下级法院的混乱和不一致的应用。"[2]正如海特法官恰当地指出的那样。"究竟什么样的行为符合法院在顾伯特案中阐述的明显的双管齐下的'关联测试',仍然需要地区法院逐案考虑,也许可以原谅我说的,法院的图表并没有揭示每一个对管辖权导航的危险的确切位置。"[3]地区法院在这里的深思熟虑的分析和我们对其错误原因的长篇解释,只是进一步证明了这一点。

但最高法院很清楚现代测试的困难和更简单的规则的优势,这两点托马斯法官在顾伯特案的同意意见中都进行了充分阐述。[4]我们不需要在这里重复这些论点,但它们确实为我们决定不采用杰曼敦促我们考虑更简单的规则提供了依据。最明显的是,托马斯法官在顾伯特案中的同意意见主张采用与杰曼在此寻求的规则类似的规则。"在确定是否存在第1333（1）条规定的海事管辖权时,联邦地区法院应询问侵权行为是否发生在可航行水域的船只上。"[5]无论我们如何被托马斯法官的同意意见所说服,顾伯特案中法院的大

---

[1] Grubart, 513 U.S. at 549 (Thomas, J., concurring).
[2] Bird, 794 F. Supp. at 581 n.9.
[3] Roane, 330 F. Supp. 2d at 313.
[4] Grubart, 513 U.S. at 549-556 (Thomas, J., concurring).
[5] Grubart, 513 U.S. at 555 (Thomas, J., concurring).

多数人都没有被说服，而我们必须遵循的正是大多数人的意见。因此，我们拒绝杰曼采用更简单的规则的邀请，而是采用顾伯特案多数人提出的测试。

结　论

基于上述原因，我们认为杰曼对驳回其寻求免责或限制责任的请求的上诉是适当的，我们也认为地区法院对该请求有管辖权。因此，我们推翻并发回重审，以进行符合本意见的进一步诉讼。

案情简介

2011年7月30日，原告乘客菲卡拉和其他三人乘坐被告船主杰曼的机动船，离开纽约州布鲁顿，利用联邦航道前往浅水区三里湾游览。这是奥奈达湖上一个受欢迎的休闲游泳点，距离联邦航道不到一海里。奥奈达湖与纽约州伊利运河系统相连，是该系统的一部分。下午12：30左右，杰曼、菲卡拉和其他三位客人准备抛锚时，海湾已经挤满了其他船只。

下午6点左右，杰曼开始准备返回布鲁顿，菲卡拉和其他乘客开始返回船上。在杰曼和其他乘客为回程做准备时，菲卡拉从左舷跳入水中。菲卡拉爬回船上，从船尾做了一个后空翻，再次进入水中，导致他的头撞到湖底。杰曼和其他人随后跳入水中，救助菲卡拉。当地的救援和警用船只随后赶到现场，他们通过联邦航道将菲卡拉带回了奥奈达湖，送往布鲁顿。经医生诊断，菲卡拉脊髓严重损伤，导致四肢瘫痪。船主杰曼提出了免除或限制侵权责任的请求。美国纽约北区地区法院以缺乏管辖权为由驳回了申请。船主提出上诉。

争议焦点

联邦法院对在开放通航水域跳下船只的乘客的伤害索赔是否具有海事管辖权？——是

一般类型的事件对海上贸易是否有潜在的破坏性影响？——是

> 法律规范

宪法规定，司法权应扩展到所有海事和海洋管辖权的案件。[1]国会在《美国法典》第28篇第1333（1）条中编纂了宪法授予的海事和海洋管辖权，规定：除各州法院管辖外，地区法院对海事和海洋管辖权的任何民事案件享有原始管辖权，为起诉人保留他们有权获得的所有补救措施。

谭登案[2]中，船主对任何索赔、债务或《责任限制法》所涉及的责任不应超过船舶和待运货物的价值。[3]

《责任限制法》创造了海事背景下特有的诉讼形式，对于因船长或船员的疏忽而造成的损害的责任，允许船主向联邦法院申请完全免责或限制责任。[4]如果限制责任的申请被批准，船主对索赔的责任只限于他的船只及待运货物的总价值。然后，该金额将按比例分配给已证明的索赔。

保留给起诉人的条款和《责任限制法》间存在一定的矛盾。一项法规赋予起诉人选择补救措施的权利，而另一项法规赋予船主在联邦法院寻求责任限制的权利。[5]

虽然《责任限制法》为寻求免责或责任限制的船主提供了一个在联邦法院诉讼的理由，但它并没有为联邦海事管辖权提供独立的基础。[6]只有当地区法院对请求限制责任的相关索赔已经拥有海事管辖权时，地区法院才受理海事管辖权审理请求。

传统上，海事法院对侵权行为的管辖权主要通过适用"地点"测试来确定。[7]也就是说，传统的海事侵权管辖权检验只问侵权行为是否发生在可航行水域。如果侵权行为发生在可航行水域，就存在海事管辖权；如果侵权行为不是发生在可航行水域，就不存在海事管辖权。[8]

---

[1] U. S. Const. art. III，§2.
[2] Tandon, 752 F. 3d at 244.
[3] 46 U. S. C. §30505（a）.
[4] 46 U. S. C. §30511（a）.
[5] Lewis v. Lewis & Clark Marine, Inc. , 531 U. S. 438, 448 (2001).
[6] MLC Fishing, Inc. v. Velez, 667 F. 3d 140, 143 (2d Cir. 2011).
[7] Sisson v. Ruby, 497 U. S. 358, 360 (1990).
[8] Jerome B. Grubart, Inc. v. Great Lakes Dredge & Dock Co. , 513 U. S. at 531-532.

在1948年，国会扩大了这一狭窄的规则，颁布《海事管辖权扩展法》，规定：美国的海事管辖权延伸到包括船只在可航行水域对人或财产造成伤害或损害的案件，即使伤害或损害是在陆地上发生或完成的。[1]

最高法院指出，纯粹机械地应用地域性测试并不总是明智的或符合海商法的目的，因为地域性规则字面的、普遍的应用要求海事法院裁决相撞的游泳者之间的侵权纠纷。[2]

顾伯特案的检验标准：首先，询问被指控的侵权行为是否符合地点测试，即是否发生在通航水域或由通航水域的船只造成。在确定是否存在第1333（1）条规定的海事管辖权时，联邦地区法院应询问侵权行为是否发生在可航行水域的船只上。[3]其次，要问被指控的侵权行为是否符合关联测试的两个子部分，即所涉及的一般事件类型是否对海上商业有潜在的破坏性影响，以及引起该事件的活动的一般特征是否与传统的海上活动有实质性的关系。只有在符合地点测试和关联测试的两个子部分的情况下，根据第1333（1）条的海事侵权管辖权才合适。

在西森诉吕比案[4]中，最高法院被要求决定海事管辖权是否扩展到停靠在码头的一艘游船上有缺陷的洗衣机起火后引起的侵权索赔，这场大火烧毁了游船、附近停靠的其他船只以及码头。在确定满足地点测试后，法院必须首先通过审查某类事件的一般特征来确定其潜在影响，以及这类事件是否可能扰乱海上商业活动。[5]其判断并不取决于某一特定事件对海上贸易的实际影响。相反，法院必须评估所涉事件类型的一般特征，以确定这种事件是否有可能扰乱商业活动。[6]相关的"活动"不是由事件的特定情况界定的，而是由事件产生的一般行为界定的。西森案的相关活动是在可航行水域的码头储存和维护船只，行政飞机航空公司案[7]中的相关活动不是飞机在伊利湖沉

---

[1] 46 U.S.C. §30101（a）.
[2] Exec. Jet, 409 U.S. at 261.
[3] Grubart, 513 U.S. at 555.
[4] Sisson v. Ruby, 497 U.S. 358, 360（1990）.
[5] Sisson, 497 U.S. at 363.
[6] Sisson, 497 U.S. at 363.
[7] Executive Jet Aviation, Inc. v. City of Cleveland, 409 U.S. 249, 250（1972）.

没，而是一般的航空旅行，而先锋保险公司案〔1〕的相关活动是一般的船只航行。在谭登案中应用顾伯特案的测试，可以确定海事管辖权不涉及与争吵有关的索赔，因为这类事件不会对海上商业产生潜在的破坏性影响。应用关联测试的第一部分的总体目的是确定该事件是否对商业航运构成了超过想象的风险。〔2〕最高法院广泛采纳的一种观点是，即使是小型娱乐性船只在通航水域发生碰撞也可能造成商业影响，而不管这些船只相对于商业交通的确切位置。引起海事管辖权的基本利益是保护海上商业，除非通航水域上的所有船只经营者都遵守统一的行为规则，否则无法充分保护海上商业的利益。〔3〕只有在通航水域上的所有船只经营者受制于统一的行为规则时，联邦的利益才能得到充分维护。〔4〕

第二条联系原则是指引起事件的活动的一般性质是否显示出与传统的海事活动有实质性的关系。寻求援引海事管辖权的一方必须证明引起该事件的活动与传统的海事活动之间存在着实质性的关系。法院应该询问侵权人在可航行水域的活动是否与传统上受海事法管辖的活动密切相关，以至于适用特殊海事规则的理由也适用于眼前诉讼。无论这种活动是商业的还是非商业的。在可航行水域的船只航行显然属于实质性关系，如先锋保险公司案；在可航行水域的码头储存船只也足够接近实质性关系，如西森案；而在水面上驾驶飞机，如行政飞机航空公司案，就像游泳一样，这种实质性关系太微弱了。在顾伯特案〔5〕中，导致事件发生的活动被定性为在通航水道上对船只进行修理或维护工作，属于实质性关系。

▶ 双方辩词

原告： 被告疏忽大意，因为他没有以安全和合理谨慎的方式操作、驾驶、停泊、维护或控制他的船以保护乘客的安全和权益，没有适当和充分地指导他的乘客安全乘船和潜水，没有适当和充分地检查船停泊的区域，没有充分

---

〔1〕 Foremost Insurance Co. v. Richardson, 457 U. S. 668 (1982).
〔2〕 Grubart, 513 U. S. at 539.
〔3〕 Sisson, 497 U. S. at 367.
〔4〕 Foremost, 457 U. S. at 675.
〔5〕 Grubart, 513 U. S. at 529.

地警示乘客上述危险。

被告：根据1851年《责任限制法》[1]规则F[2]，我可以免除或限制责任。

原告：（不恰当的管辖权）索赔不属于海事管辖权的范围。被告没有也不能提出上诉，因为法院驳回被告的申请后，被告又提起上诉要求限制责任，这对发回地区法院重审的命令是不合适的。

被告：因为涉及责任限制的海事案件可以双轨进行，我有权对驳回限制责任申请提出上诉，如果存在海事管辖权，地区法院仍然可以对限制责任申请进行裁决。

被告：（宪法）宪法规定，司法权应扩展到所有海事和海洋管辖权的案件，国会将授权编入法典，规定不受州法院的影响，联邦地区法院对任何海事或海洋管辖权的民事案件拥有原始管辖权，为起诉人在所有案件中保留他们有权获得的所有补救措施，国会颁布的1851年《责任限制法》是为鼓励造船业并吸引资本家在这一行业投资，《责任限制法》允许船主向联邦法院提出申请，要求完全免除责任或在船长或船员存在过失的情况下限制赔偿责任，根据责任限制，我对索赔的责任只限于我的船和船中待运货物的总价值，该金额将和原告证明的索赔主张成比例。

原告：法院有自由裁量权暂停或驳回有关责任限制的法律程序、允许起诉人在州法院就责任限制起诉索赔。

被告：当全部索赔人不能就适当的规定达成一致，或对赔付能力不确定，或对原告主张的索赔数量不确定时，被告限制责任的权利就不能得到充分的保护，法院可以依双方理据对被告是否应当承担责任和是否应当限制被告责任的争议焦点进行裁决。

原告：（中断）短暂中断的潜在影响太小以至于没有管辖权，因为该事件不会立刻让航行中断，该事件发生在通航水域的船只上，我是休闲游客，不是海事工作人员，事件发生的地点在浅水区的休闲海湾，不是适合商业航运的水域，即使船员因为乘客跳海而分心，也不会有与商业船只相撞的危险。

---

[1] 46 U.S.C. §§ 30501-30512.

[2] Rule F of the Supplemental Rules for Admiralty or Maritime Claims and Asset Forfeiture Actions.

被告：（关联测试：效果+活动）潜在的干扰效应：该事件对海上贸易有潜在的中断性影响，无论是在开放的可航行水域的商业船还是休闲船上，当乘客落水受伤时，可能会因船员分心造成与商业船相撞的风险。一名受伤的乘客在可航行的水域中呼救、开放的可航行水域乘客跳船受伤对海上商业活动有潜在破坏性影响，包括与商业船的相撞。

船救起原告，通过联邦航道穿过奥奈达湖，行驶 5 海里回到布鲁顿。在开放的可航行水域进行的海上救援可能会分散事故发生时商业船需要的资源。要商业船协助救援或利用联邦航道将受伤乘客运送到安全地带会扰乱商业航运。

原告：（活动）海事管辖权是不合适的，因为这种潜在的海上商业风险并不是由与传统海事活动有实质联系的活动引起。

被告：挣扎的人可能构成航行危险，因为挣扎可能会暂时阻止商业船在永久码头停泊。

（活动）无论是在通航水域的船上运送和照顾乘客，还是在不设危险警示的情况下停泊船只，引发事故的活动的一般性质都与传统的海事活动有很大关系。正如航行，在通航水道的码头储存和维护船只都与传统的海事活动有很大关系。

原告：（州的利益）

被告：（联邦的利益）只有所有在通航水域的船只经营者都受制于统一的行为规则，保护海上商业活动的联邦利益才能充分实现。

原告：（水域）尽管其他法院认为在某些情况下，海事紧急救援的潜在破坏性影响足以满足关联测试的第一部分要求，但那些事件通常发生在船上或开放水域。

（地点）对船上或开放水域事故的紧急救援比对浮动码头和它周围事故的紧急救援更可能使海上交通陷入困境，在开放的可航行水域的救援比在码头或码头附近的救援更类似于海上救援。

被告：当这种事件发生在船上或远离海岸的开阔水域时，海上紧急救援对商业航运的潜在危险可能更大，最高法院从未说商业航运的潜在危险与可航行水域的深浅有关。

原告：（商业）只有当游船在具有商业通航能力的水道上运行时，法院对游船才有海事管辖权。

被告：最高法院一直指出，船只是用于商业还是娱乐并不重要，海事管辖权包括摩托艇事故。

判决结果

地区法院对菲卡拉的请求有管辖权，地区法院驳回杰曼寻求免责或限制责任的请求是适当的，事件对联邦海事管辖权要求的海上贸易有潜在的破坏性影响，杰曼的行为与联邦海事管辖权要求的传统海上活动有很大关系。

思考延伸

1. 美国联邦法院对什么样的案件具有管辖权？

联邦问题，《美国法典》第28篇第1331条。

地区法院对根据美国宪法、法律或条约引起的所有民事诉讼拥有原始管辖权。

多样化管辖权，《美国法典》第28篇第1332条。

如争议事项的金额或价值超过75 000美元（不包括利息及诉讼费），且介乎以下两者之间，则地区法院对所有民事诉讼具有原始管辖权。

不同州的公民；一州公民和外国公民或国民，但地区法院对一州公民与合法获准在美国永久居留并定居在同一州的外国公民或国民之间的诉讼，不具有本条款规定的原始管辖权；不同州的公民，外国公民或国民为附加当事人；而且在本章第1603（a）条中定义的外国公民或国民作为原告，一个州或不同州的公民作为被告。

2. 举一些例子，哪些案件属于联邦法管辖，哪些属于州法管辖？

属于联邦法：移民法、破产法、社会保障法、公民权利法、专利和版权法、联邦刑事法。

由州决定：刑事事项，离婚和家庭事务，福利、公共援助或医疗补助，遗嘱、继承和遗产，房地产和其他财产，商业合同，个人伤害（车祸或医疗事故造成的伤害），工人工伤赔偿。

3 联邦主权豁免法 | 萨布利奇诉克罗地亚线案[1]

▶原文赏析

原告沃尼米尔·萨布利奇对法律部驳回其申诉的最终判决提出了上诉。该判决是根据被告克罗地亚航运公司的简易裁判动议作出的。根据被告的论点,动议法院认为,由于未适当送达被告,它对被告缺乏属人管辖权,也就是因为被告与新泽西州没有足够的联系以满足正当程序的要求,它没有个人管辖权来裁决原告对被告的索赔;根据《联邦主权豁免法》,[2]被告可以在原告在新泽西州法院提起的索赔诉讼中得到豁免。

被告还以该法院行使管辖权不方便为由请求驳回原告的诉讼请求,但法院没有对这一驳回理由作出裁决,因为被告所提出的其他理由已经使其受理了该诉讼。基于以下原因,我们不同意动议法院的观点:克罗地亚航运公司与新泽西州的联系不足以使其受到一般的属人管辖权,而且送达的程序也有缺陷。然而,我们确认动议法院的裁决,即《联邦主权豁免法》使克罗地亚航运公司免于在美国法院回应萨布利奇的索赔。

因为这是一项对简易判决的上诉,我们应当接受原告证据的真实性,并承认它合理地从中得出的所有有利推论。[3]我们将根据这些原则来总结本案的事实。

---

[1] Sablic v. Croatia Line, 315 N. J. Super. 499 (1998).
[2] 28 U. S. C. A. § 1602 et seq.
[3] Brill v. Guardian Life Ins. Co. of Am. , 142 N. J. 520 (1995).

克罗地亚航运公司是一个经营蒸汽船的公司，其蒸汽船经常进出纽瓦克港运输货物。其总部位于克罗地亚，管理层是克罗地亚人。它是根据前南斯拉夫的法律，以南斯拉夫人尼利亚斯·普维巴的名义成立的，在该国家解体后，其改名为克罗地亚航运。该公司继续根据克罗地亚这个继承国的法律运作。

原告是一名克罗地亚国民。他作为政治难民在这个国家获得了政治庇护。现在居住于纽约。

根据原告的申诉，他受雇于克罗地亚航运公司及其前身公司，并在近乎25年内受雇于多家关联公司。他声称，从1995年8月开始，当他驻扎于匈牙利时，他受到克罗地亚航运公司管理层的威胁和攻击，在1995年9月至1996年2月的某个时候，他被错误地解雇。原告声称，对他进行威胁和攻击以及解雇他的动机是他在政治上积极反对执政的克罗地亚政党。他没有辩称构成其索赔依据的任何行为发生在新泽西州或美国其他地方。

克罗地亚航运公司本身没有被授权在新泽西州进行内部业务。它在该州不曾拥有或租用不动产，它在该州不曾拥有自己名义的电话列表，也没有证据表明它在该州有任何银行账户或雇员。然而，在过去的50年里，克罗地亚航运公司及其前身公司一直保持着定期的蒸汽船服务，往返于新泽西州纽瓦克港加尔各答街220号的环球码头。克罗地亚航运公司的船只只在那里停泊、装货和卸货，货物从托运人那里接收并交付给收货人。为了维持这一运作，克罗地亚航运公司在纽瓦克港保留着一个拖车车队，往来运送船只上的集装箱货物。

为了开展往返纽瓦克港的航运业务，克罗地亚航运公司使用两家附属公司的服务，即克罗地亚北美分公司和跨洋运输公司。这两家公司在新泽西州卢瑟福的梅多兰都拥有办公室。克罗地亚北美分公司是克罗地亚航运公司的一个利比里亚公司的子公司。跨洋运输公司是克罗地亚北美分公司的一个子公司。

在向联邦海事委员会提交的关税文件中，克罗地亚航运公司将跨洋运输公司列为其"总代理"，并授权跨洋运输公司代表其与托运人签订信贷协议。跨洋运输公司在1996年的《港口指南》中被列为克罗地亚航运公司在纽约港和新泽西港的代理公司。跨洋运输公司代表克罗地亚航运公司签发货运单据、开单收取运费；它负责设备租赁和维修的付款，征求和预定货物，并安排从美国接收货物，包括从新泽西州到外国港口，它安排从克罗地亚航运公司的船只上装卸货物，从克罗地亚航运公司的船只向新泽西州的收货人交付货物，而且它还处理有关损害的索赔。

克罗地亚北美分公司运营克罗地亚航运公司的一个区域中心。克罗地亚航运公司的一位总经理在克罗地亚报纸《新报》发表的采访中解释说："区域中心位于主要公司的市场，它们是航运公司总部的力量延伸，负责营销、船舶操作、集装箱设备操作、文件控制、该地区代理商的财务运作和控制。"

被告没有对这些事实提出异议。然而，其辩称，在新泽西州存在的公司的子公司不足以使子公司的母公司受到我们法院的标的物管辖权。当然，我们同意，仅仅在一个州内的子公司并不能确立存在一般属人管辖权所必需的最低限度的联系。[1][2]"对子公司的司法管辖权本身并不给予国家对母公司的司法管辖权。"[3]但是，公司代理人在管辖区内的实质性的、持续的活动构成法定程序所要求的最低限度的联系，这是白纸黑字规定的法律。[4][5]无论代理人是公司还是个人，该规则都适用。对于一家公司作为另一家公司的代理人在州内的持续活动，授权州法院对委托人行使一般的属人管辖权。[6][7]由于原告在这个问题上的事实指控是没有争议的，我们认为作为一个法律问题，法院对被告行使属人管辖权是符合正当程序的。

卑尔根县警长首先将原告的传票和诉状送达给位于新泽西州卢瑟福市总部的跨洋运输公司的一名雇员。原告将收到传票和诉状的雇员描述为跨洋运输公司的索赔经理。被告称她是跨洋运输公司的接待员。根据送达规则 R.4：4-3（b）（1）和 R.4：4-4（a）（6），还将传票和诉状送达了位于卢瑟福办

---

[1] Cannon Mfg. Co. v. Cudahy Packing Co., 267 U.S. 333, 336-337 (1925).

[2] Unicom Invs. v. Fisco, Inc., 137 N.J. Super. 395, 401 (Law Div. 1975).

[3] Restatement (Second) of Conflicts of Laws §52 comment b (1971).

[4] International Shoe Co. v. Washington, 326 U.S. 310, 316 (1945).

[5] Giangola v. Walt Disney World Co., 753 F. Supp. 148, 154 (D.N.J. 1990).

[6] Grand Entertainment Group v. Star Media Sales, Inc., 988 F.2d 476, 483 (3d Cir. 1993).

[7] Automated Salvage Transport Inc. v. NV Koninklijke KNP BT, No. CIV. A. 96-369, 1997 WL 576402, at (D.N.J. Sept. 12, 1997).

事处的跨洋运输公司和克罗地亚北美分公司的经理人。卑尔根县警长随后向跨洋运输公司和克罗地亚北美分公司送达传票和诉状,警长在申报单中指出接受送达的人是卢瑟福办事处的负责人。随后,原告根据送达规则 R.4:4(b)(1)(c)的规定,将传票和起诉书的副本通过挂号信的方式寄给克罗地亚航运公司,并要求回执。同时,通过普通邮件的方式寄给克罗地亚航运公司在克罗地亚的总部。

被告声称,在克罗地航运公司以挂号信方式送达传票和诉状是无效的,因为原告没有提出符合送达规则 R.4:4-5(c)(2)要求的调查宣誓书。原告的补充附录包含了一名原告律师助手的宣誓书,该宣誓书是为满足调查宣誓书的要求而存档的。证人证实,卑尔根县警长之前曾亲自为跨洋运输公司和克罗地亚北美分公司的接待员玛格丽特·安杰利斯服务,并且安杰利斯女士是这两家公司的代理人,公司授权其代表公司接受服务。证人接着解释说,如果如被告所说,如果安杰利斯女士未被授权接受送达(令状)或者对她送达无效,则送达给了跨洋运输公司和克罗地亚北美分公司的负责人,并通过挂号邮件和普通邮件送达给位于克罗地亚总部的被告。本宣誓书足以满足送达规则 R.4:4-5(c)(2)的规定,因此被告的相反论点是毫无根据的。

《联邦主权豁免法》宣布:"外国应不受美国和各州法院的管辖,除非本章第 1605 至 1607 条另有规定。"[1]本案并未涉及法条所规定的例外情况。法令对"外国"的定义是"包括外国国家的政治分支机构或外国国家的媒介","外国的代理机构或媒介"指的是任何实体——①独立法人、公司或其他实体;②外国国家或其政治分支机构的机关,或其多数股份或者其他所有权权益为外国国家或其政治分支机构所拥有;③非本法第 1332(c)和(d)条定义的美国的公民,也非根据任何第三国法律创设的公民。[2]

根据这些规定,一个法律实体"大多数所有权权益由外国的机构或'工具'拥有",只要该实体不是根据任何其他外国的法律创建的,也不是美国公民,该实体就为该法定义的"外国"。

根据该法,如果被告是这样定义的"外国",即当作为诉讼依据的行为发

---

[1] 28 U.S.C.A. § 1604.

[2] 28 U.S.C.A. § 1603 (b).

生时，被告可免于诉讼，[1][2]或者当诉状被提交时。[3][4][5][6]如果被告在诉讼开始时是主权国家，即使其后它不再是主权国家，也受到主权豁免的保护。[7]

根据原告的诉状，1995年8月22日至1996年4月2日期间，原告被克罗地亚航运公司不当解雇，并受到克罗地亚航运公司管理层的骚扰。有关此事的申诉于1997年2月27日提出。因此，《联邦主权豁免法》规定，如果克罗地亚航运公司在这两种情况下都是《联邦主权豁免法》所界定的"外国"，则应驳回申诉。

毫无争议的是，克罗地亚航运公司满足了"外国机构或工具"法定定义的三个要素中的两个。在任何相关的时候，它都是"一个独立的法人，公司或其他"。它"既不是美国的公民，也不是根据第三国的法律创造的"。有争议的问题是，克罗地亚航运公司是"外国国家或其政治分支机构的机关"，还是"外国或其政治分支机构拥有其多数股份或其他所有权权益"。

《联邦主权豁免法》没有定义"所有权权益"。但法定用语中的"所有权权益"，即"其大部分股份或其他所有权权益为外国国家所有"，表明"所有权权益"指的是类似于"多数传统私人公司的股份"。

被告克罗地亚航运公司于1952年成为"社会所有企业"。"社会所有企业"的实体形式是南斯拉夫体制历史的产物。当事人对社会所有企业的规范法律特征是否使其成为《联邦主权豁免法》所定义的外国国家的"机构""工具"或"机关"存在分歧。比较艾德罗国际公司案[8]（一个社会所有的企业不是一个外国国家的"机构""工具"或"机关"）与贝尔格莱德诉赛

---

[1] Gould, Inc. v. Pechiney Ugine Kuhlmann, 853 F. 2d 445 (6th Cir. 1988).
[2] General Elec. Capital Corp. v. Grossman, 991 F. 2d 1376 (8th Cir. 1993).
[3] Jones v. Petty‐Ray Geophysical, Geosource, Inc., 954 F. 2d 1061, 1064–1065 (5th Cir.), cert. denied, 506 U. S. 867 (1992).
[4] Wolf v. Banco Nacional de Mexico, S. A., 739 F. 2d 1458, 1460 (9th Cir. 1984), cert. denied, 469 U. S. 1108 (1985).
[5] Callejo v. Bancomer, S. A., 764 F. 2d 1101, 1106 (5th Cir. 1985).
[6] Belgrade v. Sidex Int'l Furniture Corp., 2 F. Supp. 2d 407, 413–414 (S. D. N. Y. 1998).
[7] Straub v. A. P. Green, Inc., 38 F. 3d 448, 451 (9th Cir. 1994).
[8] Edlow Int'l Co. v. Nuklearna Elektrarna Krsko, 441 F. Supp. 827, 831 (D. D. C. 1977).

德斯国际家具有限公司案[1]（持有相反的观点）。在马赫公司案中，公司是罗马尼亚的一个工具。然而，我们的结论是，我们不必对这一争议作出决定。出于以下原因，社会所有企业最初构成时的法律特征是否使其成为外国国家的"机关""工具"或"机构"，或使国家或其任何机构或工具获得"多数企业的所有权权益"对我们的决定并不重要，因为克罗地亚航运公司在公司实体从社会所有企业向私人公司过渡期间显然是由外国机构"拥有"的。

1992年1月，克罗地亚颁布了一项法律，其译名为《社会所有制公司所有权过渡法》。这项立法规定了将社会所有的企业转变为传统股票公司的程序，办法是向私人、克罗地亚私有化基金和其他政府或半政府实体以股票形式发行所有权权益。克罗地亚私有化基金的目的是"促进根据《社会所有制公司所有权过渡法》暂时移交给该基金的财产的私有化进程和完成"。克罗地亚议会从其成员和政府部长中任命董事会管理克罗地亚私有化基金。政府任命基金的管理人员。

社会所有的企业在转变为私人公司的过程中，都受克罗地亚私有化基金的监督和控制。在过渡期间，基金的资产包括根据《社会所有制公司所有权过渡法》转让给它的股份或其他所有权权益。基金的收入来自根据其所有权份额获得的股息，以及出售正在私有化的企业的股份和其他所有权权益。剩余收入将被移交给克罗地亚政府。

美国最高法院在第一国民银行案[2]中对政府"工具"的特征进行了如下讨论：

在20世纪，世界各国政府越来越多地建立了独立组成的法人实体来执行各种任务。这些实体的组织和控制各不相同，但许多具有一些共同特征。一个典型的政府机构，如果可以说存在的话，那也是由一个规定权力与责任手段的法令创建的，并由政府选定的董事会以符合法律授权的方式进行管理。该机构通常作为一个独立的司法实体成立，拥有持有和出售财产、起诉和被起诉的权利。除了提供资金或弥补损失的拨款外，该机构主要对自己的财务负责，作为一个独特的经济企业经营；它往往不受政府机构必须遵守的预算

---

[1] Belgrade v. Sidex Int'l Furniture Corp., 2 F. Supp. 2d at 414.
[2] First Nat'l Bank v. Banco Para El Comercio Exterior de Cuba, 462 U.S. 611, 624 (1983).

和人事要求的约束。

克罗地亚私有化基金符合这一描述，因此是一个其他国家的"工具"。据原告说，克罗地亚航运公司从社会所有企业向股票公司的过渡至少要到1997年7月16日才完成。在这一过渡时期，克罗地亚私有化基金与克罗地亚航运公司之间的关系显然类似于持有公司大部分股份的传统公司的股东与公传统公司。因此，根据1992年1月16日至1997年7月16日的《联邦主权豁免法》，克罗地亚航运公司是一个"外国"。原告提交诉状的日期和他声称作为其诉状依据的行为的日期均在此期间。因此，克罗地亚航运公司对原告的诉讼享有豁免权。

这一结论使我们没有必要决定是否如克罗地亚航运公司所主张的那样，根据不方便法院的原则，它也有权驳回原告的申诉。[1]

因此，上诉维持原审判决。

案情简介

原告萨布利奇受雇于被告克罗地亚航运公司及其前身和各附属公司约25年。从1995年8月开始，萨布利奇受到克罗地亚航运公司的威胁和攻击，被错误地解雇。克罗地亚航运公司辩称它是《联邦主权豁免法》定义的外国国家，要求驳回起诉。

争议焦点

在克罗地亚航运公司从社会所有制企业过渡到私营公司的过程中，该公司是否被外国国家的一个工具所拥有？——是

法律规范

公司代理人在一个司法管辖区内的实质性的、持续的活动确定了正当程序所要求的最低限度的联系。[2] 无论代理人是公司还是个人，这一规则都适用。对于一家公司作为另一家公司的代理人在州内的实质性持续活动，授权

---

[1] Gore v. United States Steel Corp., 15 N. J. 301, 305-314 (1954).

[2] International Shoe Co. v. Washington, 326 U. S. 310 (1945).

州法院对委托人行使一般属人管辖权。[1]

《联邦主权豁免法》规定，除了本章第1605至1607条中规定的情况外，外国应享有美国和各州法院的司法豁免权。[2]这些例外情况涉及与本案无关的情况。

《联邦主权豁免法》中的外国包括外国的政治分支或外国的机构或工具。外国的机构或工具是指任何实体：①是一个独立的法人，公司或其他形式；②是一个外国国家或其政治分支机构的机关，或其大部分股份或其他所有者权益由一个外国国家或其政治分支机构拥有；③既不是本法第1332（c）和（d）条定义的美国公民，也不是根据任何第三国的法律创设的公民。[3]根据这些规定，只要实体不是根据任何其他外国的法律创建的，并且不是美国的公民，一个大部分所有权权益由一个外国的机构或工具拥有的法律实体就是《联邦主权豁免法》定义的外国。

如果被告作为诉讼基础的行为发生时是《联邦主权豁免法》定义的外国，[4]或者在起诉时是《联邦主权豁免法》定义的外国，则根据该法应豁免诉讼。[5]在诉讼开始时，如果被告是一个主权国家，即使此后不再是一个主权国家，主权豁免也能保护被告。[6]

社会所有制企业不是外国的机构、工具或机关。[7]

公司是罗马尼亚的一个工具。[8]

双方辩词

原告： 从1995年8月开始，克罗地亚航运公司指挥他人威胁并攻击我，1995年9月和1996年2月之间的某个时候，它们错误地解雇我，它们威胁攻

---

[1] Grand Entertainment Group v. Star Media Sales, Inc., 988 F. 2d 476, 483 (3d Cir. 1993).
[2] 28 U.S.C.A. § 1604.
[3] 28 U.S.C.A. § 1603 (b).
[4] Gould, Inc. v. Pechiney Ugine Kuhlmann, 853 F. 2d 445 (6th Cir. 1988).
[5] Jones v. Petty-Ray Geophysical, Geosource, Inc., 954 F. 2d 1061, 1064-1065 (5th Cir.).
[6] Straub v. A. P. Green, Inc., 38 F. 3d 448, 451 (9th Cir. 1994).
[7] Belgrade v. Sidex Int'l Furniture Corp., supra, 2 F. Supp. 2d at 407, 414 (S.D.N.Y. 1998).
[8] S. & S. Mach. Co. v. Masinexportimport, 706 F. 2d 411, 414 (2d Cir. 1983).

击我的动机是因为我强烈地反对克罗地亚执政党。克罗地亚航运总部设在克罗地亚，管理人是克罗地亚人，该公司根据克罗地亚法律运作。

对于一家公司让另一家公司的代理人在本州内进行的大量的连续活动，州法院有权对委托人行使属人管辖权中的一般管辖权。

被告：以不方便法院为由请求驳回原告的索赔请求。原告主张的被告基础行为并没有发生在新泽西州或美国其他地方，仅在一个州内有子公司并不能建立一般属人管辖权所需的最低限度的联系。

原告：在过去的50年里，克罗地亚航运公司及其前身公司一直保持固定的蒸汽船服务，往返于新泽西州纽瓦克港加尔各答街220号的环球码头，克罗地亚航运公司的船只在那里停泊、装货和卸货，从托运人那里收到货物并交付给收货人，克罗地亚航运公司在纽瓦克港有一支拖车车队负责运输集装箱货物往返。

被告：（新泽西州）克罗地亚航运公司没有得到授权在新泽西州内部从事业务。它在新泽西州没有拥有或租用不动产，它在新泽西州没有自己名义的电话，它在新泽西州没有银行账户或雇员。

原告：（两个公司）克罗地亚航运公司使用了两家附属公司的服务，即克罗地亚北美分公司和跨洋运输公司。这两家公司的办公室都设在新泽西州。克罗地亚北美分公司是克罗地亚航运公司的一个利比里亚公司的子公司，跨洋运输公司是克罗地亚北美分公司的子公司。

（代理）克罗地亚航运公司将跨洋运输公司列为其总代理，并授权跨洋运输公司代表它与托运人签订信贷协议。1996年《港口指南》中写着克罗地亚航运公司在纽约港和新泽西港的代理是跨洋运输公司，它代表克罗地亚航运公司签发航运文件、开具账单并收取运费、处理设备租赁和维修费用、从美国包括新泽西州征集和预订货物、安排接收货物运往外国港口、安排从克罗地亚航运公司的船舶上卸货、安排将货物从克罗地亚航运公司的船舶上运给新泽西州的收货人、处理损坏索赔的诉求。

克罗地亚航运公司的一位总经理在接受克罗地亚报纸《新报》采访时解释说，位于公司主要市场的区域中心是总部克罗地亚航运公司的延伸，负责市场营销、船舶运营、集装箱设备操作、文件控制、财务运作以及对区域代理商的控制。

被告：（《联邦主权豁免法》）根据《联邦主权豁免法》的规定，法院必须驳回起诉，因为克罗地亚航运公司是《联邦主权豁免法》中的一个外国国家。

原告：阜尔根县警长曾亲自向跨洋运输公司和克罗地亚北美分公司的接待员玛格丽特·安杰利斯送达起诉文书，安杰利斯女士是这两家公司的代理人，这两家公司授权她代表公司接受起诉文书。我亲自向跨洋运输公司和克罗地亚北美分公司的总裁送达起诉文书，也在克罗地亚航运公司的总部通过挂号信和普通邮件向被告送达了起诉文书。

被告：（传票）通过挂号信向克罗地亚航运公司送达传票和起诉书是无效的，因为原告没有提交符合R.4：4-5（c）（2）要求的调查宣誓书，安杰利斯女士未经授权就接受起诉文书，送达无效。

原告：社会所有制企业不是外国的机构、工具、机关。

被告：（工具性）一个外国的机构或工具是一个独立的法人、公司，不是美国某个州的公民。克罗地亚航运公司是一个外国国家或政治分支的机关，一个外国国家拥有克罗地亚航运公司大部分股份或其他所有权权益，这表明该所有者权益类似于常规私人公司中大多数股份所有权。

在从社会所有制企业过渡到私营公司的过程中，一个外国国家工具拥有克罗地亚航运公司。克罗地亚航运公司是一个典型的政府工具，根据授予该政府工具权力和职责的法律创建。法律规定政府挑选董事会以符合授权法的方式管理克罗地亚航运公司，该政府工具通常被确立为一个独立的法律实体，拥有持有和出售财产、起诉和被起诉的权利。除利用拨款提供资本或弥补损失之外，该政府工具对自己的财务状况负主要责任。

该政府工具作为一个独立的经济企业运行，不像政府机构那样必须受相同的预算和人事要求约束。

原告：克罗地亚航运公司从社会所有制企业向股份公司的过渡到1997年7月16日才完成。在这个过渡时期，克罗地亚私有化基金与克罗地亚航运公司的关系类似于股东与传统公司的关系，克罗地亚私有化基金拥有克罗地亚航运公司的大部分股票。

被告：（基金）克罗地亚私有化基金是一个外国国家的工具，克罗地亚私有化基金的目的是加快完成财产私有化。根据《社会所有制公司所有权过渡法》，这些财产已暂时转移到该基金。克罗地亚立法机构从其成员和政府部长中任命克罗地亚私有化基金的董事会管理克罗地亚私有化基金，政府任命基金的主席。在转变为私营公司的过程中，克罗地亚私有化基金监督和控制社会所有制企业，剩余收入转给克罗地亚政府。

判决结果

克罗地亚航运公司与新泽西州的接触不足以接受一般的属地管辖，送达的程序也有缺陷。克罗地亚航运公司依据《联邦主权豁免法》享有豁免权，法院不必审理萨布利奇的索赔问题。

思考延伸

- 应该给政府官员以豁免权吗？

合格豁免权的支持者认为，官员必须有犯错、判断失误的空间，而不必担心被起诉（如果没有责任盾牌，公职人员和执法人员将不断被起诉，并在法庭上受到猜测）。官员和公职人员需要合格的豁免权来完成他们的工作（公职人员可能需要在紧张的情况下做出瞬间决定，剥夺合格的豁免权可能会导致官员在最需要采取行动的时候犹豫不决）。取消合格的豁免权可能会使公职人员和警察面临无端的诉讼（导致巨大成本，不能指望官员成为法律学者），这可能取决于参与案件的法官（在确定以前的先例是否排除了官员的合格豁免权时，法院可以制造事实的区别）。

反对者说，这一原则导致执法人员侵犯公民的权利，特别是被剥夺权利的公民，而不受到影响（官员没有绝对的豁免权，当他们违反了明确规定的宪法权利时，可以被追究责任）。为了让官员对过度使用武力负责，责任是必要的。对警察的诉讼猖獗的担心被夸大了（许多城市为他们的警察提供赔偿，这意味着城市将支付任何和解费用，而不是警察自己）。

4 外国主权豁免法 | 苏丹共和国诉哈里森案[1]

▶ 原文赏析

本案涉及适用于向外国送达民事诉讼的特定方法的要求。根据1976年的《外国主权豁免法》,可以通过"寄往和发送给有关外国外交部长的邮件"的方式向外国送达。[2]现在摆在我们面前的问题是,当写有外国部长的送达包裹被邮寄到该外国的驻美大使馆时是否符合这一规定。我们认为不符合。最本质的解读是,[3]要求将邮件直接寄给外国部长在其本国的办公室。

一

(一)

根据《外国主权豁免法》,外国对本国法院管辖有豁免权,除非有几种列举的豁免例外情况之一。[4]如果诉讼属于这些例外之一,《外国主权豁免法》规定了联邦地区法院的标的物管辖权。[5]《外国主权豁免法》还规定了"在根据第1608条送达情况下"的属人管辖权。[6]

第1608(a)条规定了对"外国或外国的政治分支"的送达程序。[7]它

---

[1] Republic of Sudan v. Harrison, 139 S. Ct. 1048 (2019).
[2] 28 U.S.C. §1608 (a) (3).
[3] Id.
[4] §§1604, 1605-1607.
[5] §1330 (a).
[6] §1330 (b).
[7] §1608 (a).

按等级顺序列出了以下"送达应采用"的四种方法。[1]第一种方法是"根据原告和外国国家或政治部门之间的任何特殊送达安排",递送传票和诉状的副本。[2]"如果不存在特别安排",可通过第二种方法进行送达,即"根据适用的司法文件送达国际公约"递送传票和起诉书的副本。[3]如果依据前两种方法中的任何一种都无法送达,可以使用第三种方法,也就是本案中存在争议的那一种。这种方法要求"以任何需要签收的邮件形式,将传票和起诉书以及诉讼通知书的副本,连同翻译成外国官方语言的每份文件,由法院书记员寄给有关国家的外交部负责人"。[4]最后,如果根据第1608(a)(3)条不能在30天内完成送达,可以通过"以任何需要签收的邮件形式,由法院书记员注明地址并派送至华盛顿哥伦比亚特区的国务卿"来实现送达,以便"通过外交渠道转达给该外国"。[5]

一旦送达,外国或外国的政治分支有60天的时间提交回应性诉状。[6]如果外国国家或政治部门不这样做,就有可能招致缺席判决。[7]任何此类缺席判决的副本必须"以相同规定的送达方式送至外国或外国政治分支"。

(二)

2000年10月12日,美国海军"科尔"号导弹驱逐舰进入也门亚丁港进行短暂的加油停留。在加油过程中,一艘小船沿着"科尔"号的侧面驶过,船上的人引爆了炸药,在"科尔"号的侧面炸开了一个洞。17名船员被炸死,另有几十人受伤。基地组织后来声称对这次袭击负责。

本案的被申请人是美国海军"科尔"号爆炸案的受害者及其家属。2010年,被申请人起诉请愿人苏丹共和国,指控苏丹为基地组织的爆炸案提供了物质支持。[8]由于被申请人根据《外国主权豁免法》提起诉讼,他们必须根

---

[1] §1608(a).
[2] §1608(a)(1).
[3] §1608(a)(2).
[4] §1608(a)(3)
[5] §1608(a)(4).
[6] §1608(d).
[7] §1608(e).
[8] §1605A(a)(1),(c).

据第1608（a）条向苏丹送达诉讼文件。没有争议的是，由于无法根据第1608（a）（1）条或第1608（a）（2）条进行送达，被申请人转而依据第1608（a）（3）条进行送达。在被申请人的要求下，法院书记员将送达文件包裹以要求回执的方式寄给了"苏丹共和国，外交部长邓·阿洛尔·库尔，苏丹共和国大使馆，马萨诸塞大道西北2210号，华盛顿特区，20008号"。书记员证明包裹已经发出，并且几天后，证明签收的收据已被退回。苏丹未能出席诉讼后，特区的地区法院举行了证据听证会，并对苏丹作出了3.14亿美元的缺席判决。法院书记员再次应被申请人的要求，以书记员之前使用的方式邮寄了一份缺席判决书的副本。[1]

握有缺席判决，被申请人转向纽约南区的地区法院寻求登记判决，并通过要求几家银行交出苏丹资产的命令来履行判决。[2]第1968条规定，为了能让判决在其他地区被执行，要登记判决。根据第1610（c）条，地区法院下达了一项命令，确认在缺席判决的作出和通知苏丹之后已经过了足够长的时间，因此法院随后发出了三项移交资产的命令。

这时，苏丹为辩驳管辖权而出庭。它对三项移交资产的命令分别提交了上诉通知书，并在上诉中辩称，缺席判决因缺乏属人管辖权而无效。特别是，苏丹坚持认为，第1608（a）（3）条要求将送达包裹发送到其外交部长在苏丹首都喀土穆的主要办公室，而不是发送到苏丹驻美国大使馆。

第二巡回上诉法院驳回了这一论点，并确认了地区法院的命令。[3]第二巡回法院的理由是，尽管第1608（a）（3）条要求将送达包裹邮寄给"有关外国的外交部负责人"，但该法规"没有规定邮寄地址的具体位置"。鉴于此，法院得出结论："原告选择的方法——邮寄给大使馆的外交部长——符合法规的语言，可以合理地预期将邮件送达预定的人。"

苏丹提出了重审请求，美国提出了支持苏丹请求的法庭庭审顾问简报。小组下令补充简报并听取了额外的口头辩论，但它再次确认，重申其观点，即第1608（a）（3）条"没有特别规定邮寄给在外国领域内的外交部负责人

---

〔1〕 §1608（e）.
〔2〕 §1963.
〔3〕 802 F.3d 399（2015）.

处"。[1]此后，法院驳回了苏丹重新审理案件的请求。

在第二巡回法院的裁决之后，第四巡回法院在一个类似的案件中认为，第1608（a）（3）条"不授权向外国的大使馆提供服务，即使它正确地将预期的收件人确定为外交部的负责人"。[2]

我们批准了重审请求以解决这一冲突。[3]

二

（一）

我们面前的问题涉及第1608（a）（3）条的含义，在解释该条款时，"我们从所有此类调查必须开始的地方开始——从法规本身的语言开始。"[4]如前所述，第1608（a）（3）条规定，送达应"以任何需要签收的邮件形式进行，由法院书记员向有关外国领域的外交部负责人注明地址并发送"。

对这段文字最本质的解读是，送达必须直接邮寄到外国部长在外国的办公室。虽然我们认为这不是对法律条文唯一合理的解读，但这是最本质的解读。例如，[5]我们应该选择对法规"更本质"的解读。[6]

第1608（a）（3）条中的一个关键术语是过去分词"邮件应当有地址"。当收件人的名字和"地址"写在待寄物品的外面时，信件或包裹就被"寄给"了预定收件人。而名词"地址"，在这里的意义，是指"指定一个可以找到一个人或一个组织并与之沟通的地方（如住所或营业场所）"[7]，"一个人可被发现或与之联络的居住、业务等地点的名称或描述"[8]，"一个人、组织或类似的人所在的地方或可以到达的地方的名称"[9]，"可以找到或接触

---

[1] 838 F. 3d 86, 91 (CA2 2016).

[2] Kumar v. Republic of Sudan, 880 F. 3d 144, 158 (2018).

[3] 138 S. Ct. 2671 (2018).

[4] Caraco Pharmaceutical Laboratories, Ltd. v. Novo Nordisk A/S, 566 U.S. 399, 412 (2012).

[5] United States v. Hohri, 482 U. S. 64, 69–71 (1987).

[6] ICC v. Texas, 479 U. S. 450, 456–457 (1987).

[7] Webster's Third New International Dictionary 25 (1971).

[8] Random House Dictionary of the English Language 17 (1966).

[9] American Heritage Dictionary 15 (1969).

到特定组织或个人的地点"[1],或"一个人的信件可以被指定送达地点的名称"。由于外国驻美大使馆既不是该国外交部长的住所,也不是其通常的办公地点,同时还不是通常可以找到部长的地方,因此对部长"地址"的最普遍的理解与下面法院采用的和被申请人提出的对第1608(a)(3)条的解释不一致。

我们承认,在某些情况下,邮件可能会被"发送"到收件人的住址或通常的营业地点以外的地方。例如,如果发送邮件的人不知道预定收件人当前的家庭或商业地址,发件人可能会使用最后已知的预定签收人的地址,希望邮件能被收到。或者发件人可能将邮件发送给认为有能力确保邮件最终被预期的收件人收到的第三方。但在绝大多数情况下,将邮件寄给X(某人)意味着在邮件外面写上X(某人)的名字和X(某人)的住所或惯常工作地点的地址。

第1608(a)(3)条对"发送"一词的使用也指向了同一方向。"发送"是指"以迅速或快速的方式送走或离开(如送至一个特殊的目的地),通常是作为一项官方事务"[2],"快速或迅速地送走(有明确目的地的信使、信息等)"。一个人如果想"发送"一封信给X,一般会把它直接寄到X习惯居住的地方。发件人不会以迂回的方式来"发送"信件,例如将信件转给第三方,希望第三方能将信件转给预定的收件人。

有几个例子可以说明这一点。假设一个人被指示在一封给美国总检察长(司法部长)的信上"注明地址",并"发送"该信(即"尽快发送")到总检察长那里。发出这些指示的人可能会感到失望,并且可能会在得知这封信被送到(比方说,爱达荷州地区的美国检察官办公室)时感到恼火。即使美国检察官办公室是由司法部长领导的部门的一部分,即使这样的办公室很可能会把信转给华盛顿的司法部长办公室,情况也会如此。同样,如果一个人指示下属将一封信寄给一家在全国拥有零售店的大公司的首席执行官,当他得知这封信被寄给了其中一家店而不是公司总部时,可能会感到很恼火。向收件人"发送"一封信的意思是直接发送。

---

[1] Oxford English Dictionary 106 (1933).
[2] Webster's Third 653.

一个类似的理解支撑着古老的"邮箱规则"。正如法律系一年级的学生在合同课程中所学到的那样，有一个推定，即邮寄的要约接受书如果"地址正确"，则在"发送"时被认为是有效的。[1]但是，如果没有送达要约人的地址（或者要约人认为作为接收承诺地点的地址），则任何承诺都不能被视为已正确送达。[2]

同样重要的是，根据第1608（a）（3）条的规定，送达要求有一张签名的回执，这是确保送达收件人的一种标准方法。[3]（将"认证邮件"定义为"发件人要求以收件人签名的收据形式证明送达的邮件"。）我们认为，寄给外国部长的认证邮件一般会由其下属签收，但在外交部签收部长的认证邮件的人本身可能有权代表部长接收邮件，并被指示如何处理这些邮件。大使馆收发室的雇员就不可能有同样的情况了。

基于这些原因，我们认为对第1608（a）（3）条最本质的解读是，送达的包裹必须有外国部长的姓名和惯常地址，并以直接和迅速的方式送达部长。部长的惯常办公室是其通常工作的地方，而不是部长可能偶尔访问的遥远地方。

（二）

第1608条中的几个相关条款支持这种解读。[4]法规解释的一个基本原则是，必须根据上下文并考虑其在整个法规体系中的地位来解读法规的文字。

1. 其中一个条款是第1608（b）（3）（B）条。第1608（b）条规定了对"外国的机构或工具"的送达。与第1608（a）(3)条一样，第1608（b）（3）（B）条要求"以任何需要签名收据的邮件形式，由法院书记员注明地址和发送"，将送达包裹发送给预定收件人。但第1608（b）（3）（B）条与第1608（a）（3）条不同，它包含序言，即"如果经合理计算给予实际通知"，则允许采用这种方法送达。

被申请人对1608（a）（3）条的理解体现了类似的要求。[5]在口头辩论中，被申请人的律师强调了这一点，认为被申请人对第1608（a）（3）条的

---

[1] Restatement (Second) of Contracts §66, p. 161 (1979).
[2] Restatement §66, Comment b.
[3] Black's Law Dictionary 1096 (10th ed. 2014).
[4] Davis v. Michigan Dept. of Treasury, 489 U. S. 803, 809 (1989).
[5] Brief for Respondents 34.

解释使穆兰诉汉诺威中央银行信托公司案[1]中阐述的"熟悉的"正当程序标准"生效",也就是"送达必须是合理地给予通知"这一概念。[2]

这种说法违背了两个公认的法律解释原则。首先,"当在法规的一个部分中使用特定语言而在另一部分中省略它时,国会通常是故意采取行动。"[3]因为国会只在第1608(b)条而不是第1608(a)条中包含了"经合理计算给予实际通知"的语言,所以我们拒绝根据第1608(a)条解读该语言的建议。其次,"我们不愿意采用对国会颁布的法律的解释,因为这使得同一法律的另一部分变得多余。"[4]在这里,当被申请人认为第1608(a)(3)条中的"处理和发送"条款使穆兰案程序标准生效时,他们遇到了一个多余的问题。他们没有考虑到第1608(b)(3)(B)条同时包含了"注明地址和发送"和"经合理计算给予实际通知"的要求。如果被申请人是正确地认为"地址和发送"是指"经合理计算给予实际通知",那么第1608(b)(3)条中的"经合理计算给予实际通知"这一短语将是多余的。因此,正如反对者所同意的那样,第1608(a)(3)条"并不因为送达方法是合理计算给予实际通知而认为外国已适当送达"。[5]

2. 第1608(b)(2)条同样支持我们对第1608(a)(3)条的解释。第1608(b)(2)条规定,可将送达包裹发送给外国机构或工具的官员、管理或总代理,或"递给经任命或法律授权在美国接受诉讼程序的任何其他代理"。

这一措辞的重要性在于三个方面:第一,它明确地允许向代理人送达。第二,它规定了允许作为收件人代理人的特定个人。第三,它明确指出,如果这里的代理人符合该条款的规定,对代理人的送达可以在美国进行。

如果国会在第1608(a)(3)条中考虑到任何类似的情况,则没有明显的理由不在该条款中纳入类似于第1608(b)(2)条的条款。被申请人想让我们相信,国会愿意让法院将这些条款纳入第1608(a)(3)条。鉴于第1608

---

[1] Mullane v. Central Hanover Bank & Trust Co., 339 U.S. 306 (1950).

[2] Tr. of Oral Arg. 37-38.

[3] Department of Homeland Security v. MacLean, 135 S. Ct. 913, 919 (2015).

[4] Mackey v. Lanier Collection Agency & Service, Inc., 486 U.S. 825, 837 (1988).

[5] Post, at - (opinion of THOMAS, J.).

(b)(2)条,这似乎不太可能。《外国主权豁免法》也没有授权通过利用被指定为国家接收程序的代理人向外国送达。

3. 第1608(c)条进一步支持了我们对第1608(a)(3)条的解读。第1608(c)条规定了确定何时送达"应被视为已送达"的规则。对于第1608(a)条规定的前三种送达方式,送达被视为发生在"证明、签字并退回的邮政收据或适用于所采用的送达方式的其他送达证明"上的日期。[1]唯一的例外是根据第1608(a)(4)条进行的送达,该条要求国务卿通过外交渠道向外国传送送达包裹。根据这种方法,一旦国务卿传达了包裹,国务卿必须向法院书记员发送"一份经证明包裹是何时传送的外交照会认证副本"。[2]当以这种方式送达时,送达被认为是在外交照会认证副本上显示的传达日期发生的。[3]

根据所有这些方法,只有当有充分的理由得出结论,认为送达包裹将在不久之后落入知道需要做什么的外国官员手中时,才会被认为是已经送达。根据第1608(a)(4)条,如果送达是由国务卿通过外交渠道转达的,大概有充分的理由相信,送达包裹将很快引起外国高级官员的注意,因此,送达被视为在转达之日已经完成。而根据第1608(a)(1)、(2)、(3)条,如果送达被视为发生在从承运人那里收到文件的人所签署的日期,国会大概认为可以信任签署送达包裹的个人,以确保文件得到适当和迅速的处理。

很容易理解为什么国会对"原告与外国或外国政治分支之间的特殊送达安排"[4]中被指定接收诉讼程序的人,以及根据"适用的国际公约"[5]被指定的人采取这种看法。但我们现在讨论的条款[6],又是怎么回事?谁更类似于根据第1608(a)(1)、(2)条签署邮件的人?是在部长所在国的外交部长办公室工作并被授权接收和处理部长邮件的人?还是外国使馆的收发室雇员?我们认为答案是显而易见的。因此,将第1608(a)(3)条解释为要求将送

---

[1] 28 U.S.C. §1608(c)(2).
[2] §1608(a)(4).
[3] §1608(c)(1).
[4] §1608(a)(1).
[5] §1608(a)(2).
[6] §1608(a)(3).

达包裹发送到外国部长自己国家的办公室,可以更好地协调确定何时视为已送达的规则。

被申请人试图通过指出外国可以根据《联邦法律程序法》第55(c)条尝试撤销缺席判决来缓解未及时送达给外交部长的打击。但这并不能替代确定和及时的送达,因为根据该规则,外国必须证明有"充分的理由"来撤销判决。在这里,就像前面提到的第1608条的规定一样,赋予第1608(a)(3)条普通的含义可以更好地协调第1608条的各种规定,并避免被申请人的解释会产生的怪异现象。

(三)

第1608(a)(3)条中"地址和发送"要求的普通含义还具有避免与《联邦法律程序法》和《维也纳外交关系公约》发生潜在矛盾的优点。

1. 首先以《联邦法律程序法》为例。在《外国投资法》颁布之时,题为"在外国送达的替代条款"的第4(i)条规定了某些允许向"外国相对方"送达的方法。[1]其中一种方法是"通过任何形式的邮件,要求有签名的收据,由法院的书记员写上地址并发给被送达的一方"。[2]第4(i)(2)条进一步规定,根据该方法的"送达证明","应包括由收件人签名的收据或法院满意的其他收件人收到送达的证据。"第4条的现行版本也是类似的。[3]

上述第4条和第1608(a)(3)条中概述的几乎完全相同的送达方法给被申请人的立场带来了问题。如果将送达包裹寄到外国驻美国大使馆就足以满足第1608(a)(3)条的要求,那么送达外国似乎比送达该外国的人更容易。这是因为由大使馆雇员签署的收据不一定能满足第4条的要求,因为这样的收据上没有外国部长的签名,也可能不构成足以表明送达包裹已实际送达给部长的证据。如果一个外国的居民在联邦法院享有比外国本身更多的保护,这将是一个奇怪的状态,特别是考虑到外国的诉讼豁免权受到了威胁。对第1608(a)(3)条的自然解读避免了这种奇怪的情况。

2. 我们对第1608(a)(3)条的解释避免了对美国在《维也纳外交关系

---

[1] Fed. Rule Civ. Proc. 4 (i) (1) (1976).

[2] Rule 4 (i) (1) (D).

[3] Rules 4 (f) (2) (C) (ii), 4 (l) (2) (B).

公约》下的义务的担忧。我们以前曾指出，国务院"帮助起草了《外国主权豁免法》的语言"，因此我们"特别关注"国务院对主权豁免的看法。[1]它也是"公认的，行政部门对条约的解释很重要"[2]。

《维也纳外交关系公约》第 22（1）条规定："使馆馆舍不得侵犯。除非得到该驻外大使的同意，接受国的代理人不得进入。"[3]至少从 1974 年起，国务院采取的立场是，第 22（1）条的不可侵犯性原则排除了通过向外国驻美国大使馆邮寄的方法来送达外国。[4]在本案中，国务院在提交给本法院和第二巡回法院的法庭庭审顾问的简报中重申了这一观点。政府还告诉我们，当美国在外国法院被起诉时，美国大使馆不接受诉讼程序的送达，政府表示担心采纳申请人对第 1608 条的解释可能会危及这一做法。

被申请人争辩说，国务院在 1974 年之前对第 22（1）条持有不同的看法，认为国务院对《维也纳外交关系公约》的解释是错误的，但我们不需要讨论这个问题。通过对第 1608（a）（3）条进行最本质的解读，我们避免了相反解释可能带来的国际影响。

被申请人其余的论点并没有改变我们的结论。第一，被申请人认为第 1608（a）（3）条没有说到送达包裹必须发送到哪里。[5]"法规对送达包裹要被寄送到的地点没有规定。"但是，虽然第 1608（a）（3）条没有明确规定送达包裹必须被送达到哪里，但这一条款必须隐含一些要求，这是共识。被申请人承认这一点，他们认为该条款要求将送达包裹送到"有可能与外国部长进行直接联系的地点"。[6]（指出将信件寄往设在华盛顿的与外国部长"有直接联系"的大使馆，似乎与寄往在外国的该部长的办公室一样有效。）那么，问题就在于第 1608（a）（3）条隐含的要求是什么。被申请人向我们保证，寄

---

〔1〕 Bolivarian Republic of Venezuela v. Helmerich & Payne Int'l Drilling Co., 137 S. Ct. 1312, 1320 (2017).

〔2〕 Abbott v. Abbott, 560 U.S. 1, 15 (2010).

〔3〕 Diplomatic Relations, Apr. 18, 1961.

〔4〕 Service of Legal Process by Mail on Foreign Governments in the United States, 71 Dept. State Bull. 458-459 (1974).

〔5〕 Brief for Respondents 22.

〔6〕 Brief for Respondents 34.

给"大使馆的邮包显然符合条件",而寄给"旅游局的邮包显然不符合"。[1]但是,如果检验标准是"一个地点是否有可能与外国部长有直接联系",就根本不清楚为什么不能将服务送到外国驻美大使馆以外的美国其他地方。例如,为什么不允许将邮包送到领事馆、该外国大使的住所或该外国驻联合国代表团?答案是否取决于寄送地点的工作人员的规模或假定的专业知识?根据被申请人对第1608(a)(3)条的解释而产生的难以划清界限的问题,有利于维持一个明确的、可管理的规则——送达包裹必须直接邮寄给外国部长在该外国的部长办公室。

第二,被申请人将第1608(a)(3)条的语言与第1608(a)(4)条的语言进行对比,后者说,通过这种方法送达,需要将程序发送到"华盛顿哥伦比亚特区"的国务卿处。被申请人问,如果国会想要要求通过第1608(a)(3)条规定的程序发送到外国部长在其本国的办公室,为什么国会不使用与第1608(a)(4)条类似的表述?这是被申请人最有力的论点,最后,除了第1608(a)条并不代表完美的起草方之外,我们看不到十分令人满意的答复。我们承认,基于第1608(a)(4)条中的对比性语言的论点对被申请人有利,但在我们的判断中,它被已经指出的反面论点所压倒。

三

最后,被申请人争辩说,根据申请人现在为时已晚的高度技术性的论点而推翻他们的判决,将是"最不公平的做法"。[2]我们理解被申请人的愤怒,并认识到在这个苏丹政府可能在作出缺席判决之前就已经知道的涉及高度公开的案件中,强制遵守第1608(a)(3)条可能看起来是一种空洞的形式。但在有些情况下,即使特定案件的公平性似乎指向相反的方向,法律规则也要求严格遵守相关规定。第1608(a)(3)条规定的送达规则适用于一类具有敏感外交影响的案件,本案显然属于这一类。根据这些规则,所有案件都必须得到相同的对待。

此外,被申请人的律师在口头辩论中承认,根据第1608(a)(3)条,苏

---

[1] Brief for Respondents 34.
[2] Brief for Respondents 35.

丹没有得到适当的送达并不是问题的尽头。[1]被申请人可以根据第1608（a）（3）条再次尝试送达，如果尝试失败，他们可以转向第1608（a）（4）条。在辩论中，当被要求提供根据第1608（a）（4）条送达的例子时，被申请人的律师说，他不知道有任何此类送达失败的案例。

我们按照最本质的理解来解释第1608（a）（3）条。送达包裹必须写明地址，并发送到在外国的该部长办公室。因此，我们推翻了上诉法院的判决，并将此案发回重审，以进行符合本意见的进一步审理。

特此命令。

▶ 案情简介

原告是美国军舰"科尔"号爆炸案的受害者和他们的家属。原告起诉被告苏丹共和国，声称苏丹为制造爆炸案的基地组织提供物质支持。书记员将送达包裹、回执按要求寄给位于华盛顿特区马萨诸塞大道西北2210号苏丹共和国大使馆的苏丹共和国的外交部长邓·阿洛尔·库尔，邮编20008号。书记员证明送达包裹已经寄出，几天后，证明签收的回执也被寄回。苏丹缺席诉讼后，地区法院对苏丹作出了3.14亿美元的缺席判决，书记员邮寄了缺席判决的副本，原告寻求登记判决并要求执行判决让几家银行交出苏丹资产。苏丹出庭质疑管辖权。

▶ 争议焦点

当命名为外国部长的送达包裹被邮寄到该外国驻美国大使馆时，是否满足《外国主权豁免法》第1608（a）（3）条的规定？——否

▶ 法律规范

根据《外国投资法》，外国对本国法院的管辖权享有豁免权，除非豁免权的几个列举的例外情况适用。[2]如果一项诉讼属于这些例外情况之一，《外国

---

[1] Tr. of Oral Arg. 56.
[2] 28 U.S.C. §§1604, 1605-1607.

投资法》规定了联邦地区法院的主体管辖权。[1]《外国投资法》还规定了在根据第1608条送达的情况下的属人管辖权。[2]第1608（a）条管辖对外国或外国的政治分支的送达程序。[3]

第一种方法是根据原告和外国或外国政治分支之间的任何特殊送达安排，递送传票和起诉书的副本。[4]如果不存在特别安排，可通过第二种方法进行送达，即根据适用的司法文件送达国际公约递送传票和起诉书的副本。[5]如果前两种方法中的任何一种都无法送达，可以使用第三种方法，要求以任何需要签名收据的邮件形式，将传票和起诉书以及诉讼通知书的副本，连同每种副本翻译成外国官方语言的文件，由法院书记员寄给有关外国外交部的负责人。[6]

如果不能根据第1608（a）（3）条在30天内完成送达，可以通过任何需要签收的邮件形式，由法院书记员注明收件人姓名、地址派送至华盛顿哥伦比亚特区的国务卿处，以便通过外交渠道转交给外国。[7]

一旦送达，外国或外国政治分支有60天的时间来提交答辩状。[8]如果外国或外国政治分支不这样做，它就有可能招致缺席判决。[9]必须以规定的送达方式将缺席判决的副本送至外国或外国政治分支。[10]

在第二巡回法院裁决之后，第四巡回法院在一个类似的案件中认为，即使正确地将预期的收件人确定为外交部负责人，第1608（a）(3)条也没有授权向外国的大使馆送达。[11]

在解释第1608（a）(3)条的含义时，我们从所有此类调查必须开始的地

---

[1] §1330（a）.
[2] §1330（b）.
[3] §1608（a）; Fed. Rule Civ. Proc. 4 (j)（1）.
[4] §1608（a）(1).
[5] §1608（a）(2).
[6] §1608（a）(3)
[7] §1608（a）(4).
[8] §1608（d）.
[9] §1608（e）.
[10] §1608（e）.
[11] Kumar v. Republic of Sudan, 880 F. 3d 144, 158 (2018).

方开始——法规本身的语言。[1]

认证邮件是发件人要求以收件人签名的收据形式证明送达。[2]

法规解释的一个基本原则是，必须根据上下文并考虑其在整个法规体系中的位置来解读法规的文字。[3]

第1608（b）（3）（B）条与第1608（a）（3）条不同，第1608（b）（3）（B）条的序言规定若经合理计算给予实际通知，允许通过这种方法送达。

有两个公认的法律解释原则。第一，当国会在法规的某一节中使用特定的语言而在另一节中省略它时，通常是有意为之。[4]第二，如果一种对国会颁布的法律解释使得法律的另一部分变得多余，我们不愿意采用这种对法律的解释。[5]

一旦国务卿传送了文件包，国务卿必须将表明文件传送时间的外交照会的认证副本发送给法院的书记员。[6]

一种方法是，通过任何形式的邮件，要求有签名的收据，由法院书记员写明收件人姓名、地址并发送给需要被送达的一方。[7]

送达证明应包括由收件人签名的收据或法院满意的其他送达给收件人的证据。[8]

《维也纳外交关系公约》第22（1）条规定，使团的房舍不可侵犯。除非得到使团团长的同意，接受国的代理人不得进入。[9]

> 双方辩词

原告： 原告是美国军舰"科尔"号爆炸案受害者及其家属，原告起诉被告苏丹共和国，声称苏丹向制造爆炸案的基地组织提供物质支持。因为缺席

---

[1] Caraco Pharmaceutical Laboratories, Ltd. v. Novo Nordisk A/S, 566 U.S. 399 (2012).
[2] Cf. Black's Law Dictionary 1096 (10th ed. 2014).
[3] Davis v. Michigan Dept. of Treasury, 489 U.S. 803, 809 (1989).
[4] Department of Homeland Security v. MacLean, 135 S. Ct. 913, 919 (2015).
[5] Mackey v. Lanier Collection Agency & Service, Inc., 486 U.S. 825, 837 (1988).
[6] 28 U.S.C. §1608 (a) (4).
[7] Fed. Rule Civ. Proc. 4 (i) (1) (D).
[8] Fed. Rule Civ. Proc. Rule 4 (i) (2).
[9] Vienna Convention on Diplomatic Relations, Apr. 18, 1961, 23 U.S.T. 3237, T.I.A.S. No. 7502.

判决是根据《外国主权豁免法》第 1608（a）（3）条进行送达，书记员将送达包裹、回执按要求寄给位于华盛顿特区马萨诸塞大道西北 2210 号苏丹共和国大使馆的苏丹共和国的外交部长邓·阿洛尔·库尔，邮编 20008 号。书记员证明送达包裹已经寄出，几天后，证明签收的回执也被寄回。原告寻求登记判决、执行判决，要求几家银行交出苏丹资产。苏丹出庭质疑管辖权。

被告：由于缺乏属人管辖权，缺席判决无效。第 1608（a）（3）条要求将送达包裹发送到苏丹外交部长在苏丹首都喀土穆的主要办公室，而不是发送到苏丹驻美国大使馆。

原告：（沉默）尽管《外国主权豁免法》第 1608（a）（3）条要求将送达包裹寄给外国的外交部负责人，但该法没有规定邮寄的具体地点。对第 1608（a）（3）条最自然的解读是，送达包裹必须印有外国部长的姓名和惯常地址，以直接和迅速的方式寄给部长。部长的惯常办公室是他经常工作的地方，不是他只偶尔访问的偏远地方。

被告：对第 1608（a）（3）条最自然的解读是送达必须直接邮寄到外国的外交部长办公室，对法定检验标准唯一合理的解读是最自然的解读。通过对第 1608（a）（3）条最自然的解读，我们避免了相反解释可能带来的国际影响。第 1608（a）（3）条要求"写明收件人姓名地址和发送"的普通含义能避免与《联邦法律程序法》和《维也纳外交关系公约》产生潜在矛盾。

原告：我们承认，在某些情况下如果寄信人不知道预期收件人目前的家庭或公司地址，邮件可能会寄到个人住所或通常营业场所以外的地方，寄信人可能会用预期收件人已知的最后地址转发邮件，或者寄信人可能会将邮件寄给有能力确保预期收件人最终收到邮件的第三方。

被告：（住所或办公地址）由于外国驻美大使馆既不是该国外交部长的住所，也不是该国外交部长的通常工作场所，同时还不是通常可以找到该国外交部长的地方，因此，对部长地址最普遍的理解与第 1608（a）（3）条的解释不一致。在绝大多数情况下，将邮件寄给某人意味着在邮件外面写下他的名字、住所地址、一般工作地址。

原告：（发送）第 1608（a）（3）条使用"发送"一词，向收件人发送信件的意思是直接发送。发送信件是指通过官方迅速发送，发件人不会以迂回的方式发送信件。比如,发件人不会先将信件指示给第三方,希望第三方能将信件发送给预期收件人。例如,某人受指示将信寄给美国总检察长,发出指示的人得知信寄给了美国爱达荷州检察官办公室,他很可能会失望。即使美国爱达荷州检察官办公室是美国总检察长领导的一部分,发出指示的人也会失望。同样,如果一个人指示他的下属把信寄给在全美拥有零售店的大公司的首席执行官,那么当他发现这封信被寄给了其中一家商店而不是公司总部时,他可能会很恼火。

(邮寄规则)重述法里推定,当邮寄地址正确时,接受要约在信件发送时生效。

(签字)按第1608(a)(3)条,送达要签收回执是确保送达收件人的标准方法,我们认为寄给外国部长的认证邮件一般会由下属签收,但推定签收、认证部长邮件的人有权代表部长接收邮件并按指示处理邮件。

(语境)法律解释的基本原则是词语必须根据上下文和词语在整部法律体系中的位置进行解读。我们应该理解第1603(a)(3)条体现了类似的要求。第1603(b)(3)(B)条与第1608(a)(3)条不同,第1603(b)(3)(B)条序言要求:如果"经合理计算给予实际通知",则允许法院书记员通过任何邮件形式将起诉文书包裹送达给预期收件人,且需送达回执上"写明收件人姓名地址和发送"。

被告:原告的论点违背了法律解释的原则。当国会在法的某一部分中使用特定语言而在另一部分中省略时,国会是故意为之。因为国会只在第1608(b)条中提出了"经合理计算给予实际通知"的语言,第1608(a)条中没有提出"经合理计算给予实际通知"的语言,我们应该拒绝将"经合理计算给予实际通知"带入第1608(a)条,我们拒绝原告的建议。因为我们不愿意采纳一种使得国会颁布的法律中另一部分的内容变得多余的解释。原告没法解释第1608(b)(3)(B)条同时包含"写明收件人姓名地址和发送"以及"经合理计算给予实际通知"的要求。如果按原告所说"写明收件人姓名地址和发送"指的是"经合理计算给予实际通知",那么第1608(b)(3)条中"经合理计算给予实际通知"的语句将是多余的。

原告:国会愿意让法院用第1608(b)(2)条解读第1608(a)(3)条。

国会允许法院用1608（b）（2）条的内容来解读第1608（a）（3）条。

被告：第1608（b）（2）条支持我们对第1608（a）（3）条的解释。第1608（b）（2）条规定将送达包裹发送给外国机构或工具的官员、管理人或总代理，或发送给经任命或法律授权在美国接受送达的代理人，它明确允许向代理人送达，明确规定允许特定个人作为收件人的代理人，明确指出如果代理人属于条款规定的范围，则对代理人的送达可在美国进行。如果国会在第1608（a）（3）条中设想了类似的内容，那没有明显的理由不在第1608（a）（3）条中使用与第1608（b）（2）条类似的术语。

第1608（c）条支持我们对第1608（a）（3）条的解读，第1608（c）条规定了何时能确定送达已经完成。第1608（a）（4）条要求国务卿通过外交渠道向外国转达送达包裹，根据这种方法，一旦国务卿转达了送达包裹，国务卿必须向法院书记员发送一份经认证的外交正式文件副本表明何时转达了包裹。我们推定有充分的理由相信外国高级官员会很快注意到送达包裹。因此，送达视为在转达之日完成。

原告：（容易性）如果将送达包裹邮寄到外国驻美国大使馆就足以满足第1608（a）（3）条的要求，则向外国国家送达似乎比向对该外国的人送达更容易。

（快速）根据第1608（a）（1）、（2）、（3）条，如果送达被视为在转达之日完成，可以推定国会信任签署送达包裹的个人会确保适当、迅速地处理送达包裹。

（缺席）外国可以试图根据《联邦法律程序法》第55（c）条申请撤销缺席判决。

被告：这不是替代准确、及时送达的一个好理由，因为外国必须根据《联邦法律程序法》表明良好的理由才能撤销判决。

（雇员-部长）大使馆雇员签署的收据不一定符合《联邦法律程序法》第4条，因为收据上没有外国部长的签名，收据可能不足以构成表明送达包裹已实际交付部长的证据。一个外国居民比外国国家在联邦法院享有更多保护将是一个奇怪的情况，因为这种情况将会威胁外国国家的诉讼豁免权。

（《维也纳外交关系公约》）我们对第1608（a）（3）条的解释避免了对

《维也纳外交关系公约》下美国义务的担忧。国务院帮助起草了《外国主权豁免法》的语言,我们特别关注国务院对主权豁免的看法,行政部门对条约的解释很重要。国务院认为《维也纳外交关系公约》第22(1)条中的不可侵犯原则排除了通过向外国驻美国大使馆邮寄送达外国的做法。当美国在外国法院被起诉时,美国大使馆不接受送达,因此,美国政府担心接受原告的法条解释方法可能会危及美国大使馆不接受送达的做法。

原告:(直接联系)第1608(a)(3)条没有说送达包裹必须寄到哪里,把信寄到与外国部长有直接联系的华盛顿特区大使馆似乎与寄到外国的外国部长的办公室一样有效,第1608(a)(3)条潜在地说明了将送达包裹寄到大使馆符合要求。

被告:如果检验标准是一个地点是否有可能与外国部长有直接的联系,则完全不清楚为什么不能送达到外国大使馆以外的美国其他地方,为什么不允许送达到领事馆、外国大使的住所、外国驻联合国代表团,答案是否取决于递送地点的规模或推定的工作人员专业知识?原告对第1608(a)(3)条的解释会产生界限模糊的问题,因此,需要确定一个清楚的、可操作的规则:送达包裹必须直接邮寄给外国部长在外国的部长办公室。

原告:[草案第1608(a)(4)条] 对比第1608(a)(3)条和第1608(a)(4)条的语言,第1608(a)(4)条说,通过1608(a)(4)的方法送达,送达程序要求送交华盛顿哥伦比亚特区的国务卿。如果第1608(a)(3)条"国会想要要求送达"是指送交外国部长所在国的外国部长办公室,为什么国会不使用类似于第1608(a)(4)条的表述方式?

被告:第1608(a)条并不是代表起草技术的一个完美范例。

原告:(不公平)根据被告延迟提出的高度技术性的辩论理由推翻原判决将是最不公平的。本案高度公开,苏丹政府可能在法院作出缺席判决前就知道诉讼。

被告:(严格的)即使某一特定案件的公平性似乎指向相反方向,也要严格遵守法律规定。

原告可以根据第1608(a)(3)条尝试再次送达,如果该尝试失败,可以用第1608(a)(4)条送达。

判决结果

根据《外国主权豁免法》第 1608（a）(3) 条最自然的解读，第 1608（a）(3) 条要求送达包裹上"写明收件人姓名地址和发送"，寄到外国部长在其本国的办公室。

思考延伸

传票和起诉书的送达是一个迫使某人出庭为自己辩护的过程。它涉及向被告提交起诉书，原告描述法律主张，送达传票，要求被告在法庭上做出回应。

● 我们应如何向争端中的其他方送达文件？

文件可以通过多种不同的方式送达给他人，例如亲自送达，通过一等邮件或其他次日服务寄送，通过电子邮件或其他电子通信方式（这并不总是允许的）。如果你想为合同纠纷送达通知，你的合同可能会规定你必须向哪里送达通知。如果你想向被告送达文件，但没有他们的地址，你可以通过将通知寄到最后知道的住所向个人送达。

5 不方便法院 | 帕珀飞机公司诉雷诺案[1]

> 原文赏析

案件的起因是发生在苏格兰的空难。被申请人作为在事故中丧生的几位苏格兰公民的遗产代表，对上诉人提起了过失致死诉讼，该诉讼最终被移送到美国宾夕法尼亚中区地区法院。上诉人以不方便的法院为由提出驳回诉讼请求。在注意到苏格兰存在一个替代法庭后，地区法院批准了他们的动议。[2]美国第三巡回上诉法院推翻了这一判决。[3]上诉法院的决定至少有一部分是基于这样的理由：如果替代法院的法律比原告选择的法院的法律对原告更有利，则自动禁止驳回。因为我们的结论是，法律发生不利变化的可能性本身不应阻止驳回诉讼，而且地区法院在其他方面没有滥用其自由裁量权，所以我们撤销原判。

一

（一）

1976年7月，一架小型商业飞机在从布莱克浦到珀斯的包机过程中，于苏格兰高地坠毁。飞行员和五名乘客当场死亡。死者都是苏格兰国民和居民，他们的继承人和近亲也是如此。该事故没有目击者。坠机时，该飞机受苏格

---

[1] Piper Aircraft Co. v. Reyno, 454 U.S. 235 (1981).
[2] 479 F. Supp. 727 (1979).
[3] 630 F. 2d 149 (1980).

兰空中交通管制。

这架飞机是双引擎的帕珀阿兹特克,由上诉人帕珀飞机公司在宾夕法尼亚制造。螺旋桨是由上诉人哈特泽尔螺旋桨有限公司在俄亥俄州制造。坠机时,飞机在英国注册,由空中航行有限公司拥有和维护。它是由苏格兰的麦克唐纳航空有限公司运营的,这是一家苏格兰的空中出租车服务公司。空中航行有限公司和麦克唐纳航空有限公司都是在英国组织的。这架飞机的残骸现在在英国范堡罗的一个机库里。

英国贸易部在事故发生后不久对其进行了调查。一份初步报告发现,飞机是在发生旋转后坠毁,并表明是飞机或螺旋桨的机械故障造成的。在哈特泽尔的要求下,这份报告被一个由三人组成的审查委员会审查,该委员会举行了为期九天的所有相关方都参加的对抗性听证会。审查委员会没有发现设备有缺陷的证据,并指出飞行员的错误可能是事故的原因之一。飞行员在三个月前才获得商业飞行员执照,他在高地上飞行的高度大大低于其公司操作手册所要求的最低高度。

1977年7月,加州遗嘱检验法院任命被申请人盖纳·雷诺为五名乘客的遗产管理人。雷诺与任何死者或其遗属都没有关系,也不认识他们。她是提起本诉讼的律师的法律秘书。在她被任命的几天后,雷诺以过失和严格责任为主张,在加州高级法院对帕珀和哈特泽尔分别提起了过失致死诉讼。空中航行有限公司、麦克唐纳航空有限公司和飞行员的遗产代表都不是本诉讼的当事方。由雷诺代表的五名乘客的遗属在英国对空中航行有限公司、麦克唐纳航空有限公司和飞行员提起了单独诉讼。雷诺坦率地承认,对帕珀和哈特泽尔的诉讼是在美国提起的,因为美国关于责任、起诉能力和损害赔偿的法律比苏格兰的法律更有利于她的立场。苏格兰法律不承认侵权行为中的严格责任。此外,它只允许被害人的亲属提起过失致死诉讼。亲属只能以"失去支持和社会"提出起诉。

根据上诉人的动议,该诉讼被移送至美国加州中区地区法院。然后,根据《美国法典》第28篇第1404(a)条,帕珀提出将案件移交给美国宾夕法尼亚州中区地区法院。哈特泽尔以缺乏个人管辖权为由提出撤案,或者以存在替代法院为由提出移送。1977年12月,地区法院撤销了对哈特泽尔的送达,并将该案移交给宾夕法尼亚州中区。被申请人随后向哈特泽尔正确地送达了传票。

(二)

1978年5月,在诉讼被移交后,哈特泽尔和帕珀都以法院不方便为由提出了驳回诉讼的请求。地区法院于1979年10月批准了这些动议。它依据的是本法院此前在海湾石油公司诉吉尔伯特案[1]和其配套案件科斯特诉伐木工人有限公司案[2]中的测试标准。在这些判决中,法院指出,原告对法院的选择很少会受到干扰。然而,当一个替代的法院有审理本案的管辖权,并且在所选择的法院审判会导致"对被告的压迫和困扰与原告的便利完全不成比例",或者"由于影响法院自身行政和法律问题的考虑,所选择的法院是不合适的",法院可以行使其合理的自由裁量权,驳回该案件。[3]为了指导审判法庭的自由裁量权,法院提供了一份影响诉讼当事人便利的"私人利益因素"清单,以及一份影响法庭便利的"公共利益因素"清单。[4]

在描述了我们在吉尔伯特案和科斯特案中的决定后,地区法院分析了这些案件的事实。它首先指出,在苏格兰存在一个替代的法院;帕珀和哈特泽尔已经同意接受苏格兰法院的管辖,并放弃任何可能存在的时效辩护。法院随后指出,原告对法院的选择没有什么异议。法院承认,原告的选择通常应得到实质性的尊重。然而,法院指出,雷诺是外国公民和居民的代表,因为美国的产品责任法有更宽松的规则,所以寻求在美国的法庭诉讼,而且"当原告不是美国公民或居民时,特别是当外国公民寻求从为保护美国公民和居民而提供的更宽松的侵权规则中获益时,法院就不那么关心了"。[5]

地区法院接下来审查了与诉讼当事人的私人利益有关的几个因素,并确定这些因素强烈地指向苏格兰作为适当的法院。尽管有关飞机和螺旋桨的设计、制造和测试的证据都在美国,但与苏格兰的联系是"压倒性的"。真正的利益方是苏格兰公民,所有死者也是如此。关于飞机的维护、飞行员的培训

---

[1] Gulf Oil Corp. v. Gilbert, 330 U. S. 501 (1947).
[2] Koster v. Lumbermens Mut. Cas. Co., 330 U. S. 518 (1947).
[3] Id., at 524.
[4] Gilbert, 330 U. S. 501, 508–509 (1947).
[5] 479 F. Supp., at 731.

和事故的调查作证的证人——所有对辩护方至关重要的证人——都在英国。此外，所有损害赔偿的证人都在苏格兰。当地法院熟悉苏格兰的地形，以及容易接近飞机残骸，将有助于审判。

地区法院的理由是，由于关键的证人和证据不在强制程序的范围内，而且被申请人将无法执行潜在的苏格兰第三方被申请人，因此"让帕珀和哈特泽尔在这个法庭上进行审判是不公平的"。遗属已经在苏格兰对空中航行有限公司、麦克唐纳航空有限公司和飞行员分别提起了诉讼。"如果将整个案件提交给一个陪审团，并由所有相关证人提供证词，对所有各方都更公平，成本也更低。"尽管法院承认，如果在美国进行审判，帕珀和哈特泽尔可以对苏格兰的被申请人提出赔偿或分担诉讼，但法院认为存在判决不一致的巨大风险。

地区法院的结论是，相关的公共利益也强烈支持驳回。法院认为，如果案件在宾夕法尼亚州中区审理，宾夕法尼亚州法律将适用于帕珀，苏格兰法律将适用于哈特泽尔。此外，法院指出，它不熟悉苏格兰法律，因此将依赖该国的专家。法院还认为，审判将耗费巨大的成本和时间。当宾夕法尼亚州中区与争议没有什么联系时，让公民承担陪审团义务是不公平的。而且，苏格兰在诉讼结果中具有重大利益。

在反对驳回动议时，被申请人争辩说，由于苏格兰法律不那么有利，所以驳回是不公平的。地区法院明确驳回了这一主张，理由是，驳回可能会导致该国法律不利变化的可能性，这一点不值得重视。外国法律的任何缺陷都是"需要外国法院处理的问题"。

（三）

在上诉中，美国第三巡回上诉法院推翻了原判，并发回重审。推翻的决定似乎是基于两个可选择的理由：第一，法院认为，地区法院在分析吉尔伯特案时滥用了其自由裁量权。第二，法院认为，在替代法院的法律对原告不太有利的情况下，驳回诉讼是不合适的。

上诉法院开始审查地区法院在吉尔伯特案中的分析，即使真正的利益方是非居民，原告对法院的选择仍然值得重视。然后，它拒绝了地区法院对私人利益的平衡测试。上诉法院认为，帕珀和哈特泽尔未能充分支持他们的主张,即如果在美国进行审判,关键证人将无法出庭。他们从未具体说明他们将传唤哪些证人以及这些证人将提供哪些证词。上诉法院对帕珀和哈特泽尔无法执行潜在的苏格兰第三方被申请人这一事实没有给予重视,因为这一困难是"繁重的",但不是"不公平"。[1]最后,法院表示,对苏格兰地形的熟悉或对残骸的查看不会对诉讼的解决有很大帮助。

上诉法院还驳回了地区法院对公共利益因素的分析。它认为,地区法院过分强调了苏格兰法律的适用。"法院被要求确定和适用外国法律这一事实,并不构成一个可以证明驳回本来应该由法院审理的案件是正确的这一法律问题。"[2]它认为,在任何情况下苏格兰法律都不需要适用。在进行了自己的法律选择分析后,上诉法院确定美国法律将管辖针对帕珀和哈特泽尔的诉讼。同样的法律选择分析显然导致它得出结论,宾夕法尼亚州和俄亥俄州,而不是苏格兰,是在该争端中具有最大政策利益的司法管辖区,所有其他公共利益因素都有利于在美国进行审判。

在任何情况下,即使地区法院适当平衡了公共和私人利益,上诉法院似乎也会推翻原判,法院表示:"很明显,驳回会使适用的法律发生变化,从而使原告的严格责任索赔从本案中消除。但是以不方便法院为由的驳回,就像法定转移一样,尽管方便,也不应该导致适用法律的改变。只有当美国法律不适用时,或者当外国司法管辖区给予原告在美国有权要求的利益时,基于自己的法律选择问题的考虑进行驳回才是合理的。"[3]

换句话说,法院决定,如果驳回会导致适用的法律发生不利于原告的变化,则自动被禁止。我们批准了这些案件的诉讼请求,以考虑它们提出的关于不方便法院原则的适当应用问题。[4]

二

上诉法院错误地认为,原告只需证明替代法院适用的实体法不如目前法

---

[1] 639 F. 2d, at 162.
[2] Id., at 163.
[3] Id., at 163-164.
[4] 450 U. S. 909 (1981).

院的实体法对原告有利，就可以击败以不方便法院为由提出的驳回动议。在不方便法院的调查中，实体法变化的可能性通常不应给予结论性的甚至是实质性的重视。

我们明确拒绝了上诉法院在加拿大麦芽制造公司诉帕特森汽船有限公司案的裁决中所采取的立场。[1]该案的起因是两艘船在美国水域发生碰撞。在事故中损失货物的加拿大货主在联邦地区法院起诉其中一艘船的加拿大所有者。货主选择美国法院，主要是因为美国的相关责任规则比加拿大的规则更有利。地区法院以不方便法院为由予以驳回。原告认为，驳回是不恰当的，因为加拿大的法律对被告更有利。然而，本法院还是维持了原判：

"我们没有机会询问当事人的权利受什么法律管辖，因为我们认为，根据对该问题的任何看法，地区法院拒绝对该争议承担管辖权属于自由裁量权。如果将当事人送回他们的家乡也能实现公正，那么法院将不受理此案。"[2]

法院进一步指出，"关于地区法院滥用其自由裁量权的争论是没有根据的。"[3]

诚然，加拿大麦芽制造公司案是在吉尔伯特案之前决定的，不方便法院的理论直到我们在该案中的决定才完全明确。事实上，吉尔伯特认为不方便法院调查的核心重点是便利性。他隐含地承认，不能仅仅因为法律可能发生不利的变化而禁止驳回诉讼。根据吉尔伯特案，如果在原告选择的法院进行审判会给被告或法院带来沉重的负担，而且原告无法提供任何具体的便利理由来支持其选择，那么驳回诉讼通常是合适的。然而，如果对法律发生不利变化的可能性给予很大的重视，即使在选择的法院进行审判显然是不方便的，也可能禁止驳回诉讼。

上诉法院的裁决在另一个方面与本法院先前的不方便法院裁决不一致。这些裁决一再强调需要保留灵活性。在吉尔伯特案中，法院拒绝核实具体的情况，"这将证明或要求给予或拒绝救济"。[4]同样，在科斯特案中，法院拒

---

〔1〕 Canada Malting Co. v. Paterson Steamships, 285 U. S. 413 (1932).

〔2〕 Id., at 419-420.

〔3〕 Id., at 415-416.

〔4〕 Gilbert, 330 U. S. 501, 508 (1947).

绝了这样的论点，即如果审判会涉及对外国公司内部事务的调查，驳回总是合适的。"这是一个，但只是一个可能显示方便的因素。"[1]在威廉斯诉绿湾西铁有限公司案中，[2]我们指出，我们不会制定一个严格的规则来约束自由裁量权。"每个案件都取决于其事实。如果把重点放在任何一个因素上，不方便法院原则就会失去使其如此有价值的大部分灵活性。"

事实上，如果对法律变化的可能性给予决定性或实质性的重视，不方便法院原则将变得几乎毫无用处。管辖权和地点的要求往往很容易满足。因此，许多原告能够从几个法庭中进行选择。通常情况下，这些原告会选择法律和规则最有利的法院。因此，如果在不方便的法院调查中对实体法的不利变化的可能性给予了很大的重视，那么驳回就很少是适当的。

除了下面的法院，每一个在吉尔伯特案之后考虑过这个问题的联邦上诉法院都认为，即使替代法院适用的法律对原告的胜诉机会不太有利，也可以以不方便法院为由予以驳回。例如，[3]一些法院明确依据加拿大麦芽制造公司案，认为法律发生不利变化的可能性本身不应阻止撤诉。[4]

上诉法院的做法不仅不符合不方便法院原则的宗旨，而且还带来了实质性的实际问题。如果对法律变化的可能性给予实质性的重视，那么以不方便法院为由决定驳回的动议将变得相当困难。法律选择分析将变得极其重要，法院将经常被要求解释外国管辖区的法律。首先，审判法庭必须确定，如果案件在选定的法院审理，将适用什么法律；如果案件在替代法院审理，又将适用什么法律。其次，它必须比较每个法院适用的法律所规定的权利、补救措施和程序。只有当法院得出结论，替代法院适用的法律与所选法院的法律一样对原告有利时，驳回起诉才是合适的。然而，不方便法院原则的部分目的是帮助法院避免进行复杂的比较法操作。正如我们在吉尔伯特案中所指出的，公共利益因素表明，如果法院需要"解决法律冲突的问题，以及对自己来说陌生的法律问题"，则应予以驳回。[5]

---

[1] Id., at 527.

[2] Williams v. Green Bay & Western R. Co., 326 U.S. 549, 557 (1946).

[3] Pain v. United Technologies Corp., 205 U.S. App. D.C. 229, 248-249 (1980).

[4] Fitzgerald v. Texaco, Inc., 521 F.2d 448, 453 (CA2 1975).

[5] Gilbert, 330 U.S. 501, 509 (1947).

支持上诉法院的决定将导致其他实际问题。至少在外国原告将美国制造商列为被告的情况下，法院不能以不方便法院为由驳回案件，因为驳回可能导致法律的不利变化。美国法院对外国原告已经非常有吸引力，它将变得更加有吸引力。流入美国的诉讼将增加，并使已经拥挤的法院更加拥挤。

上诉法院的决定，至少有一部分是以不方便法院为由的驳回和根据第 1404（a）条在联邦法院之间的转移之间的类比。在范杜森诉巴拉克一案中，[1]本法院裁定，第 1404（a）条的移交不应导致适用法律的变化。根据第三巡回法院早先解释范杜森案意见中的口述，下面的法院认为，该原则也适用于以不方便法院为由的驳回。[2]然而，第 1404（a）条规定的移送与以不方便法院为由的驳回不同。

国会颁布第 1404（a）条，允许在联邦法院之间改变诉讼地点。虽然该法规是根据不方便法院原则起草的，[3]但其目的是修订而不是编纂普通法的规定。[4]地区法院在根据第 1404（a）条移交案件时被赋予了更多的自由裁量权，而不是以不方便法院为由进行驳回。[5]

范杜森案中采用的推理方法根本不适用于以不方便法院为由驳回案件。该案并没有讨论普通法的自由裁量权。相反，它侧重于第 1404（a）条的"结构和应用"。在强调法规救济性目的的同时，巴拉克得出结论，国会不可能有意让移送伴随着法律的改变而改变。该法规被设计为"联邦内务管理措施"，允许在一个统一的联邦系统内轻松改变诉讼地点。法院担心，如果地点随着法律改变，选择法院的当事人会不公平地利用宽松的移送标准。该规则对于确保法规的公正和有效运作是必要的。

我们认为法律的不利变化的可能性有时可以成为不方便法院调查的相关考虑。当然，如果替代法院提供的补救措施明显不足或不能令人满意，以至于根本就没有起到救济作用，那么法律的不利变化可能会得到很大程度的重视；地区法院可以得出结论，驳回诉讼不符合司法利益。然而，在这些案件

---

〔1〕 Van Dusen v. Barrack, 376 U. S. 612 (1964).

〔2〕 630 F. 2d, at 164.

〔3〕 Revisor's Note, H. R. Rep. No. 308, 80th Cong., 1st Sess., A132 (1947).

〔4〕 Norwood v. Kirkpatrick, 349 U. S. 29 (1955).

〔5〕 Id., at 31-32.

中,苏格兰法院将提供的补救措施并不属于这一类。尽管死者的亲属可能无法依靠严格责任理论,尽管他们潜在的损害赔偿金可能较少,但他们没有被剥夺得到任何补救措施的权利,也没有受到不公平对待的危险。

三

上诉法院拒绝接受地区法院的吉尔伯特案分析也是错误的。上诉法院指出,应该更加重视原告对法院的选择,并批评了地区法院对私人和公共利益的分析。然而,地区法院关于尊重原告选择的法院的决定是适当的。此外,我们不认为地区法院在权衡私人和公共利益方面滥用了其自由裁量权。

(一)

地区法院承认,通常有一个有利于原告选择法院的强有力的推定,只有在私人和公共利益因素明确指向替代法院的情况下,才能克服这一推定。然而,它认为,当原告或真正的利益方是外国人时,该推定的适用力度较小。

地区法院对居民/公民原告和外国原告的区分是完全合理的。在科斯特案中,法院指出,当原告选择了本国法院时,原告对法院的选择有权得到更大的尊重。[1]我们有理由认为这种选择是方便的。然而,当原告是外国人时,这种假设就不那么合理了。因为任何不方便法院调查的核心目是确保审判的方便性,外国原告的选择会得到更少的尊重。

(二)

不方便的法院的确定是由审判法庭的合理自由裁量权决定的。只有在明显滥用自由裁量权的情况下才能被推翻。如果法院已经考虑了所有相关的公共和私人利益因素,并且对这些因素的平衡是合理的,那么它的决定就应该得到实质性的尊重。[2]在这里,上诉法院明确承认审查的标准是滥用自由裁量权。然而,在审查地区法院对公共和私人利益的分析时,上诉法院似乎忽略了这一规则,并以自己的判断取代了地区法院的判决。

1. 在分析私人利益因素时,地区法院认为,本案中当事人与苏格兰的联

---

[1] Gilbert, 330 U.S. 501, 524 (1947).

[2] Id., at 511–512.

系是"压倒性的",[1]这种描述可能有些夸张。特别是在相对容易获得证据来源的问题上,私人利益指向了两个方向。正如被申请人所强调的,有关螺旋桨和飞机的设计、制造和测试的记录都在美国境内。如果在这里进行审判,她将有更多的机会获得与她的严格责任和过失理论有关的证据来源。然而,地区法院得出"如果在苏格兰进行审判,会带来较少的证据问题"这一结论是合理的。因为大部分的相关证据都在英国。

上诉法院认为,由于帕珀和哈特泽尔未能具体描述如果在美国进行审判他们将无法获得的证据,因此不能对举证问题给予任何重视。它建议寻求不方便法院驳回的被告必须提交宣誓书,指明他们将传唤的证人以及这些证人在替代法院进行审判时将提供的证词。这样的细节不是必要的。帕珀和哈特泽尔提出驳回申请,正是因为许多关键证人超过强制程序的范围,因此难以确定或取证。要求进行广泛的调查会使他们动议的目的落空。当然,被告必须提供足够的信息,使地区法院能够平衡各方的利益。我们对记录的审查使我们相信,这里提供了足够的信息。帕珀和哈特泽尔都提交了宣誓书,描述了如果在美国进行审判他们将面临的证据问题。

地区法院正确地得出结论,无法执行潜在的第三方被告所带来的问题明确支持在苏格兰进行审判。将飞行员、空中航行有限公司和麦克唐纳航空有限公司聚集在一起,对申请人的辩护至关重要。如果帕珀和哈特泽尔能够证明事故不是由设计缺陷造成的,而是由飞行员、飞机所有者或包机公司的疏忽造成的,他们将被免除所有责任。当然,事实也是如此,如果帕珀和哈特泽尔在美国审判后被认定负有责任,他们可以在苏格兰对这些当事方提起赔偿或分担诉讼。但是,在一次审判中解决所有的索赔问题要方便得多。上诉法院驳回了"迫使申请人依靠赔偿或分担诉讼是繁重的,而不是不公平"这一论点。[2]然而,发现在原告选择的法院进行审判会造成负担,就足以支持以不方便法院为由予以驳回。

2. 地区法院对有关公共利益的因素的审查也是合理的。根据其法律选择分析,它的结论是,如果本案在宾夕法尼亚州中区审理,宾夕法尼亚州法律

---

[1] 479 F. Supp., at 732.

[2] 630 F. 2d, at 162.

将适用于帕珀,苏格兰法律适用于哈特泽尔。它指出,涉及两套法律的审判将使陪审团感到困惑,它还指出它对苏格兰法律不熟悉。根据吉尔伯特案,对这些问题的考虑显然是适当的。在那件案子中,我们明确认为,适用外国法律的必要性支持驳回。上诉法院认为地区法院的法律选择分析是不正确的,美国法律都将适用于帕珀和哈特泽尔。因此,对外国法律的不熟悉不是问题。然而,即使上诉法院的结论是正确的,所有其他公共利益因素也都支持在苏格兰进行审判。

苏格兰在这场诉讼中有着非常大的利益。该事故发生在其领空。所有遇难者都是苏格兰人。除了帕珀和哈特泽尔,所有潜在的原告和被告都是苏格兰人或英国人。正如我们在吉尔伯特案中所说的,"在国内对当地的争议进行裁决是一种国家利益。"[1]被申请人认为,美国公民的利益在于确保美国制造商不敢生产有缺陷的产品,如果帕珀和哈特泽尔在美国受审,在美国以过失和严格责任为由被起诉,就可以获得额外的威慑力。然而,如果在美国法院进行审判,所获得的增量威慑力可能是不重要的,也根本不足以证明美国在这起事件中的利益,并且如果在这里审理此案,将不可避免地需要投入大量的司法时间和资源。

四

上诉法院错误地认为,法律发生不利变化的可能性可以阻碍以不方便法院为由的驳回。它拒绝接受地区法院对吉尔伯特案的分析也是错误的。地区法院正确地决定,由于真正的利益相关方是外国的,推定支持被申请人的法院选择的适用力度不大。它在决定私人利益指向苏格兰的审判时并没有不合理的行为。在决定公共利益支持在苏格兰审判时,它也没有不合理的行为。因此,撤销上诉法院的判决。

▶ 案情简介

原告是在空难中丧生的几位苏格兰公民的遗产代表,基于过失致死起诉

---

[1] Gilbert, 330 U. S. 501, 509 (1947).

被告，该诉讼被转移到美国宾夕法尼亚州中区的联邦地区法院。被告以不方便的法院为由提出驳回。

争议焦点

驳回原告起诉后法律可能变得不利于原告，是否应当阻止基于不方便法院驳回？——否

法律规范

苏格兰法律不承认严格侵权责任。此外，该法只允许由死者亲属提出非正常死亡诉讼。亲属只能以"失去支持和社会"为由提起诉讼。

依赖于吉尔伯特案[1]中提出的平衡标准和类似案件，[2]最高法院指出，原告对诉讼地的选择不应受到干扰。当另一法院对案件有管辖权，原告所选法院对被告的压迫和烦恼超出给原告带来的方便，或者给所选法院带来行政和法律问题让所选法院不合适，所选法院可以行使合理的自由裁量权驳回案件。[3]为指导初审法院裁量权，最高法院提供了影响当事人方便的"私人利益因素"清单，以及影响庭审方便的"公共利益因素"清单。[4]

我们没有必要询问当事人的权利受什么法律管辖，因为在任何关于这个问题的观点下，地区法院有自由裁量权拒绝管辖争议。如果将当事方转到他的本国法院也能实现正义，那么原告所选法院将不受理此案。[5]

不方便法院调查的中心是方便，吉尔伯特案[6]含蓄地承认，不能仅仅因为驳回后法律可能发生不利于原告的变化就禁止驳回。根据吉尔伯特案，如果在原告选择的法院进行审判会给被告或法院带来沉重的负担，而且原告无法提供任何具体的便利理由来支持他的选择，则通常情况下，驳回是合适的。然而，如果对法律可能发生不利于原告的变化给予极大的重视，则即使在原

---

[1] Id., at 511-512.
[2] Koster, 330 U.S. 518 (1947).
[3] Id., at 524.
[4] Gilbert, 330 U.S. 501, 508-509 (1947).
[5] Canada Malting Co., 285 U.S. 413, 419-420 (1932).
[6] Gilbert (1947).

告选择的法院进行审判也显然不方便,原告选择的法院也可能禁止驳回。

在科斯特案[1]中,最高法院指出,当原告选择本国法院时,法院应给予极大的尊重。在科斯特案中,最高法院驳回了一种论点,即如果审判涉及调查一个外国公司的内部事务,驳回总是适当的。这只有一个可能显示方便的因素。[2]在威廉斯诉绿湾西铁有限公司案[3]中,法院声明不会制定严格的规则来规定自由裁量权,不同案件取决于不同事实。如果重点强调任何一个因素,不方便法院原则就会失去宝贵的灵活性。

在范杜森案中[4],最高法院判决第1404(a)条的案件转移不应导致适用法律的变更。地区法院根据第1404(a)条转移案件比根据不方便法院驳回案件拥有更多的自由裁量权。[5]

应由初审法院行使合理的自由裁量权决定不方便法院。只有明显滥用自由裁量权,才可以撤销。如果法院考虑了所有相关的公共利益和私人利益因素,并且对这些因素的平衡是合理的,则法院的决定应得到充分的尊重。[6]上诉法院明确承认审查的标准是滥用自由裁量权。

双方辩词

原告:(法律,自由裁量权,尊重原告,公共利益)在对该纠纷有管辖的地域中,宾夕法尼亚州和俄亥俄州有最大的政策利益,苏格兰没有最大的政策利益,所有其他的公共利益因素均支持在美国进行审判。雷诺承认在美国起诉帕珀和哈特泽尔是因为美国法律中责任、起诉能力和损害赔偿比苏格兰法更有利于她,苏格兰法不承认侵权法中的严格责任。苏格兰法中过失致死诉讼只允许由死者的亲属提起。法院要确定和适用外国法没有产生法院驳回案件的法律问题。在美国审判后,如果判决认定被告负有责任,被告可以在苏格兰起诉其他被告承担赔偿。

---

[1] Id., at 524.
[2] Koster, 330 U.S. 518, 527 (1947).
[3] Williams, 326 U.S. 549, 557 (1946).
[4] Van Dusen, 376 U.S. 612 (1964).
[5] Norwood, 349 U.S. 29, 31-32 (1955).
[6] Gilbert (1947).

被告：我以不方便法院为由要求法院驳回起诉，法院有拒绝对争议进行管辖的自由裁量权。在针对是不是不方便法院的调查中，如果驳回后的实体法可能变得对原告不利占很大权重，则驳回起诉在很大程度上是不适当的，原告会选择一个适用法律最有利于自己的法院。但是，加拿大麦芽制造公司案认为，面对驳回后法律变得对原告不利的可能，法院仍然能作出驳回起诉的决定。美国法院对外国原告来说已经非常有吸引力，如果法院支持原告的主张即美国法院对外国原告是方便的，则美国法院对外国原告将更具吸引力。尽管原告选择本国法院能得到的潜在损害赔偿可能比美国法院少，但原告的本国法院没有被剥夺原告任何补救措施或让原告遭遇不公平对待。

原告：（更少的自由裁量权）比起按第1404（a）条移送案件，以不方便法院为由驳回案件时法院的自由裁量权更小。如果改变地点伴随改变法律，各方会不公平地利用移送的宽松标准选择法院。

（尊重我）原告选择的法院不应受到干扰，我应该得到实质的尊重，美国法律应当适用于对帕珀和哈特泽尔的诉讼。在吉尔伯特案中，法院拒绝明确指出允许或拒绝补救措施的具体情况。在科斯特案中，法院拒绝了如果审判涉及对外国公司内部事务的调查，驳回总是合适的论点。

被告：（公共利益）当宾夕法尼亚州的法律适用于帕珀而苏格兰的法律适用于哈特泽尔时，公共利益指向驳回。美国法院审判对陪审团来说将带来无望的复杂和困惑，美国法院不熟悉苏格兰法律，因此，将不得不依赖外国的专家，审判将会非常昂贵和耗时。当宾夕法尼亚州与争议没什么关系而诉讼结果对苏格兰的利益有重大影响时，让美国公民承担陪审团义务是不公平的。设计不方便法院原则的部分目的是帮法院免除复杂的法律比较工作。如果要法院解决法律冲突的问题而且法律对法院来说是外国法，则公共利益因素指向驳回。本案中，美国法院不熟悉苏格兰法。当一个替代法院有管辖权来审理该案而且原告选择的法院因给法院带来行政问题和法律问题而不合适时，法院应合理地行使自由裁量权驳回案件。在苏格兰有一个替代的法院，我同意接受苏格兰法院管辖，放弃所有的时效辩护。当被告不是美国公民或居民且外国公民想从为美国公民和居民提供保护的更自由的侵权规则中获益时，美国法院就不那么热心了。在美国审理案件，需要美国投入大量的司法时间和资源，但是，美国在本案的利益不值得美国这样做，外国法律的任何缺陷是外国法院需要处理的问题。

（尊重被告）在原告选择的美国法院审判给被告造成的压迫和困扰远远超过带给原告的便利，幸存者已经在苏格兰对飞行员和空中航行有限公司另外起诉。如果一个陪审团能凭借所有证人的证词处理整个案件，则对各方更公平、成本更低，因为美国法院受理本案会出现判决不一致的重大风险。推定原告选择的法院是方便的、合理的，但当原告是外国人时，这种假设就不太合理了。一次审判就解决所有索赔会方便得多。

原告：（私人利益）诉讼当事人的私人利益指向在苏格兰进行诉讼。被告从未说出他们将传唤的证人以及证人将提供什么证词，熟悉苏格兰的地形或查看飞机残骸不会对解决问题有很大帮助。如果想法院驳回起诉，让审判在其他法院进行，被告必须提交宣誓书确认他们将传唤的证人以及这些证人将提供的证词。美国公民享有确保美国制造商不敢生产有缺陷的产品的利益。

被告：事故发生在空中，虽然有关飞机和螺旋桨的设计、制造和测试的证据都在美国，但是本案与苏格兰的联系是压倒性的，苏格兰公民是真正的利益方，所有死者都是苏格兰人。有关飞机维护、飞行员训练和事故的调查的关键辩护，能作证的证人都在英国。潜在的原告和被告都是苏格兰人或英国人，在苏格兰解决苏格兰地方争议符合地方利益，所有能证明损失的证人都在苏格兰，熟悉苏格兰地形和容易接触飞机残骸将有助于审判。我们很难识别或询问证人，要我们进行广泛调查将破坏不方便法院原则设立的目的，我们提交宣誓书描述了在美国审判我们将面临的证据问题，美国法院比苏格兰法院对被告具有更大的威慑力可能是不重要的。

原告：在美国进行诉讼带给被告的困难虽然是被告的负担，但对被告来说是公平的。

被告：（潜在第三方）如果在原告选择的法院进行审判会给被告或法院带来沉重的负担，并且原告无法提供任何具体的理由支持选择的法院是便利的，则法院驳回起诉通常是适当的。我的关键证人和证据在美国法院的强制程序范围之外，我也无法在美国法院起诉潜在的苏格兰第三方被告，在美国进行审判对我不公平，飞行员的遗产的共同诉讼对我的辩护至关重要。

▶ 判决结果

驳回原告起诉后法律可能变得不利于原告不应阻止基于不方便法院驳回。由于外国是真正的利益相关方，推定支持原告的法院选择不完全适用。私人利益因素指向在苏格兰进行审判，公共利益因素指向在苏格兰进行审判。

▶ 思考延伸

不方便法院是一种自由裁量权，允许法院在另一个法院更适合审理案件的情况下驳回案件。这种驳回并不妨碍原告在更合适的法院重新提交案件。

6 不方便法院 | 迈尔斯诉波音公司案[1]

> ▶ 原文赏析

在审判法庭对原告的诉讼理由进行分类后,被告承认了责任,并以不方便的法院为由提出了驳回损害赔偿的请求。初审法院认为,就损害赔偿而言,日本是更方便的法院,并批准了该动议。上诉法院在一份未发表的意见中确认了初审法院的判决。原告提出上诉,认为初审法院在将诉讼理由分类和驳回损害赔偿要求方面滥用了其自由裁量权。原告还辩称,驳回诉讼侵犯了他们的条约权利。我们认为判决没有错误,因此维持原判。

1985 年 8 月 12 日,日本航空公司拥有的一架波音 747 飞机在从东京到大阪的途中坠毁。520 人死亡,其中大部分是日本国民。作为私人代表,迈尔斯和贾金斯作为 71 名日本国民和 8 名非日本国民的遗产代表对波音公司和日本航空公司提起了 8 项诉讼。根据波音公司的动议(原告没有反对),审判法庭出于"审前目的"合并了这 8 项诉讼。合并后的诉讼被预先分配到金县一级轨道系统,由加里·利特尔法官主审。随后,波音公司以不方便法院为由提出驳回所有的这 8 项诉讼。在其动议文件中,波音公司表示,如果这些案件被驳回并在死者国家重新提起诉讼,波音公司将同意不对责任提出异议。

作为对该动议的回应,审判法庭于 1987 年 5 月 7 日发布命令,裁定如下:
(1) 在这些诉讼中,责任问题和损害问题应该分开考虑;
(2) 这些诉讼中的责任问题将在本辖区解决;

---

[1] Myers v. Boeing Co., 115 Wash. 2d 123 (1990).

（3）在责任问题解决之前，特此保留关于在哪个法院确定损害赔偿问题的决议。

根据波音公司在审前会议上的供词，审判法庭于1987年7月24日作出判决。法院认定波音公司承认以下内容：

（1）1978年，波音公司在日本修复了事故飞机的尾部压力舱壁；

（2）波音公司错误地进行了部分舱壁维修；

（3）波音公司进行的错误维修是导致1985年8月12日事故飞机坠毁的直接原因；

（4）波音公司对原告因坠机造成的补偿性损失负有责任。

初审法院还发现，波音公司承认日本飞机事故调查委员会的最终报告的一节准确描述的飞机失事原因，即飞机失事归咎于1978年的不当维修造成的疲劳裂纹。基于这些发现，法院作出判决，"波音公司对原告因坠机事故造成的损害赔偿承担责任"，"（该判决是）对波音公司责任的结论性决定"。

判决生效后，根据原告的动议，日本航空公司被驳回了诉讼。随后，波音公司再次提出动议，指出以不方便法院为由驳回仅限于日本国民的损害赔偿问题。

1987年9月10日，审判法庭批准了波音公司的驳回动议。驳回的条件是波音公司接受日本的司法管辖，放弃任何时效性的抗辩，承认赔偿损失的责任，并且不反对在日本承认1987年7月24日作出的责任判决。初审法院明确授予原告权利——如果"在日本不能迅速处理这些诉讼"，有权返回金县高等法院审理损害赔偿问题。法院保留了对非日本国民的管辖权，"这不是波音公司目前提出的不方便诉讼的主题"。

上诉法院在一份未发表的意见中确认了初审法院的判决。[1]本法院批准了原告的申查请求。

一、不方便法院

本法院在沃纳案[2]中首次承认不方便法院的原则。根据这一原则，法院

---

[1] Myers v. Boeing Co., noted at 53 Wash. App. 1043 (1989).
[2] Werner v. Werner, 84 Wash. 2d 360, 371 (1974).

有自由裁量权,"如果法院认为存在对被告来说更方便的法院,以使其接受该法院的管辖权,而在本法院进行诉讼困难较大,则可以(拒绝)管辖,驳回原告的诉讼。"[1]适用于以不方便法院为由驳回诉讼决定的审查标准是滥用自由裁量权。只有在"明显不公平、不合理或站不住脚"的情况下,才能推翻这种驳回决定。[2]

该原则的前提是,至少有两个法院可以让被告接受诉讼。[3]在海湾石油案[4]中,美国最高法院提出了选择适当法院的标准。本法院在蜘蛛脚手架案[5]中采用了海湾石油案的考虑因素。

考虑到该原则的适用属于审判法庭的自由裁量权,最高法院明确拒绝制定明线规则。相反,法院列出了一系列需要考虑和平衡的私人和公共利益因素。

需要考虑的私人利益因素如下:

获取证据来源的相对便利性;证人自愿出庭的强制性程序的可用性,以及自愿证人出庭的费用;是否有可能考虑上述各项,如果考虑上述各项对诉讼是合适的;以及使案件的审判容易、迅速和成本低廉的所有其他实际问题。[6]

法院接着说:

如果获得判决,也可能存在判决的可执行性问题。法院会权衡相关的优势和公平审判的障碍。人们常说,原告不能因为选择了一个不方便的法院,而对被告造成"困扰""妨碍"或"压迫",给被告带来对寻求救济的权利来说不必要的费用或麻烦。但是,除非该私人利益的平衡对被告非常必要,否则原告对法院的选择很少会受到干扰。[7]

法院还列出了需要考虑的公共利益因素:

当诉讼堆积在拥挤的中心而不是从源头处理时,法院就会出现管理困难。

---

[1] Id., at 370.
[2] General Tel. Co. v. Utilities & Transp. Comm'n, 104 Wash. 2d 460, 474 (1985).
[3] Werner, at 370.
[4] Gulf Oil Corp. v. Gilbert, 330 U.S. 501, 508 (1947).
[5] Johnson v. Spider Staging Corp., 87 Wash. 2d 577 (1976).
[6] Gulf Oil, at 508.
[7] Id.

陪审团义务是一种负担，不应该强加给与诉讼无关的社会公民。在涉及许多人的事务的案件中，应当在他们的视线范围内进行审判，而不是在距离该国的偏远地区进行审判，否则他们只能通过报告了解情况。在国内对地方性的争议进行裁决是一种国家利益。本国法院使用必须管辖该案件的州的法律审理多元化案件也是适当的，不应该让外国法院解决法律冲突和对其来说陌生的法律问题。[1]

在批准波音公司的动议后，初审法院首先认定在日本有一个合适的替代法院。原告并未对这一裁决提出异议，事实上，他们承认日本法律规定了全额赔偿。法院随后平衡了海湾石油案中的因素。法院认为，该平衡偏向于将日本作为一个决定损害赔偿的适当法院。

至于私人利益因素，初审法院作出了以下裁决：

几乎所有与损害赔偿问题有关的证人、文件和其他证据都在日本。获得这些证据来源的便利性指向在日本进行审判。本法院不能强迫位于日本的证人在华盛顿州出席审判。让日本证人在华盛顿州出庭的费用将是巨大的。在华盛顿州审判这些诉讼存在真正的实践问题，（因为相关文件）是日文的，并且大多数证人将会用日文作证。

对事实 12 的认定。

至于公共利益因素，初审法院作出了以下裁决：

日本航空公司事故夺去了 500 多名日本国民的生命。日本对于在日本审理因其国民死亡而引起的索赔有着更强的利益。此外，如果这些诉讼在华盛顿州审理，也很可能至少有一些损害赔偿问题需要由日本法律来管辖。日本法院在适用本国法律方面具备专长，这虽然不是一个最重要的因素，但也有利于驳回诉讼。

对事实 13 的认定。

审判法庭以帕珀飞机公司诉雷诺案[2]为指导。在那件案子中，美国最高法院适用海湾石油案的因素，确认了驳回在宾夕法尼亚州代表 6 名于苏格兰坠机事件中丧生的苏格兰国民的遗产而提起的过失致死诉讼。这架飞机是在

---

[1] Id., at 508-509.
[2] Piper Aircraft Co. v. Reyno, 454 U.S. 235 (1981).

宾夕法尼亚州制造的。初审法院认为，而且最高法院也同意，苏格兰是更方便的法院地。在支持法院的决定时，法院认为根据海湾石油案中的平衡测试，相对于美国公民或居民来说，"外国原告对（法院）的选择会得到更少的尊重"。[1]

在上诉中，原告提出了一些论点。这些论点可以归纳为三个主要问题：第一，原告认为审判法庭在平衡海湾石油案和蜘蛛脚手架案的因素方面存在错误。第二，原告认为审判法庭错误地依赖了雷诺案"较少的尊重"标准，从而采用了与蜘蛛脚手架案直接冲突的标准。第三，原告认为，本案的驳回从根本上说是不公平的。

（一）海湾石油案中的因素

我们首先考虑原告的论点——原审法院在平衡海湾石油案和蜘蛛脚手架案的因素方面存在错误。

在上诉中，原告没有对上述任何事实的调查结果提出异议。相反，原告争辩说，虽然这些调查结果"事实上是正确的"，但审判法庭在使用海湾石油案和蜘蛛脚手架案的因素平衡这些调查结果时是错误的。

原告声称，本案与蜘蛛脚手架案完全相同，因此必须得到相同的结果。原告认为，在蜘蛛脚手架案中撤销驳回诉讼，而在本案中维持原判，这一事实必然导致这样的结论。在本案中，审判法庭没有正确适用蜘蛛脚手架案的标准。这一论点是没有道理的。

依靠结果来证明结论的做法忽视了所应用的测试的本质。在海湾石油案中，最高法院明确拒绝列出规定具体结果的事实模式类别。相反，法院列出了一些需要考虑的因素，将最终决定权留给了审判法庭自由裁量。[2]虽然要考虑的因素是一致的，但平衡和结果依具体事实而有所不同。

更重要的是，本案的事实与蜘蛛脚手架案[3]的事实之间有许多重要的区别。在蜘蛛脚手架案中，一位堪萨斯州居民在工作时，从华盛顿州建造的脚手架上摔下死亡，于是他在华盛顿州提起了过失致死诉讼。初审法院批准了

---

[1] Id., at 256.

[2] Gulf Oil, 330 U.S. 501, 508-509 (1947).

[3] Spider Staging, at 577.

被告蜘蛛脚手架公司以不方便法院为由予以驳回起诉的动议。本法院推翻了初审法院的判决，认为各种因素的平衡对被告不利。[1]在审查这些因素时，本法院发现以下几点：

所有与脚手架的制造和销售有关的证据都在华盛顿州。被告是华盛顿州的公司，他们所有的主要官员都居住在金县。设计脚手架的两位工程师都住在金县。来自堪萨斯州的两名主要证人愿意在华盛顿州出庭。此外，原告将把脚手架带到华盛顿州，并给被告一个机会来检查它。[2]

原告希望本院将"审理堪萨斯州一名死者的遗属对华盛顿州制造商提起的案件的实际问题"等同于"审理71名日本国民的遗属提起的案件的实际问题"，因为后者唯一留下的问题是损害赔偿。

原告声称，尽管存在一些重大差异，但这些案件是相同的：需要解决的问题的性质、原告的数量、原告的外国公民身份、涉及的距离和语言障碍。

原告在很大程度上依赖蜘蛛脚手架案中关于两名主要证人愿意来华盛顿州的结论，原告愿意将日本证人带到华盛顿州来减轻被告的负担，从而在测试中取得平衡。原告再次无视了数量上的差异。更重要的是，在海湾石油案中，原告是否愿意将证人带到选定的法庭上的问题得到了直接的解决。当面对一个来自弗吉尼亚州的原告提出将所有必要的证人带到纽约，即原告选择的法院时，最高法院指出，"在某些情况下，这种提议应该得到重视。在其他情况下，该提议可能并不像被告或法院认为的那样慷慨。"这些问题应由审判法庭行使合理的自由裁量权来决定。[3]

蜘蛛脚手架案中的事实与本案不太相似，以至于本案的驳回相当于与蜘蛛脚手架案中规定的强烈支持被告的辩护标准冲突。

原告还辩称，审判法庭对各种因素的平衡是有缺陷的，因为法庭错误地假定日本法律将适用于损害赔偿问题。虽然初审法院正式拒绝就损害赔偿的法律选择作出裁决，但法院认为：

很可能至少有一些损害赔偿问题将由日本法律管辖。日本法院在适用其

---

[1] Id., at 580.
[2] Id.
[3] Gulf Oil, at 511.

本国法律方面有专长，这虽然不是一个最重要的因素，但有利于驳回。

对事实13的认定。

原告再次争辩，蜘蛛脚手架案的结果要求本案有类似的结果。也就是说，因为蜘蛛脚手架案适用了华盛顿州的法律，所以本案必然要适用华盛顿州的法律。再一次，原告忽视了两个案子的基本不同点。

根据蜘蛛脚手架的法律选择分析，法院必须首先看每个法院与该案件的联系情况。如果这些联系是平衡的，法院就会看哪个法院在确定特定问题上有更大的利益。[1]

在蜘蛛脚手架案中，法院首先发现，这些联系是平衡的。然后，法院认为，由于堪萨斯州对过失致死的赔偿有限制，而华盛顿州没有，适用华盛顿州的法律可以促进华盛顿州的全额赔偿政策。[2]

原告争辩说，蜘蛛脚手架案的结果必然导致这样的结论。华盛顿州的威慑政策是本案中压倒一切的利益，因此必须适用华盛顿州的法律。然而，原告没有考虑平衡性测试的本质。正如已经指出的，蜘蛛脚手架和本案之间有很大的不同。当然必须考虑到责任不存在问题的事实。另外，日本在确定损害赔偿问题上也有重大利益。事故发生在日本，超过500名日本国民死亡，大量的日本原告参与了本案诉讼。最重要的是，与蜘蛛脚手架案中的堪萨斯州原告不同，本案中的原告承认日本法律规定了全额赔偿。

根据审判法院自己的说法，在法院的利益平衡中，对损害赔偿问题适用日本法律并不是一个最重要的因素。即使华盛顿州的法律最终被适用于损害赔偿问题，但经过平衡后仍然倾向日本的法院。

在口头辩论中，原告还争辩说，审判法庭不适当地平衡了海湾石油案的因素，因为它确定不方便法院的意思是找到最方便的法院，而不是原告选择的法院是否非常不方便以至于构成建设性的妨碍。原告似乎在争辩说，在驳回诉讼之前，必须有一个造成妨碍的结论。事实并非如此。根据海湾石油案或蜘蛛脚手架案的规定，造成妨碍的结论并不是驳回的必要条件。在列出需要考虑的因素时，海湾石油案指出，"人们经常说，原告不能通过选择一个不

---

[1] Spider Staging, at 582.

[2] Id., at 583.

方便的法庭来'困扰''妨碍'或'压迫'被告人。"[1]法院并没有说在没有造成妨碍的情况下，驳回诉讼是不恰当的。此外，在蜘蛛脚手架案中，法院表示：

不方便法院是指当诉讼在另一法院提起和审理更有利于当事人的便利和司法目的时，法院有拒绝管辖的自由裁量权。[2]

根据海湾石油案或蜘蛛脚手架案的规定，未能证明妨碍行为并不阻止驳回诉讼。

除了辩称审判法庭在平衡海湾石油案和蜘蛛脚手架案的因素方面存在错误外，原告还依靠蜘蛛脚手架案敦促本法院适用一项规则——该规则将限制审判法庭在被告是华盛顿州制造商而原告是非居民的情况下提出不方便法院动议的自由裁量权。原告认为，为了让被告对自己的行为负责，为了国家的利益，为了阻止不法行为，有必要制定这样的规则。原告的目标是有效的。然而，他们依靠蜘蛛脚手架案来试图限制审判法庭的自由裁量权是不恰当的，原因有三：

首先，虽然国家在阻止华盛顿州制造商的不法行为方面的利益在法院解决蜘蛛脚手架案的决议中占了很大比重，但国家在阻止方面的利益是在法院的法律选择分析中考虑的，而不是在不方便法院的动议中考虑的，而且只是在法院发现当事人与堪萨斯州和华盛顿州的接触是平衡的之后才考虑的。[3]

其次，更重要的是，蜘蛛脚手架案在解决不方便法院的问题之前没有涉及法律选择问题，因为如果法院认为堪萨斯州是适当的法院地，堪萨斯州将决定适用的法律。[4]在解决不方便法院的问题时，法院明确采用了海湾石油案的因素。[5]在不方便法院的分析中，没有提到"威慑"是压倒性的国家利益。

最后，当原告就他们的损害得到充分的赔偿时，无论在哪个法院，国家在威慑和要求制造商对错误行为负责方面的利益都会得到满足。原告已经承

---

[1] Gulf Oil, at 508.
[2] Spider Staging, at 579.
[3] Id., at 582-583.
[4] Id., at 579.
[5] Id.

认日本法律提供了充分的赔偿。

（二）"较少的尊重"标准

我们考虑的下一个问题是，原告认为审判法庭依据雷诺案[1]的"较少的尊重"标准，采用了一个与蜘蛛脚手架案的标准直接冲突的标准。在蜘蛛脚手架案中，原审法院的驳回被推翻，因为"因素没有对被告非常有利"。[2]原告认为，审判法庭忽视了这一标准，而选择了雷诺案的"较少的尊重"标准。原告进一步辩称，这种对雷诺案标准的依赖构成了对自由裁量权的滥用，要求撤销审判法庭对原告案件的驳回并支持日本法庭的决定。这一论点是没有道理的。

虽然审判法庭以雷诺案为指导，但法庭特别认定，"无论对原告选择的法庭的尊重程度如何，法庭都认为私人和公共利益因素的平衡非常支持在日本审判损害赔偿"。由于这一结论，本案的解决方案并不取决于雷诺案的"较少的尊重"标准。我们借此机会明确地拒绝采用雷诺案，这样做有三个原因：

首先，作为联邦普通法，雷诺案对本法院没有约束力，但通常情况下，我们肯定会将其视为具有说服力的权威。然而，这种说服力被以下事实削弱了。"较少的尊重"标准的裁定只得到了四个人的多数同意。

其次，多数意见的相关部分仅由几个结论性的句子组成，没有支持性的分析或推理。这种粗糙的处理方式尤其令人痛心，因为法院似乎是出于对上诉法院特立独行的决定作出回应的需要，而不是为了达成一个有理有据的决定。

上诉法院认为，"如果替代法院的法律对原告不太有利，则驳回诉讼是不合适的。"[3]在这样做的时候，它是唯一一个考虑过这个问题并采取这样立场的巡回法院。最高法院推翻了这一观点，指出上诉法院的裁决与法院明确拒绝制定明线规则，以及法院反复强调的在决定不方便法院的动议时需要保持灵活性的观点直接冲突。[4]

---

[1] Reyno, at 235.
[2] Spider Staging, at 580.
[3] Reyno, at 244.
[4] Id., at 261.

法院还表示担心，如果法院不能以不方便法院为由驳回，即驳回诉讼可能导致法律发生不利变化，则"对外国原告已经有极大吸引力的美国法院将变得更有吸引力，流入美国的诉讼将增加，并使已经拥挤的法院更加拥挤"。[1]

七位现任大法官加入了意见的这一部分。四个人的多数意见继续认为，"地区法院正确地决定，支持原告法院选择的推定适用的力度不大，因为真正的利益方是外国。"[2]法院指出，这种区分是完全正当的。[3]为了支持这一结果，法院只提供了以下分析：

在科斯特案[4]中，法院指出，当原告选择本国法院时，原告对法院的选择有权得到更大的尊重。当选择了本国法院时，我们有理由认为这种选择是方便的。然而，当原告是外国人时，这种假设就不那么合理了。因为任何不方便法院调查的核心目的是确保审判的方便性，所以外国原告的选择应该得到较少的尊重。[5]

法院的逻辑经不起推敲。法院是在比较苹果和橘子。根据规定，外国人永远不可能选择美国作为他们的本土法院。法院旨在对外国原告选择的法庭给予较少的尊重，实际上，仅仅是由于他们作为外国人的身份。更重要的是，假设外国原告选择的法院是方便的，并不必然是不合理的。为什么要不合理地去假定来自不列颠哥伦比亚省的原告在华盛顿州提起诉讼，比来自佛罗里达州的原告提起同样的诉讼，选择的法院会被视为不那么方便？再进一步说，为什么要假设一个居住在韦纳奇（美国一座城市）的日本公民作为原告在华盛顿州提起诉讼选择了一个比来自佛罗里达州的原告提起同样的诉讼更不方便的法院？

法院提到美国法院对外国人的吸引力，再加上在适用中对外国原告基于其外国人身份而给予较少的尊重的裁决，引起了人们对仇外心理的关注。仅仅这一点就应该让我们提高警惕。

最后，我们拒绝采用雷诺案，因为它根本没有必要。仅仅正确应用海湾

---

[1] Id., at 252.
[2] Id., at 261.
[3] Id., at 255.
[4] Koster v. (American) Lumbermen's Mut. Cas. Co., 330 U.S. 518 (1947).
[5] Reyno, at 255-256.

石油案的因素就会得出公平和公正的结果。根据海湾石油案的规定，是否驳回的决定是，并将继续是，基于对与原告选择法院有关的因素的平衡，而不是原告的地位。这也是应该的。此外，适用海湾石油案因素可充分保护人们免受外国原告涌向美国法院的任何可能威胁。如果在这些案件中私人和公共利益因素的平衡并不利于美国法院，那么给予外国原告平等的尊重不会导致更多的外国案件在这里审理。例如，雷诺案的法院认为，地区法院在决定私人和公共利益因素有利于在苏格兰审判时没有滥用其自由裁量权。[1]因此，如果不适用"较少的尊重"标准，结果也会是一样的。

（三）根本公平

原告还辩称，要求他们在日本提起损害赔偿诉讼从根本上说是不公平的，原因有二。首先，原告认为，日本的法律体系是繁琐的。在这一点上，审判法庭认为：这里有大量关于日本法律制度及其司法程序的材料。法院所阅读和听到的一切都使法院相信，日本法院系统能够并将有效地应对挑战，评估其公民的损害赔偿要求，以补偿他们严重的损失。

原告没有质疑这一事实认定。此外，审判法庭明确保留了原告的权利，即"如果在日本不能迅速处理这些诉讼，可以返回金县"。

原告的第二个论点涉及抚恤金的问题，这是日本人对证明被告犯有重大过失的原告所提供的一般损害赔偿的术语。根据原告的说法，只有当他们证明有设计缺陷时，才会获得抚恤金。因此，他们认为，被告的责任仍有争议。初审法院认定如下：

日本的法院是一个充分的和可利用的替代法院，日本法律为原告的伤害提供了充分的补救措施。根据日本法律，可以为过失致死获得大量的赔偿。

同样，原告没有质疑这一结论。更重要的是，原告承认日本法律提供了充分的赔偿。在口头辩论中，原告也承认，在日本法院进行诉讼不会剥夺他们证明支持抚恤金的问题的权利。

总而言之，基本公平并不要求在本案中进行逆转。每当使用平衡测试时，就像这里一样，其结果必然是针对具体事实的。根据本案的事实，驳回起诉

---

[1] Reyno, at 261.

是正确的。然而，这并不意味着每当外国原告寻求进入我们的法院时，驳回都是适当的。在每个案件中，必须对各种因素进行权衡和平衡。

根据初审法院的调查结果以及对私人和公共利益因素的权衡，驳回并不是"明显不公平、站不住脚或不合理的"。[1]因此，我们认为，审判法庭在批准波音公司的不方便法院动议时没有滥用其自由裁量权。

二、分案问题

根据民事规则，审判法庭可以命令对责任和损害进行单独审判，"为了促进便利或避免偏见，或当单独审判有利于快速和经济时，应始终保持陪审团审判的权利不受侵犯。"虽然这不是一个可以随意适用的程序，但分案的决定属于审判法庭的自由裁量权。[2]

原告争辩说，分案的结果是法院对该案进行了部分审查，只关注了损害赔偿。原告将只对损害赔偿案件适用不方便法院的分析等同于没有按照海湾石油案和蜘蛛脚手架案的要求适用所有的因素。这个论点是没有根据的。

当波音公司重新提出驳回日本原告的动议时，责任已经不再是问题。审判法庭将海湾石油案的因素应用于唯一剩下的问题——损害赔偿。如果审判法庭在应用海湾石油案的因素时没有滥用其自由裁量权，任何需要推翻的自由裁量权的滥用必然产生于将诉讼分流的命令。

其他法院则以被告愿意在替代法院约定责任为条件，以不方便法院驳回诉讼。[3]另外，关于损害赔偿问题的动议被批准，因为被告同意如果原告同意不寻求惩罚性赔偿就不对补偿性赔偿的责任提出异议。[4]

只有一个报道的案例，审判法庭在不方便法院的动议中把责任和损害赔偿问题分流。在拉迪根案[5]中，初审法院认为，原告的家乡新泽西州的法院是审理人身伤害诉讼中责任问题的不方便法院，但这不适用审理损害赔偿问题。法院对这两个问题进行了分流，并指示在被告的家乡佛罗里达州审判责

---

[1] General Tel. Co., at 474.

[2] Maki v. Aluminum Bldg. Prods., 73 Wash. 2d 23, 25 (1968).

[3] Pain v. United Technologies Corp., 637 F. 2d 775, 783-784 (D. C. Cir. 1980).

[4] Bouvy-Loggers v. Pan Am. World Airways, Inc., 15 Av. Cas. 17, 153 (S. D. N. Y. 1978).

[5] Radigan v. Innisbrook Resort & Golf Club, 150 N. J. Super. 427 (1977).

任问题，然后在新泽西州审判损害赔偿。[1]上诉法院指出，"在一个适当的案件中，这样的分案似乎是一个明智的想法，但我们对它是否被允许有一些怀疑。"[2]然而，法院拒绝解决这个问题，认为分案本身是一种滥用自由裁量权的行为，应予撤销，因为当时的情况并不支持佛罗里达州是更方便的责任法院的结论。[3]

拉迪根案在目前的分析中用处不大，因为法院拒绝裁定分案是否"可允许"，而且拉迪根案中的审判法庭设想了两个单独的审判，由佛罗里达州法院决定责任问题，然后双方回到新泽西州进行损害赔偿审判。在本案中，与上述案件一样，责任问题在没有审判的情况下得到了解决，并且解决唯一剩下的问题——损害赔偿的诉讼，被驳回了。

三、条款

原告争辩说，初审法院驳回了日本国民的索赔要求，却保留了对非日本国民提出的索赔要求的管辖权，侵犯了日本国民的条约权利。原告认为，初审法院这样做剥夺了条约所保障的日本原告的"最惠国待遇"。[4]这一论点是没有道理的。

该条约将"国民待遇"和"最惠国待遇"定义为"以不低于'类似情况'下的公民的条件"对待。[5]日本公民的情况与居住在一个州的美国公民在一个姐妹州提起诉讼相类似。事实上，原告在辩称条约禁止适用雷诺案的"较少的尊重"标准的同时，声称条约使日本原告有权享受堪萨斯州居民在蜘蛛脚手架案中享有的相同利益。

虽然，正如原告所指出的，在雷诺案中没有提出条约权利的问题，但一些联邦法院已经发现，该条约并不禁止以不方便法院为由驳回外国原告的诉讼。例如，条约赋予爱尔兰公民的权利并不比美国公民在多元化诉讼中享有

---

[1] Id., at 429.

[2] Id., at 430.

[3] Id.

[4] Treaty of Friendship, Commerce, and Navigation, April 2, 1953, United States-Japan, 4 U.S.T. 2063, 2077.

[5] Id., at 2079.

的权利大[1]；确认驳回挪威和法国原告的诉讼；原告提出条约权利问题[2]。但在爱尔兰国家保险公司案[3]中，撤销驳回，因为地区法院没有对爱尔兰公民适用与美国公民相同的不方便法院标准；法院没有表明要适用的标准是适用于选定法院的居民还是姐妹州的居民。

如前所述，下面的裁决并不取决于雷诺案的"较少的尊重"的适用标准。因此，即使该标准被认定为是对条约权利的侵犯，也不需要推翻。更重要的是，原告依靠审判法庭保留对非日本国民的管辖权来主张违反条约权利是错误的。

波音公司的驳回动议仅限于日本原告，审判法庭根据与日本国民的损害赔偿要求相关的因素的平衡而批准了这一动议。原告们再次忽略了测试的性质。不管是海湾石油案还是蜘蛛脚手架案，都没有要求，如果一个法院对任何外国原告都是方便的，那么不论原告数量、证据数量、语言障碍或引起索赔的事故地点，也必须认定该法院对所有外国原告都是方便的。

综上所述，我们认为初审法院在分案或不方便法院的驳回上都没有滥用其自由裁量权。我们进一步认为，驳回诉讼并没有侵犯日本国民的条约权利。我们也借此机会明确拒绝采用雷诺案的"较少的尊重"标准。我们认为没有错误，我们维持原判。

案情简介

一架属于日本航空公司的波音 747 飞机坠毁，520 人死亡。其中大部分是日本国民。个人遗产代表是迈尔斯和贾金斯，他们代表 71 名日本国民和 8 名非国民起诉波音公司和日本航空公司。波音公司以不方便法院为由要求驳回原告起诉。

争议焦点

法院基于不方便法院驳回原告起诉是否滥用自由裁量权？——否

---

[1] Jennings v. Boeing Co., 660 F. Supp. 796, 800 (E. D. Pa. 1987).
[2] Pain, at 797.
[3] Irish Nat'l Ins. Co. v. Aer Lingus Teoranta, 739 F. 2d 90, 92 (2d Cir. 1984).

驳回是否侵犯日本国民的条约权利？——否

法律规范

根据不方便法院原则，法院认为诉讼困难会导致驳回诉讼时，有权拒绝管辖权，让被告在更方便的法院接受管辖。[1]对不方便法院驳回决定的审查标准是滥用自由裁量权。只有不方便法院驳回决定明显不公平、不合理或站不住脚时，才能撤销。[2]最高法院认识到，适用不方便法院原则是初审法院的自由裁量权，明确拒绝设立清楚的规则，反复强调在决定不方便法院的动议时需要保持灵活性。[3]

需要考虑的私人利益因素：获得证据来源的难易程度；是否有证人非自愿出庭的强制程序，以及证人自愿出庭的费用；诉讼允许查看现场、查看房屋建筑及附属场地的可能性；其他所有使案件审理变得简单、迅速和成本低廉的实际问题。[4]法院将比较优势和障碍以确保审判公平。在寻求补救时，原告不得选择一个不方便的法院困扰、妨碍或压迫被告，给被告造成不必要的费用或麻烦。除非优势强烈地偏向被告，原告选择法庭不应受干扰。[5]

需要考虑的公共利益因素：当诉讼堆积在拥挤的中心而不是从源头处理时，法院就会出现管理困难。陪审团职责是一种负担，不应该强加给与诉讼无关的社会公民。在涉及许多人的事务的案件中，有理由在许多人的视线范围内进行审判，而不是在该国的偏远地区审判，否则人民只能通过报告了解情况。在国内对地方性的争议进行裁决是一种国家利益。原被告来自不同国家，在本国法院用本国法律审理是适当的，而不是让其他法院去解决法律冲突方面的问题和运用外国的陌生法律。

在蜘蛛脚手架案[6]中，一名堪萨斯州居民在工作时，从华盛顿州建造的脚手架上坠落身亡，原告在华盛顿州提起了过失致死诉讼。初审法院批准了

---

[1] Werner, at 370.
[2] General Tel. Co., at 474.
[3] Reyno, at 261.
[4] Gulf Oil, at 501.
[5] Gulf Oil, at 508.
[6] Spider Staging, at 577.

被告的动议，以不方便法院为由予以驳回。二审法院认为各种因素的平衡没有强烈地支持被告。在审查这些因素时，法院发现以下几点：所有与脚手架的制造和销售有关的证据都在华盛顿州。被告是华盛顿州的公司，被告的所有主要官员都居住在金县。设计脚手架的两位工程师都住在金县。来自堪萨斯州的两位主要证人愿意在华盛顿州出庭。原告将把脚手架带到华盛顿州，给被告机会检查脚手架。〔1〕海湾石油案〔2〕和蜘蛛脚手架案〔3〕都没有要求，如果法院对任何一个外国原告是方便的，则无论数量、证据量、语言障碍或引起索赔的事故地点如何，法院也必须对所有外国原告都方便。

在雷诺案〔4〕中，在宾夕法尼亚州，原告代表6名于苏格兰飞机失事事件中丧生的苏格兰国民提起过失致死诉讼，最高法院确认驳回。这架飞机是在宾夕法尼亚州制造的。苏格兰是更方便的法院地。根据海湾石油案平衡测试，美国居民或公民选择的法院比外国原告选择的法院更值得尊重。〔5〕

如果法院不能以不方便法院为由驳回案件，而驳回可能导致法律的不利变化，对外国原告已经极具吸引力的美国法院将变得更有吸引力，流入美国的诉讼案件将增加，使本已拥挤的法院更加拥挤。〔6〕在科斯特案〔7〕中，法院指出，当原告选择了本国法院时，原告选择的法院有权受到更大尊重。任何对不方便的调查的中心目的都是确保审判方便，本国原告的选择比外国原告的选择更值得尊重。〔8〕这并不意味着只要外国原告寻求进入我们的法院，驳回都是适当的。

国民待遇和最惠国待遇等于或高于处于类似情况的公民待遇。〔9〕原告和被告是不同国家公民的诉讼，条约赋予爱尔兰公民的权利并不比美国公民在

---

〔1〕 Johnson, at 580.
〔2〕 Gulf Oil, at 501.
〔3〕 Spider Staging, at 577.
〔4〕 Reyno, at 235.
〔5〕 Id., at 256.
〔6〕 Id., at 252.
〔7〕 Koster, at 518.
〔8〕 Reyno, at 255-256.
〔9〕 Treaty of Friendship, Commerce, and Navigation, April 2, 1953, United States-Japan, 4 U.S.T. 2063, 2079.

多元诉讼中享有的权利更大。〔1〕原告主张条约权利，法院确认驳回挪威和法国原告的诉讼。〔2〕法院推翻了驳回，因为地区法院对美国公民适用了不方便法院标准但没有对爱尔兰公民适用。

根据民事规则，初审法院可以对责任和损害赔偿分开审判以促进便利或避免损害，或当单独审判时间更短和更经济时，陪审团的审判权始终不受侵犯。〔3〕初审法院有自由裁量权决定是否分开审。〔4〕原被告达成一致，如果原告不寻求惩罚性赔偿，被告就同意对补偿性赔偿责任不提出异议。在损害赔偿的争议上，法院批准了被告的驳回动议。〔5〕

> **双方辩词**

原告：（法律）和替代法院相比，如果原告选择的法律对原告更有利，则驳回起诉绝对不合适。最高法院曾谈到美国法院对外国人的吸引力，加上判决是：如果原告是外国人的身份，就对外国原告选择的法院给予较少尊重，则将引起大众对仇外心理的担忧。

（便利性）一个居住在华盛顿州的日本公民作为原告在华盛顿州起诉比一个住在佛罗里达州的原告在华盛顿州起诉选择了更方便的法院。

被告：（日本）被告承认自己的责任，主张法院应以不方便法院为由驳回针对日本公民的损害赔偿请求。日本有替代法院，日本法提供了充分的赔偿，几乎所有与损害赔偿有关的证人、文件和其他证据都在日本。美国法院不能强迫在日本的证人到华盛顿州出庭，让日本证人在华盛顿州出庭的费用会很高，相关文件是日文的，大多数证人会用日文作证。如果这些诉讼在华盛顿州审理，至少有些损害赔偿的争议会受日本法律管辖。如果法院不能以不方便法院为由驳回案件，可能变得对原告不利，则对外国原告已经非常有吸引力的美国法院将变得更具吸引力。

（日本的利益）日本对于审理其居民死亡的损害赔偿案件有巨大的利益，

---

〔1〕 Jennings, at 800.
〔2〕 Pain, at 798.
〔3〕 Civil Rule 42（b）.
〔4〕 Maki, at 25.
〔5〕 Bouvy-Loggers, at 153.

因为日本航空事故夺去了 500 多名日本国民的生命。

（平衡）对比私人利益和公共利益，公共利益在很大程度上以极大优势指向在日本审理损害赔偿。雷诺案对本法院没有约束力，因为雷诺案适用的是联邦普通法。当选择了本国法院时，有理由认为选择是方便的。当原告是外国人时，这种假设就没有那么合理了，调查法院是不是不方便的核心目的是确保审判方便，外国原告的选择应得到较少尊重。

原告：审判法庭错误地依赖了雷诺案"较少的尊重"标准，从而采用了与蜘蛛脚手架案直接冲突的标准，遵循雷诺案相当于滥用自由裁量权。审判法庭在平衡海湾石油案或蜘蛛脚手架案的因素时犯了错误，本案与蜘蛛脚手架案相同，要求相同的判决结果。在蜘蛛脚手架案中，法庭发现平衡各种因素并不能有力地支持被告。被告是华盛顿州的公司，他们所有的主要官员都居住在金县，设计脚手架的两位工程师都居住在金县，来自堪萨斯州的两位主要证人愿意在华盛顿州出庭，原告将把脚手架带到华盛顿州给被告一个检查脚手架的机会。就像蜘蛛脚手架案里的证人愿意来华盛顿州一样，我将把我的证人带到华盛顿州以减少被告的负担。初审法院对各种因素的平衡是有缺陷的，因为法院错误地假设日本法将适用于损害赔偿问题，初审法院不适当地平衡了海湾石油案中的因素，因为法庭必须发现原告选择的法院对被告构成妨碍，驳回起诉才适当。

被告：（因素，自由裁量权）在海湾石油案中，最高法院拒绝列出强制具体结果的事实类别，法院列出了一些需要考虑的因素，让审判法庭以自由裁量权作最终决定，平衡各种因素和判决结果都以具体事实为依据，海湾石油案说这些因素属于审判法庭的自由裁量权。虽然日本法院适用他们自己的法律有专长并不是最重要的因素，但是，这个因素支持驳回。根据海湾石油案或蜘蛛脚手架案的规定，发现妨碍被告并不是驳回的必要条件，海湾石油案的因素可以避免外国原告涌入美国法院的威胁。在海湾石油案或蜘蛛脚手架案中，判断不方便法院的动议时，法院拒绝制定明确的规则，反复强调保持灵活性的重要。

原告：蜘蛛脚手架案的结果授权本案达到类似的结果。因为蜘蛛脚手架案适用了华盛顿州法，所以本案也应适用华盛顿州的法，蜘蛛脚手架案的结论是华盛顿州的威慑政策是最重要的利益，因此，必须适用华盛顿州的法。蜘蛛脚手架案中，在处理不方便法院的动议时，当被告是华盛顿州的制造商而原告是非居民时，审判法庭应限制自由裁量权。需要这样的规则使被告对其行为负责、威慑错误行为、提升州的利益。

被告：（不同的案件）根据蜘蛛脚手架案的法律选择分析，必须首先看每个法院与案件的联系。如果联系是一样的，就看哪个法院在决定特定争议时有更大利益。蜘蛛脚手架和本案有很大的不同，蜘蛛脚手架中的责任问题不是争议焦点。本案中，在确定损害赔偿问题上，日本的利益巨大，事故发生在日本，超过500名日本国民死亡，本案涉及大量的日本原告，日本法能提供充分的赔偿。法院平衡不同利益的过程中，用日本法解决损害赔偿问题不是最重要的因素。即使最终用华盛顿州法解决损害赔偿问题，平衡各种因素都极为有利地指向日本法院。不方便法院指当在另一个法院起诉和审判更有利于当事人的利益和追求正义时，法院有自由裁量权拒绝管辖。在法院进行选择法律的分析时，考虑州的威慑利益，在衡量不方便法院的动议时，不考虑州的威慑利益。蜘蛛脚手架案中，法院先解决不方便法院的问题，然后解决法律选择问题。因为如果法院认为堪萨斯州是合适的法院，堪萨斯州将决定适用的法律。在该案对不方便法院的分析中，法院没有提到威慑是最重要的州利益。无论在哪个法院，当原告得到充分赔偿，州的威慑利益和要制造商对错误行为负责的利益都将得到满足。

原告：驳回从根本上说是不公平的。在日本审理从根本上说是不公平的，因为日本的法律制度繁琐，只有证明有设计缺陷才会判给一般损害赔偿，而被告的责任仍有争议。

被告：日本法院系统有能力并将有效地应对挑战、衡量日本公民要求的损害赔偿、补偿极严重的损失。日本法律对过失致死给予大量赔偿，日本法律提供了充分的赔偿，日本法院不会剥夺原告证明享有慰问金的权利，证明被告犯有重大过失的原告可获得一般赔偿。只要使用平衡不同因素的测试，具体事实决定不同结果。

原告：（条约权利）在驳回日本国民的索赔、保留对非日本国民提出索赔要求的管辖权时，初审法院侵犯了日本国民的条约权利，否认了条约下保护日本原告的最惠国待遇。

被告： 一些联邦法院认为，当原告是外国人时，条约并没有禁止以不方便法院为由驳回案件。海湾石油案和蜘蛛脚手架案都没有要求，如果一个法院对某一外国原告是方便的，则无论数量、证据数量、语言障碍或引起索赔的事故地点，法院也必须对所有外国原告都方便。

判决结果

初审法院分案、基于不方便法院驳回原告起诉都没有滥用自由裁量权。驳回没有侵犯日本国民的条约权利。

思考延伸

1. 跨国公司是什么，其影响是什么？

跨国公司是指由分设在两个或两个以上国家的实体组成的企业，而不论这些实体的法律形式和活动范围如何。跨国公司拥有雄厚的资金、先进的技术、科学的管理，是国际经济交往中最重要的主体。

影响：跨国公司在促进自身利益最大化同时，会对全球资源环境、人（劳工、消费者）产生重要影响。

2. 在决定是否批准不方便法院动议时，法院考虑哪些因素？

潜在证人的位置（被告必须进行充分和坦诚的展示，说出被告的潜在证人，潜在证人的位置，证词可能是什么，对被告有多重要，他们在原告选择的法院作证可能会有多大的不便）；相关证据和记录的位置（被告必须确定这些记录，解释谁负责这些记录，记录的必要性，记录的语言和翻译问题，记录的数量，管辖这些记录的法律，排除原告选择的司法管辖区存在重复记录的情况）；可能对被告造成不适当的困难（被告必须解释困难是什么、费用有多大，将证人从外国法院带到原告选择的法院存在的困难，为什么使用调查委托书或其他司法工具是不够的，困难是压倒性的）；高效地使用司法资源（原告选择的法院可能在后勤或行政上不适合处理案件）；适用于该争议的法律选择（仅仅是外国法律可能适用于该事实并不是以不方便法院为由驳回案件的有力理由）；公共政策（雇员在就业州起诉外国公司，可以享受保护当地雇员不受外国虐待的公共政策）；诉讼原因产生的地点（被告通常必须证明诉因是在管辖范围之外产生）；当事人的身份（谁在起诉谁？原告起诉个人被告或没有经济能力的小公司，是为了通过在偏远地区的法院进行诉讼来压迫被告的经济和法律费用吗？被告是一家企业集团，提出不方便法院的申请是不是只是为了迫使原告承担昂贵的旅行和聘请外国律师的费用？原告如果是提起诉讼国家的居民，通常有权在自己的国家审理其案件）；不正当的动机（如果没有证据表明原告专门在某一法院提起诉讼存在不正当的意图，法院通常会拒绝不方便法院动议）；外国法院的法学发展和政治条件（法院要把原告送到一个法律不发达、不文明、没有平等保护或正当程序的地方吗？法院是否要把原告送到处于战争中的国家的另一个法院？如果外国法院不允许对申诉的主体进行诉讼，不要求原告出庭进行现场作证，或外国法律在协议或程序方面存在其他缺陷，那么法院将不会驳回诉讼）。

下 篇

国际经济法

7 国家经济主权原则、公平互利原则、国际合作以谋发展原则 | 校园石油公司等诉工业和能源部长案[1]

▶ 原文赏析

一、事实

根据爱尔兰1982年修订的《1971年燃料供应管制法》(以下简称"1971年法")第2条,爱尔兰政府可以通过命令宣布,由于公共利益的需要,有必要由有关部长代表国家对燃料的购买、供应和分配进行控制。

该命令在一定期限内有效,根据《1982年燃料供应管制法》(以下简称"1982年法"),该期限不能超过12个月,从命令发布之日起算,且不影响政府进一步发布命令延长原命令的有效期的权力。1979年4月11日,爱尔兰政府发布了命令,宣布由于公共利益的紧迫性,有必要对燃料的供应和分配进行控制;该命令随后被不时地延长。

经1982年法修订的第3条规定,在这种命令生效的情况下,部长可以通过命令规定对命令所涉及的一种或多种燃料的获取、供应、分配或销售进行监管或控制,以维持和提供该种或几种燃料的供应,并规定控制、监管、限制或禁止进口或出口有关类型的燃料。爱尔兰国内没有原油供应。直到1979

---

[1] Case 72/83 Campus Oil [1984] ECR 2727.

年，向爱尔兰市场供应的大部分精炼石油产品都来源于少数国际石油公司，这些公司对爱尔兰市场没有必要或永久的承诺。

1979年7月，为了提高国内石油供应的安全性，爱尔兰政府成立了一家国有石油公司，即爱尔兰国家石油公司。其目标包括为爱尔兰市场提供大部分的石油供应，在爱尔兰石油工业和石油市场内运作，以促进有序的发展，开展和维持有助于提高爱尔兰石油工业效率的经济活动。

爱尔兰国家石油公司已经与外国供应商签订了原油供应的定期合同。1981年，爱尔兰国家石油公司提供了大约10%的爱尔兰石油供应。爱尔兰国家石油公司购买的原油在爱尔兰科克郡怀特盖特的白门炼油厂提炼或由英国的炼油厂为其提炼。

白门炼油厂属于爱尔兰炼油有限公司，该公司本身由四家主要石油公司共同拥有，即爱尔兰壳牌有限公司、埃索石油公司、德士古国际贸易公司和英国石油公司（爱尔兰）有限公司。

1981年8月，拥有该炼油厂的四家公司通知爱尔兰工业和能源部，他们打算永久停止在该炼油厂的炼油活动。在与这些公司就继续经营炼油厂的谈判未果后，爱尔兰政府面临着代表国家收购炼油厂或允许其关闭的选择。如果炼油厂关闭，爱尔兰市场上的所有精炼石油产品供应商将不得不从国外获得供应，主要是从占供应量约80%的英国获得。爱尔兰政府确定，为了保障供应，有必要保留该炼油厂，并在与欧洲共同体委员会协商后，通过爱尔兰国家石油公司收购了拥有白门炼油厂的爱尔兰炼油有限公司的全部发行股本。

由于工业和能源部长和石油销售公司无法就白门炼油厂产品的销售基础达成一致，1982年8月25日，部长行使经1982年法修订的第3条赋予的权力，制定了1982年《燃料供应管制令》，以维持白门炼油厂的运营。

1982年《燃料供应管制令》适用于所有向爱尔兰进口它所提及的各种石油产品的人。它要求这些进口商在某些特定时期从爱尔兰国家石油公司购买他们所需的各类石油产品，其比例为白门炼油厂的产量占同期所有进口商对该类石油产品总需求的比例。

进口商有义务向部长提供所有必要的信息。他们的购买义务限于其总石油需求量的35%，或任何特定类型石油需求量的40%的税收。

7 国家经济主权原则、公平互利原则、国际合作以谋发展原则 ｜ 校园石油公司等诉工业和能源部长案

购买这些产品的价格由政府决定，工业和能源部长在考虑到爱尔兰国家石油公司或爱尔兰炼油有限公司在获取原油、运输、储存、加工上的资本成本、融资成本和间接成本以及在炼油厂运营中产生的任何其他成本后确定。受1982年《燃料供应管制令》影响的人有权通过提高销售价格来追讨由此产生的任何额外费用。

校园石油公司、河口燃料有限公司、麦克马伦兄弟有限公司、奥拉-特奥兰特有限公司、P. M. P. A. 石油公司和泰德卡斯尔-麦考密克有限公司是在爱尔兰成立的石油产品贸易商。他们都是爱尔兰石油协会的成员。

该协会旨在保护在爱尔兰市场上专门或主要从事石油产品贸易的爱尔兰贸易商的利益。这些公司从事燃料油的进口和销售，特别是瓦斯油、汽油和其他各种等级的燃料油。

这些公司占据爱尔兰大约14%的汽油市场，其他石油产品的比例略高。市场的其余部分由跨国公司提供。

上述公司反对有义务必须从爱尔兰国家石油公司购买供应品，并就此事向欧共体委员会提出了申诉。

在1983年2月1日的信中，欧共体委员会根据《欧洲经济共同体条约》第169条启动了针对爱尔兰的程序，指控其违反了《欧洲经济共同体条约》第30、36、85、86和90条的规定。爱尔兰政府在1983年4月26日的信中提交了指称侵权的答辩意见。

为了拒绝1982年《燃料供应管制令》规定的采购要求，上述公司还向爱尔兰高等法院提起诉讼，要求宣布1982年法不符合《欧洲经济共同体条约》的规定，特别是不符合其中的第30、31、36、85、86、90、92和93条的规定。

在高等法院审理的诉讼中，主要诉讼的原告争辩说，1982年《燃料供应管制令》要求他们从爱尔兰国家石油公司购买不超过35%的石油产品，这构成了一项具有相当于进口数量限制效果的措施。主要诉讼的被告坚持认为，购买要求并不构成这种限制，如果构成的话，这种限制是以"公共政策"和"公共安全"为理由的，因此符合《欧洲经济共同体条约》第36条的规定。

爱尔兰高等法院认为，在听取各方关于有争议的制度对贸易的确切影响

以及国家购买白门炼油厂和以"公共政策"和"公共安全"为由实行该制度的理由的陈述和争论之前,有必要将某些关于共同体法律的解释问题提交欧洲法院。因此,高等法院根据《欧洲经济共同体条约》第177条将以下问题提交给欧洲法院进行初步裁决:

1. 《欧洲经济共同体条约》第30条和第31条是否可解释为适用于1982年《燃料供应管制令》所建立的制度,因为该制度要求欧洲经济共同体成员国(此处为爱尔兰)的石油产品进口商从一家国有炼油厂购买其所需石油产品的35%?

2. 如果对上述问题的回答是肯定的,上述条约第36条中的"公共政策"或"公共安全"的概念是否应针对诸如1982年令所建立的制度进行解释,以便:

(a) 上述制度根据条约第36条被豁免于条约第30~34条的规定,或

(b) 这种制度在任何情况下都能得到豁免,如果是这样,在什么情况下?

在听取了法官兼报告员的报告和检察长的意见后,欧洲法院决定在没有任何准备调查的情况下开始口头程序。但是,法院要求委员会回答一个问题,即关于石油产品供应及其在其他成员国的国家层面、共同体层面和国际层面的分配的现行规定,并提供某些文件。委员会在开庭前回答了该问题。

为回应法院在1984年2月29日开庭时提出的要求,委员会提交了一系列文件,涉及在国际能源机构框架内适用的规则。

在经济合作与发展组织设立的国际能源机构的框架内适用的规则。

二、总检察长的意见(戈登·斯林爵士)

1982年9月1日,校园石油公司和其他五家在爱尔兰从事精炼石油产品贸易的公司在爱尔兰高等法院对爱尔兰工业和能源部长、总检察长和爱尔兰国家石油公司提起诉讼,要求宣布1982年《燃料供应管制令》不符合《欧洲经济共同体条约》第30条和第31条,因此无效。他们还要求发出临时禁令,禁止被告在诉讼作出裁决之前执行该命令。

1982年12月9日,尽管被告反对,理由是根据《欧洲经济共同体条约》第177条向法院提起诉讼,在查明事实之前为时过早,但法院决定,有必要

7 国家经济主权原则、公平互利原则、国际合作以谋发展原则 | 校园石油公司等诉工业和能源部长案

回答两个问题，以便能够在诉讼中作出判决。双方在一份声明中陈述了数量有限的事实，法院命令将这些事实和其他特定文件纳入参考资料。在 1983 年 3 月 31 日提交给法院的参考资料中是这样做的，拖延显然是由于对法官命令的上诉失败。参考记录表明，关于诉讼程序中出现的问题的证据和论点尚未得到听取。总检察长重复了这些问题，并继续说：

部长于 1982 年 8 月 25 日发布的 1982 年《燃料供应管制令》，被 1983 年 1 月 1 日发布的另一项命令所取代，该命令继续有效，是根据 1982 年法第 3 条发布的。经修订的该法第 3 条授权部长对燃料的获取、供应、分配或销售进行监管，政府根据该法第 2 条发布的命令宣布，由于公共利益的紧迫性，有必要由部长代表国家进行控制，并对其进口或出口进行控制、管理、限制或禁止。第 2 条规定的命令有时间限制，最初是 6 个月，但根据 1982 年法，可以是 12 个月，并且可以通过"延续令"继续生效。第 2 条规定的命令自 1979 年起生效。

根据该法第 3 条发布的 1982 年和 1983 年的命令大致具有相同的效果。它们要求所有向爱尔兰进口某些特定石油的人从爱尔兰国家石油公司购买一定比例的石油。爱尔兰国家石油公司是一家国有公司，在科克郡经营爱尔兰唯一的炼油厂。必须从爱尔兰国家石油公司购买的需求量百分比被定义为等同于白门炼油厂的产量占相关人员某季度总需求量的百分比，即该命令适用的是所有人员该季度的总需求量，但某季度必须购买的数量不能超过某人所有类型石油总需求量的 35% 和某一类型石油总需求量的 40%。购买石油的价格由部长确定，必须考虑到爱尔兰国家石油公司在收购原油、运输、储存、加工和炼油厂运营方面的成本，包括因汇率变动而在销售石油产品方面产生的收益或损失。根据参考命令，受购买义务影响的人所产生的额外费用，可以通过提高其销售价格来收回；对于受价格控制立法约束的公司，则通过贸易、商业和旅游部长不时发布的命令来规定。因此，客户必须承担额外的费用。参考命令指出，爱尔兰国家石油公司成立于 1979 年 7 月，目的是提高爱尔兰的石油供应安全性。为此，它与各国家石油公司签订了原油供应的定期合同，1981 年，它供应了爱尔兰约 10% 的石油。它所购买的原油在爱尔兰的白门炼油厂提炼或由位于英国的炼油厂提炼。

白门炼油厂成立于二十多年前,最初由爱尔兰炼油有限公司拥有和经营,该公司的股东是四家主要石油公司。白门炼油厂最初几乎满足了国家的所有石油供应需求,但随着需求的增加,供应比例下降到总需求的50%。1981年,拥有爱尔兰炼油有限公司的四家石油公司告诉工业和能源部长,他们打算停止在白门炼油厂炼油。爱尔兰政府似乎试图说服这些公司继续经营白门炼油厂。在政府说服失败后,为了让炼油厂继续营业以保证供应,爱尔兰政府通过爱尔兰国家石油公司购买了爱尔兰炼油有限公司的所有股份。人们一致认为,如果政府不这样做,炼油厂就会关闭,所有的供应就必须来自爱尔兰以外。部长还试图就向石油销售公司出售炼油产品的可接受基础达成协议,但未能达成协议(这些公司显然并不真正想从该炼油厂购买石油),部长发布了有关命令,以确保白门炼油厂能够运营并处理其产品。

提交法院诉讼的原告是在爱尔兰成立的法人团体,他们同为一个石油协会的成员,该协会旨在保护爱尔兰拥有的独家贸易或主要在爱尔兰市场上贸易的石油产品贸易商的利益。根据参考的订单,他们占据爱尔兰大约14%的汽油市场和比例稍高的其他石油产品。爱尔兰市场的其余部分几乎完全由属于跨国集团的公司供应。与后者相比,原告是相对较小的公司。

因此,这项命令的效果是,石油贸易商必须购买爱尔兰当局规定的一定比例的需求量,尽管有最高限额,他们必须支付规定的价格,即使这个价格高于当前的自由市场价格。爱尔兰政府表示,《欧洲经济共同体条约》第30条旨在防止进口产品的歧视并保护国内产品;由于爱尔兰没有国内的原油来源,这里发生的最多的情况是,一些可能以精炼状态进口的石油必须以原油的形式进口,并在爱尔兰精炼后被购买。这一论点过于严格地限制了第30条。在第8/74号杜罗伊检察官诉达森维尔案中,法院对具有同等效力的措施的定义并不限于什么是歧视性或保护主义。重要的是该措施是否能够阻碍共同体内部的贸易。从表面上看,《燃料供应管制令》显然能够阻碍共同体内部的贸易。在任何情况下,它都是歧视性的,因为它迫使贸易商以当局规定的价格从国内炼油厂购买一定比例的石油。

然而,法院在第120/78号雷沃诉联邦白兰地垄断管理局案中的判决也被认为是有依据的,该判决承认:

7 国家经济主权原则、公平互利原则、国际合作以谋发展原则 | 校园石油公司等诉工业和能源部长案

"共同体内部因有关产品销售的国家法律之间的差异而造成的流动障碍必须被接受,只要这些规定被认为是必要的,以满足特别是与财政监督的有效性、保护公共健康、商业交易的公平性和保护消费者有关的强制性要求。"

爱尔兰政府说,法院因此承认,除了第 36 条规定的例外情况外,第 30 条也有例外情况。维护国家炼油能力是"国家的命脉",其维护是超越所有普通经济因素的要求,同样可以成为一种例外。

然而,法院判词的这一部分出现在处理有关产品的生产和销售没有共同规则的一段中,以及障碍"来自"国家法律之间的差异的段落中。这些限定条件在法院对第 16/83 号普朗特尔案的判决第 25 段中再次得到明确阐述。这里的情况有所不同。共同体在石油供应方面有大量的指令和决定,有关的障碍不只是国家法律之间的差异造成的。尽管涉及的产品像石油一样重要,我也承认清单包容广阔,但是,在任何情况下,在判决书中特别指出的强制性规定清单,我认为都不应有对供应来源的直接限制和按一定价格购买的义务。

就目前而言,提案中提到的第 2 条即第 31 条,似乎不再相关。正如在第 7/61 号案(欧洲委员会诉意大利案)和第 13/68 号案(壳牌石油公司诉意大利案)中解释的,它是一个过渡性的暂停条款。从 1975 年 1 月 1 日起,根据与爱尔兰相关的《加入法》第 42 条,所有具有同等效果的措施都必须废除,第 30 条中的一般禁止规定生效。

因此,我认为,就第 30 条而言,在不参考第 36 条的情况下,对第一个问题的回答是肯定的。

爱尔兰政府和爱尔兰国家石油公司的律师提出,法院不应回答提到的第二个问题,主要是因为还没有找到事实。我不接受这一意见。问题的第一部分是为了确定,在第 36 条意义上的"公共政策"或"公共安全"基础上,所采用的制度本身是不是合理的;而后,如果第一部分的答案是否定的,则国家法院要确定,所规定和适用的制度是否在事实上,基于"公共政策"或"公共安全"基础是不是合理的。缺乏对事实的调查限制了法院回答这个问题的准确性,但在本案中,双方均同意的明确、充分的事实能够帮助法院回答这个问题。

在第二个问题上,爱尔兰政府和爱尔兰国家石油公司为一方,主要诉讼

的原告和委员会为另一方,双方采取了强烈的对抗立场。

前者说,以固定的价格购买以弥补爱尔兰国家石油公司的成本,这一义务在"公共政策"或"公共安全"方面显然是合理的,他们说这完全是国家政府的事。这项义务作为维护石油供应安全的重要进程的一部分是合理的。在这方面,爱尔兰处于弱势地位,特别是在原油严重短缺或潜在的战争危机中,因为它是不结盟国家,特别是不是北约成员;它严重依赖石油作为能源,但它没有国内原油;它还在很大程度上依赖英国和位于那里的主要石油公司。它在维持石油库存方面遇到了困难,除非它拯救了白门炼油厂,否则爱尔兰就不会有炼油厂;主要石油公司在1981年后不会从白门炼油厂购买石油,除非它们有义务根据一项所有公司之间公平的方案这样做。所做的事情在任何意义上都不具有经济性质,而且无论如何都是一种临时安排,一旦有其他安排,就会立即做出改变。

委员会和原告说,恰恰相反,这只不过是出于经济原因而施加的一种经济性质的限制。它与"公共政策"或"公共安全"毫无关系。这显然是一项计划,以确保被精炼入爱尔兰的原油(政府完全有权这样做)应履行规定的购买义务(政府无权根据其条约义务这样做),在没有经济损失的情况下进行处置。即使"公共政策"和"公共安全"可以作为限制石油产品进口的理由,爱尔兰政府也未能证明本案中不通过白门炼油厂的产品对"公共安全"有任何威胁。此外,委员会强调,这种购买义务不可能有效避免或处理燃料供应短缺的威胁。导致危机的原因是原油的短缺,仅仅拥有一个炼油厂是无济于事的,特别是在共同体中存在过剩的炼油能力的情况下。真正的解决办法是根据共同体指令规定的义务持有足够的库存,并辅之以长期的原油供应合同,这些原油完全可以在共同市场的其他地方提炼。

英国政府的律师在发言中指出,虽然必须严格解释对货物自由流动原则的减损,但也不应解释为没有效果。必须在促进货物的自由流动和保护国家的合法和基本利益之间取得平衡。即使经济利益可以根据第36条得到保护,它们也不得涉及歧视或构成对贸易的变相限制。"公共安全"的范围很广,足以涵盖维持基本的公共服务,或使国家的生活能够安全和有效地运作。

我认为,本案中提出的问题,也许比任何其他案件都更能说明法院长期

7 国家经济主权原则、公平互利原则、国际合作以谋发展原则 | 校园石油公司等诉工业和能源部长案

以来强调的三项原则的重要性；禁止数量限制和具有同等效力的措施是共同体寻求实现的核心；第36条中的减损不得在任何意义上被赋予扩展的含义；这些减损不得被用来证明经济类型的限制是合理的，而必须找到一些其他理由。在我看来，最后一项是独立于第36条第二句而产生的，但它强调了这一点。因此，成员国决不能在"公共政策"或"公共安全"的领导下，为保护本质上的经济利益辩护。正如第238/82号杜法尔诉荷兰案中所说，根据第36条，"主要是预算目标"是不合理的。

然而，第36条对进口的限制不受第30条中禁令的限制，不可避免地会在经济背景下出现，否则它们首先就不属于第30条。在第36条中包括为保护工业和商业财产而采取的合理措施是最明显的例子。保护这些财产在经济上是非常重要的，但它也可以基于非经济的理由，如促进发明、避免商品之间的混淆和防止剽窃智力成果。然而，这并不是一个孤立的例子。其他例外情况同样存在，只要它们不"用于服务经济目的"，就可以采用1964年2月25日理事会第64/221号指令第2（2）条中似乎恰当的说法。

以固定价格购买一定比例的石油需求的义务显然具有经济性质的影响，是一种相当于数量限制的措施。如果出于保护主义的原因，采用它确实是为了"服务于经济目的"，那么它显然不属于第36条的范围，并将被禁止。

然而，在今天，提供充足的石油供应必须被视为对国家的福祉至关重要，并维持基本服务和供应。保护石油供应是国家的基本利益，也是可以通过适当手段维护的合法利益，因为石油在某些方面是无可替代的，因此可能与上述其他产品不同。

在本案中，关于国家为保护其石油供应而采取的措施是否可以归入"公共政策"或"公共安全"的范畴，已经有了很多辩论。在这两者中，"公共政策"似乎更为宽泛，涉及国家的根本利益，宽泛到足以涵盖在第7/78号R.诉汤普森案中对铸币权的保护。

"公共安全"显然不限于外部军事安全，这主要属于条约第223条至第225条的处理范围，在此并不依赖这些条款。在我看来，它也不限于内部安全，在维护法律和秩序的意义上，不包括第224条所涵盖的"影响维护法律和秩序的严重内部动乱"，尽管它可能包括这一点。在我看来，维持基本的石

油供应能够属于"公共安全",因为它对现代国家生活的稳定和凝聚力至关重要。如果我没有得出这个观点,我就会得出结论,它能够属于"公共政策"。然而,这只是问题的开始。如果像我认为的那样,有关石油进口的限制有可能是为了保护"公共安全"或"公共政策",那么这些特殊的限制是否合理?要回答这个问题,就要考虑施加数量和价格限制的理由、必要性和影响。考虑单个原因,仅通过查看《限制令》文本,不可能确信,基于"公共安全"或"公共政策",《限制令》是合理的。

如果必须根据该命令和商定的事实来回答这个问题,那么我就不会认为这里的限制措施是合理的。然而,我认为在这个阶段仅根据这些事实来回答这个问题是错误的。法官明确表示,他既没有听取证据,也没有进行充分的辩论,在我看来,被告有权在做出最终决定之前对此事进行充分调查。

我理解法官想要的是(如果前文第二个问题的第一部分没有更多的答案的话),对要考虑的因素提供指导。第一,很明显的是,成员国要证明特定的限制在我提到的三项原则基础上是合理的,而且这个责任不轻。与爱尔兰政府的律师提出的意见似乎相反的是,仅仅是政府酌情决定采取这些特定措施的事实,并不能证明有正当理由。

在决定这个问题时,必须不考虑任何应得的经济利益,无论这些利益本身是多么可取。因此,保护就业、改善国际收支状况、财政收益、保持国内工业的运作以及出于商业原因避免从国外供应商处采购的可取性,都不能证明这些措施是合理的。

第二,我认为,如果存在或可以合理地采用不涉及限制从其他成员国购买进口产品的权利的其他安排,那么所采取的措施是不合理的。在这种情况下,不仅要考虑到可以与其他石油公司签订的合同,还要考虑到共同体安排下存在的权利和义务。我在此不仅是指"作为共同体基础之一的共同体团结原则"(第 77/77 号 BP 诉欧洲委员会案)和条约的一般规定,而且是指我之前提到的具体指令和决定。

例如,根据第 72/425 号指令,每个成员国必须保持至少相当于 90 天平均消费量的最低石油产品库存——这些库存要么保存在有关成员国,要么通过与政府的协议保存在另一个成员国,后者有义务不干涉将这些库存转移到

7 国家经济主权原则、公平互利原则、国际合作以谋发展原则 | 校园石油公司等诉工业和能源部长案

其所代表的成员国。如果在共同体石油供应方面出现困难，规定成员国之间应进行协商，并协调它们应采取的措施。委员会有权在原油或石油产品的供应出现困难时，对共同体内部的贸易实行出口许可证制度。第77/186号决定的序言中表达了这一原则，即"根据团结和非歧视原则，石油和石油产品供应赤字的负担必须在各成员国之间公平分配"。也有规定允许或要求限制消费和优先向特定用户群体供应石油产品。

这些安排对确保在共同体的基础上处理共同体内的石油短缺问题有很大帮助。如果这些安排为成员国在紧急情况下的可能需求提供了足够的保障，那么我认为根据条约第36条，可能没有理由采取进一步的措施（见第35/76号西门塔尔诉财政部案和第5/77号德国人案）。如果爱尔兰没有维持这些库存的事实，除非是由于完全无法控制的原因，那么结论也是一样的，因为它显然应该这样做。

如果90天的库存被认为是不够的，而且这些安排不被接受为适当的保证，那么必须问为什么不能持有更大的库存以确保足够的储备。

此外，爱尔兰还参加了根据经济合作与发展组织理事会的决定成立的国际能源机构。该机构制定的国际能源计划规定了为确保供应充足而采取的措施，以及在一个参与国维持或可合理预期维持石油供应减少时采取的紧急措施。

第三，除非这些措施能够实现"公共安全"的目标，否则是不合理的。正如委员会所言，炼油厂的存在是否一定能实现这一目标，也是值得怀疑的。当原油短缺时就会出现危急情况。如果一个国家被切断了原油的供应，拥有一个炼油厂也无济于事。在原油充足的时候，共同体的炼油能力无论如何都是过剩的，因此成员国完全可以获得精炼石油。因此，即使为了维持炼油厂必要的运转，必须防止贸易商从白门以外的来源购买高达35%的供应量，但这并不意味着在紧急情况下白门炼油厂能够供应；事实上，当进口量减少时，精炼石油供应商可能无法或不愿提供帮助。

还有一个问题是，是否有必要强迫贸易商从爱尔兰国家石油公司购买。政府提出了一些理由，这些理由必须得到调查，特别是石油公司是否会不买，除非被迫这样做，或者在任何情况下，不仅是大公司，还有小公司都会自愿

购买白门炼油厂产量的相应比例。

第四，所采取的措施必须与所追求的目标相称。这就要求，除其他外，对35%这一数字进行审查。从表面上看，这并不是一个夸张的百分比，但有一个问题需要调查。在1982年7月13日关于该法案的辩论中，部长说，35%的上限与炼油厂的最低运营水平基本吻合，占爱尔兰市场的35%左右，"在经济不景气时，将尽量减少对整体经济和石油公司的负担"。另一方面，据说"这种限制是可取的，因为它表明了在严重紧急情况下国家的最低战略需求"。鉴于共同体有义务维持库存，在我看来，实际上很难证明为了维持国家的最低战略要求而限制贸易是合理的。在听证会上，律师明确表示，正如部长所表明的那样，真正需要的是出售相当于炼油厂最低有效作业能力的数量。它必须保持运转，以便在紧急情况下可以增加产量。然而，很明显，随着需求的下降，产量和最低运营能力都有所下降，尽管35%的比例仍然存在。为使该厂保持正常运转，最低需要多少数量的产品？

考虑到例如杜法尔案的情况，需要特别注意收取的价格问题。我认为，根据迄今为止提出的论点，很难看出这个基于爱尔兰国家石油公司成本和费用的价格是合理的，但这要由国家法院在条约第92条规定的背景下进行调查，如果适用的话，这些规定可能会使产品以有竞争力的价格出售，从而鼓励贸易商从白门炼油厂购买，同样不仅仅是大公司，还有小公司。此外，还需要询问的是，即使这种限制在实行时是合理的，但在质量明显提高、成本和价格降低，以及可能已做出其他供应安排的情况下，这种限制是否仍然是合理的。

此外，在我看来，这种限制只有在保护基本服务和供应的石油和石油需求的情况下才是合理的。最后，必须要问的是，这些措施是否构成任意歧视的手段或对成员国之间贸易的变相限制。正如已经明确的那样，所有这些问题都要由国家法院来决定。然而，只有当这些标准得到满足时，这种对进口的限制才能基于"公共安全"或"公共政策"而被证明是合理的。如果采用不那么严格的标准，"公共政策"和"公共安全"就很容易成为被用来削弱成员国之间共同市场的基本概念。正如伯勒法官在理查德森诉梅利什案中所说，"公共政策是一匹非常不守规矩的马，一旦你骑上它，你永远不知道它会把你带到哪里。""公共安全"的范围可能同样需要谨慎地关注。

由于这些原因,我认为应该按照以下思路来回答上述问题:

(1)条约第 30 条禁止国家立法要求成员国的石油产品进口商从国有炼油厂购买不超过其需求量的 35% 的石油产品。

(2)根据第 36 条,这种立法将以"公共安全"为理由,从而不被第 30 条所排除,如果它是必要的,而不是出于经济原因,以维持基本服务和供应。如果必要的石油供应可以通过其他对进口限制较少的手段来确保,如保持库存,则没有必要为此目的而立法。诉讼各方的参考费用应在这些程序中处理。不应就委员会和英国政府的费用作出命令。

案情简介

工业和能源部长 1982 年颁布《燃料供应管制令》以维持白门炼油厂的运转。校园石油公司等在爱尔兰市场供应 14% 的汽油。根据 1971 年法和 1982 年法第 3 条,1982 年和 1983 年的命令要求所有向爱尔兰进口特定石油的人从爱尔兰国家石油公司购买一定比例的石油。爱尔兰国家石油公司是一家国有公司,在爱尔兰经营着唯一的炼油厂。在一个特定的季度必须购买的数量不能超过一个人对所有类型石油总需求的 35% 和特定类型石油总需求的 40%。为了保证炼油厂的供应,爱尔兰政府通过爱尔兰国家石油公司采取行动,收购了炼油厂的所有股份。校园石油公司等起诉工业和能源部长,宣称 1982 年《燃料供应管制令》不符合《欧洲经济共同体条约》第 30 条和第 31 条,因此无效。校园石油公司等申请临时禁制令,在有关诉讼程序结束前,限制工业和能源部长执行 1982 年《燃料供应管制令》。

争议焦点

《欧洲经济共同体条约》第 30 条是否意味着 1982 年《燃料供应管制令》规定的规则构成相当于进口数量限制的措施?——是

《欧洲经济共同体条约》第 30 条和第 31 条是否适用于 1982 年《燃料供应管制令》建立的制度,该制度要求欧洲经济共同体成员国爱尔兰的石油产品进口商从国有炼油厂购买其所需石油产品的 35%?——是

是否有必要强迫贸易商从爱尔兰国家石油公司购买？——是

根据"公共政策"或"公共安全"，1982 年《燃料供应管制令》规定和适用的制度事实上是否有正当理由？——是

法律规范

1. 国家法院 参考第 177 条 自由裁量权

《欧洲经济共同体条约》第 177 条规定基于不同职能，各国法院与欧洲法院密切合作，由各国法院决定在本国诉讼程序的哪个阶段将问题提交欧洲法院进行初步裁决合适。只有国家法院直接了解案件的事实和当事人的论点，经过国家法院评估，以便确定所要求的解释应置于何种法律背景下。

2. 进口 数量限制

《欧洲经济共同体条约》第 30 条禁止与进口数量限制具有同等效力的一切措施，包括能够直接或间接、实际或潜在地阻碍共同体内部贸易的任何措施。

3. 进口 国家间贸易

一成员国的所有进口商都有义务从成员国供应商处购买一定比例的特定产品（如精炼油），这在一定程度上限制了进口商从其他成员国进口相同产品的可能性。因此，无论本国生产中使用的原材料（如原油）是否必须进口，具有有利于本国生产者、不利于其他成员国生产者的保护作用。

4. 进口 数量限制 国家利益

《欧洲经济共同体条约》将自由流动的原则适用于所有货物，但排除条约明确规定的例外情况。因此，不能仅仅因为货物对一个成员国的经济生活具有特别重要的意义，就认为货物不适用这一基本原则，即使成员国的目的是保护能源供应（石油）也不行。

5. 进口 数量限制 公共企业

《欧洲经济共同体条约》第 90（1）条规定，对公共企业和各成员国授予特殊或排他性权利的企业，成员国不得制定或维持任何违反条约规则的措施。第 90（2）条旨在更准确地界定，受托经营具有一般经济利益的服务的企业应受条约规则的约束。成员国将经营具有一般经济利益的服务委托给国内某

企业，成员国为保护该企业禁止采取不利于该企业的活动，成员国采取违反《欧洲经济共同体条约》第 30 条的措施限制从其他成员国进口，成员国不能豁免。

6. 进口 数量限制 豁免

如果措施对《欧洲经济共同体条约》第 36 条所保护的利益有必要，那求助于第 36 条就不合理。

7. 进口 国家利益 能源供应 共同体措施

共同体的现行规则为几乎完全依赖其他国家石油产品供应的成员国提供了一定的保证，即当成员国市场的石油产品供应严重不足时，维持成员国的石油产品供应将与供应国市场相匹配。并没有无条件地保证在任何情况下供应都能维持在足以满足最低需求的水平。

8. 进口 数量限制 豁免

《欧洲经济共同体条约》第 36 条的目的不是将某些事项保留给成员国的专属管辖权，只是允许国内法在实现第 36 条合理的范围内，减损货物自由流动的原则。

9. 进口 数量限制 "公共安全" 能源供应

石油产品，由于其在现代经济中作为一种能源的特殊重要性，对一个国家的生存具有根本性的意义，因为不仅国家的经济，而且国家的机构、基本公共服务、居民的生存也都依赖于石油产品。因此，石油产品供应的中断，会对国家的生存造成危险，可能严重影响《欧洲经济共同体条约》第 36 条的允许各国保护的公共安全。任何时候确保石油产品的最低供应的目标，应被视为超越纯粹的经济考虑（第 36 条不包括纯粹的经济考虑），从而能够构成"公共安全"概念所涵盖的目标。

10. 进口 "公共安全" 精髓和实质

只要与公共安全需要相适应的客观情况让国家规则合理化，那事实上可能利用国家规则实现除公共安全目标外的其他经济目标不一定排除适用《欧洲经济共同体条约》第 36 条。

11. 进口 数量限制 豁免

《欧洲经济共同体条约》第 36 条作为基本原则的一项例外，在解释时必须保证，第36条的范围的扩大不超过旨在保护利益的需要，根据第36条采取措施对进口造成的障碍不得与目标不成比例。因此，只有符合该条所保护的利益，对共同体内部贸易的限制不超过绝对必要，第36条所采取的措施才是合理的。

12. 进口"公共安全"能源供应

如果该炼油厂的产品无法在相关市场上以有竞争力的价格自由处置，几乎完全依赖进口供应石油产品的成员国可以根据《欧洲经济共同体条约》第36条规定的"公共安全"为由，要求进口商从其境内的炼油厂按一定的价格购买一定比例的石油产品来满足其需求，价格由有关部长根据炼油厂的运营成本确定。这种制度所涵盖的石油产品数量不得超过最低供应要求。最低供应要求是指没有如此数量的石油产品，国家的公共安全将受到影响，最低供应要求不得超过保持炼油厂处于危机时必要的生产能力水平，使炼油厂能够在任何时候为国家签订的长期合同提供原油。法院解释《欧洲经济共同体条约》第30条和第36条的背景是，爱尔兰法律要求进入爱尔兰的石油产品进口商以爱尔兰政府确定的价格从爱尔兰国有炼油厂购买其总需求的35%，这种情况属于第30条的范畴，没有压倒性的国家利益的理由能挽救爱尔兰法。世界石油短缺时，为确保能源供应的欧洲经济共同体措施也不能提供完全的安全。鉴于国家的存在有必要保障石油供应，有理由诉诸第36条中的"公共安全"豁免。鉴于对原油（通过长期合同解决）和精炼油（通过维持国家炼油厂以避免完全依赖跨国石油公司的商业供应解决）供应的潜在危险，根据该豁免，爱尔兰的措施原则上是合理的，但应由爱尔兰法院来确定爱尔兰的措施是否没有超出实现目标的必要性。

双方辩词

原告：校园石油公司和其他五家在爱尔兰从事精炼石油产品贸易的公司起诉爱尔兰工业和能源部长、总检察长和爱尔兰国家石油公司，要求宣布1982年《燃料供应管制令》不符合《欧洲经济共同体条约》第30和31条，因此无效。

被告：（政府）《燃料供应管制令》第3条授权部长对燃料的获取、供应、分配或销售进行管理或控制，对进口或出口进行控制、管理、限制或禁止。政府根据《燃料供应管制令》第2条发布命令，宣布公共利益要求部长代表国家对燃料进行控制。

原告：（协会）原告代表爱尔兰石油协会的成员保护爱尔兰所有石油产品贸易商的利益，这些贸易商完全或主要在爱尔兰市场上进行交易。我们占据爱尔兰大约14%的汽油市场和比例稍高的其他石油产品，爱尔兰市场的其余部分几乎完全由跨国集团的公司占据。

被告：原告是相对较小的公司。

原告：（主要目标）对于确保爱尔兰市场的供应，1982年的命令是不充分和无效的、是不成比例的，因为它要求所有进口商以当局规定的价格从国内炼油厂购买一定比例的需求。35%这个数字是任意的，对国内产品的保护超过对进口产品的保护。购买义务必须小于国家最低供应要求，货物应自由流动。

（其他措施）有一些限制性较小的手段可以实现同样的目标。比如，经济合作与发展组织设立的国际能源机构，在石油短缺时，参与国将团结一致。

被告：（目标，持续，平等，内部贸易）购买义务是为了确保白门炼油厂能够处置其产品。白门炼油厂的产品不能以有竞争力的价格自由处置、无法确保炼油厂不亏本经营，购买义务是保持白门炼油厂运营的唯一可能方式。

（持续）第2条规定的命令的期限是6个月，但是，根据1982年法，可以是12个月，可通过延续令继续生效。一旦找到另一个解决方案，将改变临时安排。

原告：（同等效果）措施具有数量限制的同等效果，因为爱尔兰法令会阻碍共同体内部的贸易。石油和石油产品供应亏损的负担必须在成员国间公平分配。

被告：（同等）方案对所有公司是公平的，即根据1982年《燃料供应管制令》，对某一时期白门炼油厂产量占该类石油产品总需求量的比例而言，每个进口商最多只需购买其石油产品总需求量的35%、每类石油产品需求量的40%。

原告：为保护某种活动，成员国采取了禁止的措施，第90（2）条没有免除成员国的责任。

被告：第 90（1）条规定，对成员国给予特别或专属权利的公共事业、事业，成员国不得制定或支持任何违反本条约的措施。

原告：（安全）这只是出于经济原因施加的经济性质的限制，没有别的原因。爱尔兰政府未能证明白门炼油厂以外的产品对公共安全构成任何威胁。

（解决方案）真正的解决方案是通过长期合同持有足够的原油供应库存，这些原油完全可以在共同市场的其他地方精炼。

（石油短缺）造成危机的原因是原油短缺，购买义务无法避免燃料供应短缺的威胁。如果一个国家切断原油供应，拥有一个炼油厂也无济于事。

（充足的石油）当有充足的原油时，精炼石油也会过量。

被告：（公共政策）以固定价格购买以支付爱尔兰国家石油公司成本的义务是基于公共政策或公共安全的理由，这完全是国家政府的事情，它没有经济性质。公共政策涉及国家的根本利益，公共安全使国家的生活能够安全有效运作，维持基本的石油供应对现代国家生活的稳定和凝聚力、居民的生存至关重要，石油产品供应的中断将威胁到国家生存。

原告：（平衡）我们应在促进货物的自由流动和保护国家的合法和基本利益之间取得平衡。

（不愿意）在其进口量减少时，精炼石油的供应商可能没有能力或不愿意提供帮助。1981 年爱尔兰市场 80% 的供应都依赖于主要的国际石油公司，它们不准备从白门炼油厂购买任何石油产品，因为它们更愿意从它们在英国的炼油厂购买产品。

被告：（石油）维持石油供应安全的义务至关重要，我们需要保持国家炼油能力，维持命脉高于所有普通经济因素，《燃料供应管制令》是一个例外。爱尔兰在原油严重短缺或战争危机时处于弱势地位，因为它是不结盟国家、不是北约成员，它没有国内原油，在很大程度上它依赖英国和英国主要石油公司的商业政策。除非拯救了白门炼油厂，否则爱尔兰很难维持石油库存。国家炼油厂保证避免成品油交付中断的风险，白门炼油厂是爱尔兰唯一的炼油厂。国家有保护石油供应的合法利益，因为爱尔兰没有石油的替代品。而且，在爱尔兰领土上有炼油能力使爱尔兰能与产油国签订长期合同，让产油国向爱尔兰的炼油厂供应原油。

（有必要）必须接受因各国产品销售法律的差异而造成的共同体内部的流动障碍，因为这些规定对于有效的财政监督、保护公众健康、商业交易公平性和尊重消费者是必要的。

原告：（数量上）经济利益不得变相限制贸易，国家规则对进口的数量限制具有同等效力。

（数量限制，没有经济理由）条约第36条的目的不是保留某些事项成为成员国的专属管辖，它只是为实现36条的目标、确立允许国家通过立法而减损货物自由流动的原则。这些减损不能成为经济类限制的理由，购买义务本质上是出于保护经济利益。

（流动）所有货物都应自由流动，例外仅存在于条约中的明确规定。不能仅仅因为货物对一个成员国的生活或经济有特别重要的意义，就认为货物不受这一基本原则的约束。

被告：（优先权35%）35%的上限与炼油厂的最低运营水平基本吻合，它将减少总体经济和石油公司的负担，上限表明了国家在严重紧急情况下的最低战略需求。

（价格）有条款允许限制对燃料的消费和优先向特定用户群体供应石油产品。

原告：即使价格高于当前的自由市场价格，石油交易商必须支付固定的价格。

被告：（价格）石油的价格考虑到了爱尔兰国家石油公司在收购原油、运输、储存、加工和炼油厂运营的成本和费用，包括在销售石油产品时因汇率变动而产生的收益或损失，增加的成本可以通过提高销售价格来追回。确定销售价格对于避免财务损失是必要的。条约第92条可以使产品以有竞争力的价格出售，鼓励贸易商从白门炼油厂购买。

▶ 判决结果

《欧洲经济共同体条约》第30条应解释为，要求所有进口商从位于本国境内的炼油厂购买一定比例的石油产品需求的国家规则，构成了与进口数量

案例疏议：国际民商法与国际经济法

限制具有同等效果的措施。

完全或几乎完全依赖进口供应石油产品的成员国可依据条约第 36 条的公共安全理由，要求进口商从成员国境内的炼油厂购买一定比例的产品来满足成员国需求。如果炼油厂的产品不能在市场上以富有竞争性的价格自由处置，价格由有关部长根据该炼油厂的运营成本确定。石油产品的数量不得超过①最低供应要求，否则国家的公共安全将受到影响，②在发生危机时，甚至任何时候，能继续为国家已签订的长期供应合同提炼原油。

▶ 思考延伸

苏格拉底被誉为西方哲学的奠基人之一。有一次，苏格拉底和他的学生们在一起，苏格拉底说："请穿过这片稻田，把最大最好的麦穗捡回来，但请记住，你不能回去，只有一次机会。"学生们照做。但过了很长一段时间，学生们什么也没得到。苏格拉底问为什么？柏拉图回答说："有一次，我在田野里走过，看见一些又大又好的小麦，但我总在想，也许还会有更大更好的小麦，就没捡。但后来看到的并不比以前好，所以最后什么都没有。"

1. 学习的过程如同捡麦穗，你想从国际经济法中学到什么？

原则、惯例习俗、诉讼与仲裁、多边与双边条约、政府-私人合同、欧盟法、美国法、世界贸易组织、贸易待遇、贸易壁垒、税收、国家安全、国际关系、投资、国际货物运输、提单、信用证、知识产权，等等。

2. 为什么学习国际经济法？

有助于拓宽国际视野，提高处理国际经济法律事务的能力，维护国家主权和利益，促进国际经济合作。

3. 如何学习国际经济法？

上课前阅读判例，认真标注，做好笔记。认真参与提问，检验自己对问题的理解程度，清晰表达观点，阐述理由，认真聆听。课后温习。

提升用英语阅读判例法的能力。俄罗斯的法庭要用到俄语，德国的法庭要用到德语，英语为不同语言背景的人解决法律争议提供了媒介。提升用英语进行法律问题沟通的能力，口头表达比文书写作更直接。能在比较英文判例法的过程中，找出区别和联系。

花费时间掌握判例法。判例法就像扳手,是帮助我们解读判例法法律问题的工具。判例法的心脏是 IRAC,I 代表 Issue(争议焦点),R 代表 Rules(法律规范),A 代表 Argument(辩论理由),C 代表 Conclusion(结论)。面对争议焦点,通常原告和被告分别会肯定和否定。面对法律规范,原被告可能对法律规范是否适用、如何适用存在争议。法院作出的判决,会成为新的法律规范。作出的判决,可能肯定旧的判决、可能否定旧的判决。辩论理由是判例的核心,它体现了应如何解读、适用规则。结论通常简短,代表法院最终站在哪边,赞同哪一方的辩论理由。阅读判例不容易,但请小心谨慎,认真对待。面包虽大但要一片一片切开,阅读判例也是一样。

从实际出发,注意国际经济法与国际经济关系之间的联系,国际经济法与社会学、国际关系、政治学、经济学等其他学科的联系,比较法律的异同和功能。

运用多种方式学习,例如,网络、书籍、论文、课堂、研讨会、电视。

4. 根据以下两个法律文件的规定,德国政府和外国进口商分别会提出什么辩论理由?

《德国烈酒专卖法》规定,外国利口酒不得以利口酒的名称在德国市场销售。外国利口酒进口数量下降。外国利口酒酒精含量低,低酒精含量的酒比高酒精含量的酒更容易引诱消费者养成饮酒习惯。德国利口酒只有小麦、啤酒花、水等天然原料,外国利口酒含非天然原料。

《欧洲经济共同体条约》规定,内国政府为了保护公共健康所制定法律,想要达到的目的必须和采取的措施比例适当。共同体市场内部货物自由流通,内国不能对进口产品进行数量限制。

外国进口商:《德国烈酒专卖法》违反了《欧洲经济共同体条约》的规定,损害了共同体市场内部的货物自由流通,减少了外国利口酒在德国市场上的销售机会,具有数量限制的同等效果。《德国烈酒专卖法》不能有效保护公共健康。德国高酒精含量的酒仍在销售,未受到限制。酒精含量低不是引诱消费者养成饮酒习惯的唯一诱因。外国利口酒中的非天然原料不一定有害。可以采用标注成分的措施,提醒消费者。

德国政府:《德国烈酒专卖法》是根据《欧洲经济共同体条约》为保护

公共健康服务制定的,《德国烈酒专卖法》主要是为了避免低酒精含量的酒类在德国市场上泛滥成灾,因为低酒精含量的酒类比高酒精含量的酒更容易引诱消费者养成饮酒习惯。德国消费者认为只有小麦、啤酒花、水等天然原料制成的啤酒才能以啤酒的名称在市场上销售,如果啤酒内含其他原料而以啤酒的名称销售,则欺骗了消费者。改名能有效让外国利口酒和传统利口酒作区分,让消费者不会选错、不误导消费者。

欧洲法院:保护公共健康不足为理由,因为除了这种低酒精含量的利口酒外,还有许许多多因素同样可以诱使消费者养成饮酒习惯。《德国烈酒专卖法》既不是为了达到传统法理意义上的消费者利益保护目的,也不是为了《欧洲经济共同体条约》意义上的保护人类健康的目的。一成员国的内国法律不能为达到满足本国产业的利益而巩固现有的本国消费习惯服务。为了提供足够的消费信息,可以使用较为温和的手段,如在酒的标签上写明酒的成分等就足够了。

保证消费者健康的目的和措施不合比例,使用其他非天然原料本身必须依法获得许可,而被许可使用的非天然原料并不对人体健康有害。如果德国政府认为含有非天然原料的啤酒必然对人体健康有害,则必须提供证据,但德国政府无法提供这一证据。德国的其他饮料中,也含有同样的非天然原料。

8 海上货物运输法和责任限制 | 诺福克诉科百案[1]

> **原文赏析**

这是一起关于火车失事的海事案件。从澳大利亚运来的一批机器要运往阿拉巴马州的亨茨维尔市。洲际之旅平安无事,这台机器安然抵达了美国。但是,运载机器的火车在内陆的最后一段脱轨,造成了巨大破坏。机器的所有人起诉了铁路公司。铁路公司在上游运输公司为机器运输所协商的合同中,寻求两个责任限制的免责。

一

这个争议是由两份从澳大利亚运输货物到阿拉巴马州的提单(本质上是合同)引起的。提单记录了承运人从希望运输货物的一方收到货物,说明了运输的条款,并作为运输合同的证据。[2]被告詹姆斯·科百股份有限公司是一家澳大利亚制造业公司。科百公司向位于阿拉巴马州亨茨维尔市外的通用汽车厂出售了10个集装箱的机械设备。它雇用了澳大利亚一家货运代理公司——国际货物管制,安排"直通"(即端到端)运输方式交付。货运代理公司安排、协调和促进货物运输,但本身并不运输货物。为了正式确定他们的运输合同,国际货物管制向科百签发了一份提单。该单据指定澳大利亚悉尼为装

---

[1] Norfolk Southern Railway Co. v. Kirby, 543 U. S. 14 (2004).

[2] 2 T. Schoenbaum, *Admiralty and Maritime Law*, 58-60 (3d ed. 2001) (hereinafter Schoenbaum); Carriage of Goods by Sea Act (COGSA), 46 U. S. C. App. § 1303.

货港，佐治亚州萨凡纳为卸货港，亨茨维尔为最终交货地。

在协商提单时，科百有机会主张机器的全部价值，并让国际货物管制对该价值承担责任。[1]承运人必须为托运人提供一个公平的机会来申报价值。相反，正如行业中常见的那样，[2]科百接受了国际货物管制低于机器真实价值的合同责任限制。据推测，这将导致运费的降低。国际货物管制的提单为从悉尼到亨茨维尔的运输旅程设定了各种责任限制。对于海上行程，国际货物管制提单援引了《海上货物运输法》中规定的默认责任规则。其中的"包裹限制"规定："在任何情况下，承运人或船舶都不应对每包货物超过500美元的货物运输任何损失或损害或与之相关的损失或损害负责。除非托运人在装运前已声明此类货物的性质和价值，并在提单中注明。"[3]

对于陆上运输，反过来，该法将承运人的责任限制在更高的数额。因此为了使预期参与合同执行的其他下游各方能够从责任限制中受益，该法还包含一个所谓的"喜马拉雅条款"。它规定："这些责任限制条件适用于与履行本提单所证明的合同有关的、针对为履行合同而使用其服务的任何雇员、代理人或其他人员（包括任何独立承包商）的索赔。"[4]

同时，科百与本案的共同被告澳大利亚安联保险有限公司为货物的真实价值单独投保。

受雇于科百后，由于其本身并不实际运输货物，国际货物管制随后雇用了一家德国海运公司——汉堡萨德南美轮船公司来运输这些集装箱。为了正式确定他们的运输合同，汉堡萨德公司向国际货物管制签发了自己的提单（汉堡萨德公司的提单）。该提单指定悉尼为装货港，萨凡纳为卸货港，亨茨维尔为最终交货地。它采用了《海上货物运输法》的默认规则，将提单指定的承运人汉堡萨德的责任限制在每件500美元。[5]它还包含一个条款，将这一责任限制扩大到"阻截"之外——也就是说，在陆地和海上的潜在损害等同。最后，它也包含一个"喜马拉雅条款"，将其责任限制的利益扩展到"所

---

[1] New York, N. H. & H. R. Co. v. Nothnagle, 346 U. S. 128, 135 (1953).
[2] Sturley, Carriage of Goods by Sea, 31 J. Mar. L. & Com. 241, 244 (2000).
[3] 46 U. S. C. App. §1304 (5).
[4] App. to Pet. for Cert. 59a, cl. 10. 1.
[5] 46 U. S. C. App. §1304 (5).

有代理人包括内陆承运人和所有的独立承包商"。[1]

汉堡萨德船务集团通过其子公司雇用上诉人诺福克南方铁路公司将机器从萨凡纳港口运到亨茨维尔。诺福克公司运送机器的列车在途中出轨，造成了据称150万美元的损失。科百的保险公司赔偿了科百的损失。随后，科百及其保险公司在美国佐治亚州北部地区法院起诉了诺福克，主张多元化管辖权，并提出侵权和合同索赔。诺福克在其回答中辩称，除其他事项外，科百的潜在赔偿不能超过机器运输提单中所载的责任限制的金额。

地区法院批准了诺福克的部分简易判决动议，认为该公司的责任仅限于每个集装箱500美元。在诺福克和科百的联合动议下，地区法院根据《美国法典》第2篇第1292（b）条认证其决定，进行中间审查。

第十一巡回法院的一个分歧小组推翻了这一观点。它认为诺福克不能根据第一份合同，即国际货物管制提单中的"喜马拉雅条款"要求保护。它解释了该条款的语言，是为了排除像诺福克这样在国际货物管制发布法案时与国际货物管制没有关系的当事方。[2]大多数人还提出，"需要有特殊程度的语言特异性，才能将'喜马拉雅条款'的利益扩展到内陆承运人。"[3]至于汉堡萨德的提单，法院认为，"只有当国际货物管制在收到汉堡萨德的提单时作为科百的代理人行事，科百才能受该账单的责任限制的约束。"[4]而且，应用基本的代理法原则，上诉法院得出结论，国际货物管制在收到提单时没有作为科百的代理人行事。基于其认为诺福克无权从两份提单中的责任限制中获益，第十一巡回法院推翻了地区法院对该铁路公司的简易判决。我们批准了诉讼请求，以决定诺福克是否可以从任何一张提单的责任限制中获得庇护，[5]现在又推翻了。

二

下面的法院似乎是根据双方共同的假设来决定本案的，即是由联邦法律

---

[1] App. 63, cl. 5（b）.
[2] 300 F. 3d 1300, 1308-1309（2002）.
[3] Id., at 1310.
[4] Id., at 1315.
[5] 540 U. S. 1099, 124（2004）.

而不是由州法律管辖这两份提单的解释。被告现在反对。他们强调,从根本上说,这是一个涉及侵权和合同索赔的多元化案件,是由萨凡纳和亨茨维尔之间的某处铁路事故引起的。然而,我们认为,借用哈伦法官的话说,"这里呈现的情况比那里更值得品味。"[1]当一个合同是一个海事合同,而争议本身不是地方性的,联邦法律控制合同的解释。[2]

我们为海事合同的解释制定裁决法的权力源于《宪法》对联邦法院海事管辖权的授予。[3]规定联邦司法权应扩展到"所有海事和海事管辖权的案件"。[4](授予联邦地区法院对"任何海事或海事管辖权的民事案件"的原始管辖权;[5]) 这起诉讼是根据多样性管辖提起的,但根据所涉及的海事合同,它也可以在海事管辖权下得到支持。[6]("实质性的权利,无论一个案件在地区法院的案卷上被标为'法律方面'还是'海事方面',都不会有不同的决定"。)事实上,为了使联邦普通法在这些情况下适用,该诉讼也必须在海事管辖权下可持续。[7]由于海事管辖权的授予和制定海事法的权力是相互依存的,在我们的案件中,这两者往往是交织在一起的。

运用科西克的两步分析法,我们发现联邦法律适用于这个合同纠纷。我们的案例并没有在海事和非海事合同之间划出明确的界限。我们已经认识到,"相对于侵权行为或犯罪而言,对合同的海事管辖权的界限是概念性的,而不是空间性的,因此一直都很难划定。"[8]为了确定一项合同是否属于海事合同,我们不能像在推定的海事侵权案件中那样,查看船舶或其他船只是否涉及争议。[9]("美国的海事管辖权应扩展到包括所有由船舶在可航行水域造成的损害或伤害的案件,尽管这种损害或伤害是在陆地上完成的"。[10]) 我们

---

[1] Kossick v. United Fruit Co., 365 U.S. 731, 742 (1961).

[2] Id., at 735.

[3] Art. III, §2, cl. 1.

[4] 28 U.S.C. §1333 (1).

[5] R. Fallon, D. Meltzer & D. Shapiro, *Hart and Wechsler's the Federal Courts and the Federal System*, 733-738 (5th ed. 2003).

[6] Pope & Talbot, Inc. v. Hawn, 346 U.S. 406, 411 (1953).

[7] Stewart Organization, Inc. v. Ricoh Corp., 487 U.S. 22, 28 (1988).

[8] Kossick, at 735.

[9] Admiralty Extension Act, 46 U.S.C. App. §740.

[10] R. Force & M. Norris, *The Law of Seamen*, §1:15 (5th ed. 2003).

也不能简单地看合同订立或履行的地点。相反，答案"取决于合同的性质和特点"，而真正的标准是它是否"涉及海事服务或海事交易"。[1]"现代海事判例法的趋势是将管辖权调查的重点放在交易的性质是否属于海事"。

国际货物管制和汉堡萨德的提单是海事合同，因为其主要目的是完成从澳大利亚到美国东海岸的海上货物运输。[2]"理想情况下，海事对合同的管辖权应该包括且仅包括那些主要与海上运输相关的事物。"可以肯定的是，这两份提单要求在陆地上进行一些履行；机器运输到亨茨维尔的最后一段旅程是通过铁路。但根据概念性而非空间性的方法，这一事实并不能改变合同本质上的海洋性质。

例如，在科西克案中，我们认为，船主承诺为其海员在纽约医院接受的任何不当治疗承担责任是一项海事合同。海员要求船主支付私人医生的治疗费用，但船主更倾向于便宜的公立医院，提出承担在那里治疗可能产生的任何并发症的费用。我们把他的承诺定性为船主在海商法中提供"维护和治疗"的义务的"附带利益"。[3]由于该承诺是为了促进"特殊的海事问题"，因此它被纳入了联邦海事法。[4]引起合同纠纷的不适当治疗的地点是在陆地上的医院，这一点并不重要。同样，诺福克从萨凡纳到亨茨维尔的铁路运输也是国际货物管制和汉堡萨德提单中承诺的洲际运输的"边缘"部分。

我们重申，"引起海事管辖权的基本利益是保护海上商业。"[5]概念性方法通过将我们的调查重点放在合同的主要目标是不是海上贸易上，从而维护了这一利益。虽然曾经很自然地认为只有体现在"解决方"（即从港口到港口）之间的商业义务的合同才具有海事目的，但现在海岸是人为划定界限的地方。海上商业随着运输的性质而发展，往往与一些陆地上的义务密不可分。国际运输业"显然已经进入了一个新的时代——多式联运的时代，门到门的运

---

[1] North Pacific S. S. Co. v. Hall Brothers Marine Railway & Shipbuilding Co., 249 U. S. 119, 125 (1919).

[2] G. Gilmore & C. Black, *Law of Admiralty*, 31 (2d ed. 1975).

[3] Kossick, at 736-737.

[4] Id., at 738.

[5] Exxon, at 608.

输是建立在有效利用所有可用的空中、水上和陆地运输方式的基础上的"。[1]原因是技术变革,现在货物可以被包装在标准化的集装箱中,货物可以很容易地从一种运输方式转移到另一种运输方式。[2]"集装箱化可以说是自蒸汽船取代双桅船以来海洋运输中最重要的创新"。[3]

合同反映了新的技术,因此"直通式"提单很受欢迎,货主可以在一次交易中签订跨洋运输和到内陆目的地的合同。[4]简单地说,用一份提单安排从悉尼到亨茨维尔的运输对科百来说是有利的,而不是单独谈判一份合同,并且自己找一条美国铁路来运输陆地部分。将陆路段纳入国际海运提单的这种有效选择的普及,不应该使海运提单成为非海事合同。

一些下级联邦法院在决定洲际航运的多式联运合同是否具有海事性质时,似乎采取了一种空间方法。他们认为,海事管辖权并不延伸到需要海上和非海上运输的合同,除非非海上运输只是附带的——而且长途陆路旅行不是附带的。例如,[5]"如果陆路运输涉及巨大和大量的距离,则根据提单进行的陆路运输不是海上运输的'附带'",跨越四个国家超过850英里的陆路运输不只是附带;[6]认为多式联运合同不是海运合同,因为它们要求"在本国和中东的内陆地点和港口之间进行大量运输",这不是海上运输的附带条件;[7]认为一份要求陆路运输长达1000英里的直通提单不是传统的海运合同,因为这种"广泛的陆路业务不能被视为只是海运业务的附带品"。作为初步的问题,在我们看来,将多式联运合同所要求的陆地运输描述为"附带"是不准确的;实际上,每一段旅程对完成合同的目的都是至关重要的。例如,在本案中,提单要求将货物送到亨茨维尔,萨凡纳港口是不行的。

此外,就这些下级法院的裁决形成了仅依赖于地理的海事合同识别规则

---

 [1] 1 Schoenbaum 589 (4th ed. 2004).

 [2] NLRB v. Longshoremen, 447 U. S. 490, 494 (1980).

 [3] G. Muller, *Intermodal Freight Transportation*, 15-24 (3d ed. 1995).

 [4] 1 Schoenbaum 595.

 [5] Hartford Fire Ins. Co. v. Orient Overseas Containers Lines (UK) Ltd., 230 F. 3d 549, 555-556 (C. A. 2 2000).

 [6] Sea-Land Serv., Inc. v. Danzig, 211 F. 3d 1373, 1378 (C. A. Fed. 2000).

 [7] Kuehne & Nagel (AG & Co.) v. Geosource, Inc., 874 F. 2d 283, 290 (C. A. 5 1989).

而言，它们不符合我们的先例所要求的概念性方法。[1]从概念上讲，只要提单要求大量的海上货物运输，其目的就是实现海上商业，因此它是一份海事合同。它作为海事合同的性质并不会因为它也提供了一些陆路运输而被削弱。因此，地理因素在概念调查中的作用是有限的。如果一张提单的海上部分是不重要的，那么该提单就不是一份海事合同。

在确定了国际货物管制和汉堡萨德的提单是海事合同后，我们必须在适用联邦法解释这些提单之前扫清第二个障碍。本案本身是否属于地方性案件？因为并不是"每一份海事合同中的每一个条款都只能由一些联邦定义的海事规则来控制"。[2]由于州政府对保险业的监管权力，对海事保险合同适用州法律。海事合同的解释可能会牵涉到当地的利益，从而导致州法律的解释。[3]被告没有阐明任何具体的澳大利亚或州的利益，尽管肯定会牵涉到一些利益。但是，如果在不违背联邦利益的情况下无法满足州利益，就像这里的情况一样，那么联邦实体法就应该管辖。[4]决定联邦法律是否适用的过程"肯定是一个调和的过程，在许多州和联邦关注的重叠领域完全熟悉，或者一个有点类似于两个主权国家在交易中主张不同利益的正常法律冲突情况的过程"[5]；"在美国境外签发的提单受一般海事法管辖，考虑相关法律选择规则"。

在这里，我们的试金石是对国际货物管制和汉堡萨德提单等海事合同的统一含义的关注。我们曾解释说，第3条对海事管辖权的授予"必须是指一个与全国共存并统一运作的法律体系。当然，其意图不可能是将海商法的规则和限制置于各州的处置和管理之下，因为这将破坏《宪法》在影响各州之间或与外国交往的所有商业性质的问题上所追求的统一性和一致性"。[6]"在一些情况下，我们认识到维护海事政策需要统一遵守联邦裁决规则"，[7]"当本法院发现和谐的系统受到破坏时，州法律必须屈服于统一的联邦海商法的

---

［1］　Kossick, at 735.

［2］　Wilburn Boat Co. v. Fireman's Fund Ins. Co., 348 U.S. 310, 313 (1955).

［3］　Kossick, at 735.

［4］　Id., at 739.

［5］　2 Schoenbaum 61.

［6］　American Dredging Co. v. Miller, 510 U.S. 443, 451 (1994).

［7］　Kossick, at 742.

需要，但这一限制仍然给各州留下了广阔的空间"。

对这样的案件适用州法律会破坏一般海商法的统一性。国际多式联运的单一提单中的同一责任限制往往同时适用于海上和陆地，汉堡萨德的提单就是如此。这种责任条款在世界各地经常被执行。[1]允许各方将《海上货物运输法》的默认责任限额扩大到"在装船之前和卸船之后"造成的损害。同样，单一的"喜马拉雅条款"可以涵盖下游的海运和陆运承运人，国际货物管制的提单也是如此。[2]如果有一个以上的法律体系管辖一个特定合同的含义，将不可避免地造成混乱和低效率。正如我们在科西克案中所说，当"一份海事合同很可能是在世界任何地方订立的"，它"应该由它所订立地方的一种法律来评判"。[3]在这里，这个法律是联邦法律。

在保护联邦海商法的统一性的同时，我们也加强了国会在《海上货物运输法》中建立的责任制度。根据其条款，《海上货物运输法》规范了"从货物装船到卸船"的货物运输的提单。[4]在这段时间内，《海上货物运输法》的"包裹限制"作为一个默认规则运作。[5]但《海上货物运输法》也提供了通过合同拓展其规则的选择。[6]"本章中的任何内容都不能阻止承运人或托运人签订任何协议、规定、条件来保留或免除承运人或船舶对货物在装船前和卸船后的保管、照料和处理方面的责任和义务。"在《海上货物运输法》允许的情况下，汉堡萨德在其提单中选择将默认规则扩大到由其负责机器的整个期间，包括内陆运输期间。如果汉堡萨德选择的责任限制不平等地适用于它所负责的所有行程，那么汉堡萨德就无法享受到默认规则的效率。而《海上货物运输法》的明显目的，即促进海上运输合同的有效签约，也将落空。

---

[1] 1 Schoenbaum 595; Wood, "Multimodal Transportation: An American Perspective on Carrier Liability and Bill of Lading Issues", 46 *Am. J. Comp. L.* 403, 407 (Supp. 1998); 46 U.S.C. App. §1307.

[2] Part III-A, infra.

[3] Kossick, at 741.

[4] 46 U.S.C. App. §1301 (e).

[5] 46 U.S.C. App. §1304 (5).

[6] 46 U.S.C. App. §1307.

三

（一）

　　谈到案情，我们从国际货物管制的提单开始，这是第一个有争议的合同。科百和国际货物管制签订了一份从悉尼到亨茨维尔的机器运输合同，并同意限制国际货物管制和其他参与运输机械的各方的责任。该法案的"喜马拉雅条款"规定："这些责任限制条件适用于与履行本提单所证明的合同有关的、针对为履行合同而使用其服务的任何雇员、代理人或其他人员（包括任何独立承包商）的索赔。"[1]

　　现在的问题是科百和国际货物管制的合同中的责任限制是否延伸到诺福克，后者是国际货物管制的分包商。各个巡回法院在回答这个问题时有分歧。例如，美国秋山公司诉韩进马赛案中提到受益于"喜马拉雅条款"不需要有合同关系，[2] 米金伯格诉波罗的海战舰公司案中提到需要有合同关系。[3]

　　这是一个简单的合同解释问题。它只取决于第十一巡回法院是否正确地应用了本法院在罗伯特·赫德公司诉克拉威尔机械公司案中的裁决，[4] 我们的结论是，它不需要。在赫德案中，货主和承运人之间的提单称，根据《海上货物运输法》，"承运人的责任，如果有的话，应以每包500美元为基础确定。"[5] 承运人随后雇用了一家装卸公司将货物装到船上，而装卸公司损坏了货物。法院认为，该装卸公司不是提单责任限制的受益人。因为它在《海上货物运输法》或其立法历史中没有发现任何证据表明国会有意将《海上货物运输法》的责任限制自动扩展到承运人的代理人，如装卸工人，因此法院着眼于提单本身的语言。它的理由是，限制"承运人的责任"的条款并不"表明缔约各方打算限制装卸工人或其他代理人的责任。如果这是缔约各方的目的，必须假定他们会以某种方式在合同中表达出来"。法院补充说，责任限制

---

〔1〕 App. to Pet. for Cert. 59a, cl. 10. 1.
〔2〕 Akiyama Corp. of America v. M. V. Hanjin Marseilles, 162 F. 3d 571, 574 (C. A. 9 1998).
〔3〕 Mikinberg v. Baltic S. S. Co., 988 F. 2d 327, 332 (C. A. 2 1993).
〔4〕 Robert C. Herd & Co. v. Krawill Machinery Corp., 359 U. S. 297 (1959).
〔5〕 Id., at 302.

必须"严格解释并限于预期受益人"。[1]

第十一巡回法院和被告一样,对赫德案的裁决大加赞赏。上诉法院从赫德案中得出一个狭义的解释原则,认为国际货物管制的"喜马拉雅条款"的语言过于模糊,不能明确包括。[2]此外,下级法院对赫德案的解释是要求承运人和根据"喜马拉雅条款"寻求庇护的一方之间有私交。[3]但是,赫德案中没有任何内容需要第十一巡回法院赋予它语言上的特殊性或私权规则。该决定只是说,海上货物运输合同必须像其他合同一样被解释,根据其条款并与当事人的意图相一致。如果有的话,赫德案代表了这样的主张:"喜马拉雅条款"没有特殊的规则。

上诉法院的裁决不符合合同语言或当事人的意图。"喜马拉雅条款"的明确语言表明,其意图是将责任限制广泛扩展到服务有助于履行合同的"任何雇员、代理人或其他人员(包括任何独立承包商)"。[4]"自然地解释,'任何'一词具有广泛的含义,即'一个或一些不加区分的任何种类'。"[5]没有理由违背条款的明显含义。[6]"在法律、条约或合同的字句有明确和明显的含义时,所有与这种含义相抵触的解释都被排除在外。"广义的合同语言与履行合同时将涉及各种运输方式的事实相一致。科百和国际货物管制就机器从澳大利亚运输到阿拉巴马州的亨茨维尔签订了合同,而且,从空中看,亨茨维尔与卸货港有366英里的内陆距离。[7]因此,双方肯定已经预料到陆路承运人的服务对于合同的履行是必要的。在我们看来,像诺福克这样的铁路公司显然是国际货物管制提单中广义的"喜马拉雅条款"的预期受益者。因此,诺福克的责任受到该条款的限制。

(二)

汉堡萨德的提单所产生的问题更加困难。它要求我们为某些航运合同制

---

[1] Id., at 305.
[2] 300 F. 3d, at 1308.
[3] Id.
[4] App. to Pet. for Cert. 59a, cl. 10. 1.
[5] United States v. Gonzales, 520 U. S. 1, 5 (1997).
[6] Green v. Biddle, 8 Wheat. 1, 89–90 (1823).
[7] G. Fitzpatrick & M. Modlin, Direct-Line Distances 168 (1986).

定有效的默认规则，这项任务几个世纪以来一直是法院的挑战。例如，[1]国际货物管制和汉堡萨德同意其子公司将机器从悉尼运到亨茨维尔，并同意《海上货物运输法》对汉堡萨德、其代理人和其独立承包商的责任的"一揽子限制"。提出的第二个问题是，国际货物管制谈判达成的这一责任限制是否能阻止科百起诉诺福克（汉堡萨德的独立承包商）以获得更多赔偿。正如我们所解释的那样，国际货物管制提单中的责任限制，即第一份合同，对陆地事故的责任规定比本法案要高。因为如果诺福克也受到汉堡萨德提单的保护，诺福克的责任会更低，所以我们必须处理这第二个问题，以便给予诺福克所请求的全部救济。

为了解释汉堡萨德的提单，我们转向从关于共同运输的先例中得出的一条规则：当中间人与承运人签订运输货物的合同时，货主对承运人的追偿受到中间人和承运人约定的责任限制。中间人当然不会自动被授权在所有意义上成为货主的代理人，这将是不能成立的。但是，当涉及对过失导致损害的责任限制时，中间人可以与它所雇用的承运人谈判达成可靠和可执行的协议。

我们从大北方案[2]中关于共同运输的决定得出这一规则。在大北方案中，一位业主雇用了一家转运公司来安排她的货物运输。在没有得到货主明确授权的情况下，转运公司安排了铁路运输，其关税费率将铁路公司的责任限制在低于货物的真实价值。货物在途中丢失，货主起诉了铁路公司。法院认为，铁路公司必须能够依靠其与转运公司的关税协议中的责任限制。铁路公司"有权假定转运公司可以就运输条款达成一致"，不能指望铁路公司知道转运公司是否对另一方有任何未尽的、冲突的义务。[3]如果有必要，物主的补救措施是针对转运公司的。[4]

被告反对我们对大北方案的解读，并认为本法院应根据一般代理法原则制定联邦裁决规则。与第十一巡回法院一样，被告认为除非国际货物管制当时是作为科百的代理人行事，否则科百不能受国际货物管制与汉堡萨德协商

---

[1] Hadley v. Baxendale, 9 Exch. 341 (1854).

[2] Great Northern R. Co. v. O'Connor, 232 U.S. 508 (1914).

[3] Id., at 514.

[4] Id., at 515.

的提单的约束。其他上诉法院也将代理法适用于与本案相似的案件。例如，一个中间人在与下游承运人谈判提单时充当了货主的代理人。[1]

我们认为这里对代理法的依赖是不恰当的。不可否认的是，在科百和国际货物管制之间并不存在传统的代理迹象，即信托关系和委托人的有效控制，[2] 但这无关紧要。从大北方案得出的原则并不要求将国际货物管制视为传统意义上的科百的代理人。当国际货物管制与后续承运人签订责任限制合同时，它只要求将国际货物管制作为科百的代理人，用于单一的、有限的目的。在认为中间人使货主受其与下游承运人协商的责任限制的约束时，我们并没有侵犯传统的代理原则。我们只是确保下游责任限制合同的可靠性。在大北方案中，由于"委托中间人负责通过铁路运输的货物，并且没有出现相反的情况，承运人有权假设中间人可以就运输条款达成一致"。[3] 同样，在这里我们认为，受托运输货物的中间商只是"代理人"，因为他们有能力与下游承运人签订责任限制合同。

被告还争辩说，任何使科百受汉堡萨德提单责任限制约束的决定都将对国际航运业造成灾难性影响。该行业的各种参与者作为法庭之友参与了本案的审理，我们必须做一个最终判断。假装可以很容易地对该行业进行定性，或者可以很容易地辨别出有效的默认规则，那是空话。然而，在最后的权衡中，我们不同意被告的观点，理由有三。

首先，我们认为，有限的代理规则可以跟踪行业惯例。在洲际海运中，承运人可能不知道他们在与一个中间人打交道，而不是与一个货主打交道。即使明知是与一个中间人打交道，他们也可能不知道之前有多少其他的中间人，也不知道他们之间可能有什么义务未履行。如果第十一巡回法院的规则是法律，承运人将不得不在签订合同之前寻求更多的信息，以确保他们的合同责任限制能提供真正的保护。鉴于货物在多式联运过程中经常多次转手，这种信息收集的任务可能非常昂贵甚至不可能实现。[4]

---

[1] Kukje Hwajae Ins. Co. v. The M/V Hyundai Liberty, 294 F. 3d 1171, 1175–1177 (C. A. 9 2002).

[2] Restatement (Second) of Agency §1 (1957).

[3] Great Northern R. Co, at 514.

[4] 1 Schoenbaum 589.

其次，如果与货主协商的责任限制是可靠的，而与中间商协商的限制是不可靠的，承运人可能希望向后者收取更高的费率。促使下游承运人区分货主和中间托运人的规则可能会干扰促进共同运输中非歧视性的成文法和判决法。[1] 普通承运人不能"判断潜在托运人的所有权"（非歧视规则）。[2] 正如我们所间接表示的，它还会破坏《海上货物运输法》的责任制度。

最后，与大北方案一样，我们的决定产生了一个公平的结果。[3] 科百保留了起诉承运人国际货物管制的选择权，因为任何损失超过了他们同意的责任限制。而事实上，科百已经在澳大利亚法院起诉国际货物管制，要求赔偿诺福克脱轨事件造成的损失。似乎符合逻辑的是，国际货物管制作为唯一明确知道并参与本案争议的两份提单的一方，应该对提单中责任限制之间的任何差距承担责任。同时，诺福克享有汉堡萨德的责任限制。

四

我们认为，诺福克有权获得这两份提单中的责任限制的保护。在进行了这一分析后，我们认识到，我们的决定只是提供了一个法律背景，未来的提单将在此基础上进行谈判。当然，本法院的任务不是构建国际航运业。未来的各方仍然可以自由地使他们的合同适应这里的规则，只是现在有了关于他们的合同可能补偿的规则的更大可预测性。

美国第十一巡回法院的判决被推翻，该案被发回重审，以进行符合本意见的进一步诉讼。

特此命令。

案情简介

澳大利亚机器所有者科百雇用了澳大利亚货运代理公司国际货物管制，安排通过运输进行交货。国际货物管制和汉堡萨德同意由汉堡萨德子公司将机器从澳大利亚的悉尼运到美国阿拉巴马州的亨茨维尔，并同意适用《海上

---

[1] ICC v. Delaware, L. & W. R. Co., 220 U. S. 235, 251–256 (1911).

[2] Shipping Act, 46 U. S. C. App. § 1709.

[3] Great Northern R. Co, at 515.

货物运输法》。载有机器的火车在最后的内陆路段出轨,造成了大面积的损失,科百起诉铁路公司。

▶ 争议焦点

诺福克是否可以在这两个提单的责任限制中获得庇护?——是

合同的主要目标是不是海上贸易?——是

本案是否有固有的地方性?——是

科百和国际货物管制合同中的责任限制是否延伸到了作为国际货物管制分包商的诺福克?——是

▶ 法律规范

《海上货物运输法》[1]的"包裹限制"规定:在任何情况下,承运人或船舶对货物运输的任何损失或损坏,或与货物运输有关的损失或损坏,每包金额超过500美元的,均不承担责任。除非此类货物的性质和价值在装运前已由托运人声明并列入提单。[2]

对于陆运部分,该提单将承运人的责任限制在一个更高的数额,为了让其他有望参与合同执行的下游各方也能从责任限制中受益,该提单还包含了所谓"喜马拉雅条款"。提单规定:只要索赔是针对为履行合同而使用其服务的任何雇员、代理人或其他人员(包括任何独立承包商)提出的,这些责任限制条件均适用。[3]

如果合同属于海事合同,且争议本质上不是地方性的,则由联邦法律决定合同的解释。[4]

联邦司法权应扩大到所有海事和海事管辖案件。[5]授予联邦地区法院海

---

[1] 46 U.S.C. App. § 1303.
[2] 46 U.S.C. App. § 1304 (5).
[3] App. to Pet. for Cert. 59a, cl. 10.1.
[4] Kossick, at 735.
[5] 28 U.S.C. § 1333 (1).

事或海事管辖民事案件的原始管辖权；[1]诉讼在联邦法院根据多样性管辖提出，但由于涉及海事合同，案件也可由海军部管辖维持。[2]案件在案卷上被标记为法律方还是海军部方，对决定案件的实质权利没有区别。为了适用联邦普通法，依据海军部管辖权的诉讼必须可持续。[3]

为了确定一份合同是否属于海事合同，不能像在推定的海事侵权案件中那样，查看是否有一艘船或其他船卷入了纠纷。[4]美国的海事和海事管辖权应扩大到由航行在通航水域上的船舶造成的损害或伤害的所有案件，尽管这种损害或伤害是在陆地上发生或完成的；[5]也不能只看合同订立或履行的地点。答案取决于合同的性质，真正的标准是它是否涉及海事服务或海事交易。[6]现代海事判例法的趋势，就是将司法调查的重点放在交易的性质是否属于海事上。

在科西克案[7]中，最高法院承诺对其海员在纽约医院可能受到的任何不当治疗承担责任，这是一项海事合同。该海员要求船东支付私人医生治疗的费用，但船东更愿意去更便宜的公立医院，表示愿意为在那里治疗可能产生的任何并发症支付费用。最高法院把船东承诺描述为海商法中船东提供维护和治疗义务的附加福利。[8]因为船东的承诺是为了促进特殊的海事关注，[9]船东的承诺并入了联邦海商法。引起合同纠纷的不合适治疗地点在陆地上的医院，这无关紧要。

海事管辖权产生的根本利益是保护海上商业。[10]通过调查合同的主要目标是否为海上商业，从概念性的方法上维护了保护海上商业的利益。

---

[1] R. Fallon, D. Meltzer, & D. Shapiro, *Hart and Wechsler's The Federal Courts and the Federal System*, 733-738 (5th ed. 2003).

[2] Pope & Talbot, Inc. v. Hawn, 346 U. S. 406, 411 (1953).

[3] Stewart Organization, Inc. v. Ricoh Corp., 487 U. S. 22, 28 (1988).

[4] Admiralty Extension Act, 46 U. S. C. App. § 740.

[5] R. Force & M. Norris, *The Law of Seamen*, § 1: 15 (5th ed. 2003).

[6] North Pacific S. S. Co. v. Hall Brothers Marine Railway & Shipbuilding Co., 249 U. S. 119, 125 (1919).

[7] Kossick, at 736-737.

[8] Id.

[9] Id., at 738.

[10] Exxon, at 608.

一些下级联邦法院在决定洲际运输的多式联运合同是否属于海事性质时，似乎采取了空间方法。他们认为海事管辖权不适用于合同要求包含海上和非海上运输，除非非海上运输只是附带的、长途陆地旅行不只是附带。[1]如果陆地部分涉及很长的距离，提单项下的陆上运输对于海上运输来说不是附带的，跨越四个国家的超过850英里的陆上运输不是附带的；[2]多式联运合同不是海运合同，因为它们要求美国和中东内陆点和港口间的实质性运输，而这不是海上运输的附带条件；[3]要求1000英里的陆地运输的联运提单不是传统的海运合同，因为这种广泛的陆地作业不能被视为仅仅是海上作业的附带。

下级法院的判决，形成了一种仅由地理位置确定海事合同的规则，它们与最高法院的先例要求的概念方法不一致。[4]

海事合同中的每项条款并非只能由联邦政府规定的海军部规则控制。[5]

海事合同的解释可能涉及地方利益，因此需要州法的解释。[6]

考虑到相关的法律选择的规则，在美国以外签发的提单受一般海商法管辖。

试金石是对海事合同的统一含义的关注。

不可能有意将海商法的规则、界限置于几个州的处置和管理之下，因为这将破坏《宪法》针对各州交往或州与外国交往的所有商业问题所追求的统一性。[7]在若干情况下，维护海事政策需要统一遵守联邦作出的决策规则。[8]当一个和谐的体系受到侵犯时，州法律必须让步于统一的联邦海商法，但这一限制仍然给各州留下了广泛的适用范围。

允许各方将《海上货物运输法》的违约责任限额扩大到装船前和卸货后

---

[1] Hartford Fire Ins. Co. v. Orient Overseas Containers Lines (UK) Ltd., 230 F. 3d 549, 555-556 (C. A. 2 2000).

[2] Sea-Land Serv., Inc. v. Danzig, 211 F. 3d 1373, 1378 (C. A. Fed. 2000).

[3] Kuehne & Nagel (AG & Co.) v. Geosource, Inc., 874 F. 2d 283, 290 (C. A. 5 1989).

[4] Kossick, at 735.

[5] Wilburn Boat Co. v. Fireman's Fund Ins. Co., 348 U. S. 310, 313 (1955).

[6] Kossick, at 735.

[7] American Dredging Co. v. Miller, 510 U. S. 443, 451 (1994).

[8] The Lottawanna, 21 Wall. 558, 575, 22 L. Ed. 654 (1875).

所造成的损害。[1]如果某合同由多部法律管辖，将不可避免地导致混乱和效率低下。正如在科西克案中，一份海事合同可以在世界上任何地方被创造出来，都应由一部法律来评判。[2]在这里，是联邦法律。

为了保护联邦海商法的统一性，要强调国会在《海上货物运输法》中建立的责任制度。根据该法的规定，《海上货物运输法》管理的货物运输提单从货物装船之时起至卸货之时止。[3]在此期间，《海上货物运输法》的"包裹责任限制"是默认规则。[4]但《海上货物运输法》也提供选择通过合同延长"包裹责任限制"。[5]海上船舶装载货物前到卸货后，第1307条所载的任何内容均不得阻止承运人或托运人签订任何协议、规定、条件来保留或免除承运人或船舶对货物在装船前和卸船后的保管、照料和处理方面的责任和义务。

巡回法院产生了分歧。美国秋山公司诉韩进马赛案[6]中，为了从"喜马拉雅条款"中受益，不需要有合同关系。而米金伯格诉波罗的海战舰公司案[7]中，则需要有合同关系。

在赫德案[8]中，货主和承运人之间的提单上说，与《海上货物运输法》一致，如果承运人有责任，应以每包500美元为基础确定。随后，承运人雇用了一家装卸公司将货物装上船，该装卸公司将货物损坏。最高法院认为，装卸公司不是该提单责任限制的受益人。因为在《海上货物运输法》和立法历史中没有任何证据表明国会认为该法的责任限制自动扩展到承运人的代理人，如装卸工。最高法院关注提单本身的语言。最高法院的理由是，限制承运人的责任的条款并不表明缔约各方打算限制装卸工或其他代理人的责任。如果这是缔约双方的目的，那么必须假定他们会以某种方式在合同中表达出来。最高法院补充说，责任限制必须严格解释并仅限于预期受益人。

[1] 46 U. S. C. App. § 1307.
[2] Kossick, at 741.
[3] 46 U. S. C. App. § 1301（e）.
[4] 46 U. S. C. App. § 1304（5）.
[5] 46 U. S. C. App. § 1307.
[6] Akiyama Corp. of America v. M. V. Hanjin Marseilles, 162 F. 3d 571, 574（C. A. 9 1998）.
[7] Mikinberg v. Baltic S. S. Co. , 988 F. 2d 327, 332（C. A. 2 1993）.
[8] Robert C. Herd & Co. , 359 U. S. at 302.

当法律、条约或合同的词语具有简单而明显的含义时，所有与这种含义相抵触的解释都被排除。

在大北方案[1]中，法院认为，铁路必须能够依靠其与运输公司的关税协议中的责任限制条款。铁路公司有权假定运输公司同意装运条件；不能指望铁路公司能否知道转运公司对另一方有任何未偿的、相冲突的义务。如果有必要，货主的补救办法是起诉转运公司。[2]由于中介受委托通过铁路运输货物，而且没有出现相反的情况，因此承运人有权认为中介可以就运输条款达成协议。[3]

中介与下游承运人谈判提单时，中介担任货主的代理人。[4]

有限的代理规则需追踪行业惯例。在洲际海运中，承运商可能不知道他们是在与中介打交道，还是在与货主打交道。即使知道是在与中介打交道，承运商也可能不知道之前有多少其他中介，或者中介间可能有哪些未履行的义务。

双方辩词

原告：诺福克的火车在行驶途中脱轨，造成150万美元的损失。联邦法院有多样性管辖权，诉讼基于侵权和合同。

被告：（责任）诺福克可以在任一提单的责任限制中得到庇护。

原告：（州法院，地方利益）

被告：（多元性）这是一起多样性管辖案件，涉及萨凡纳和亨茨维尔之间铁路事故引起的侵权和合同索赔。

原告：（州法律）一份海事合同的解释牵涉到澳大利亚或州的利益，因此我们应该使用州法律来解释合同。

被告：（联邦）考虑到相关的法律选择规则，在美国境外签发的提单受一般海商法管辖。因为承诺是为了促进一个特殊的海事问题，属于联邦海商法。

---

[1] Great Northern R. Co., 232 U.S. at 514 (1914).
[2] Id., at 515.
[3] Id., at 514.
[4] Kukje Hwajae Ins. Co. v. The M/V Hyundai Liberty, 294 F.3d 1171, 1175-1177 (C.A.9 2002).

原告没有阐明某一具体的澳大利亚或州的利益受到威胁。当维护州的利益就必须损害联邦利益时，联邦实体法应该管辖。

（一致性）宪法的意图不可能是将海商法中的规则、限制置于几个州的处置和管理之下。商业影响州之间、州与外国之间的交往，州的处置和管理会破坏宪法统领所有主体所追求的统一性和一致性。当法院发现一个和谐的体系遭到破坏时，州法必须屈从统一的联邦海商法的需要，适用州法会破坏一般海商法的统一性。如果有一个以上的法律体系来规范一个特定合同的含义，就会造成混乱和低效率。海商合同很可能是在世界任何地方签订的，无论是在哪里签订的，海商合同应该由一个法律来判断。这里，这个法律就是联邦法律。

原告：（特殊方法，地理）这两份提单要求一部分是在陆地上履行，机器到亨茨维尔的最后一段旅程就是通过铁路。

被告：（海事合同，概念性方法）国际货物管制的提单和汉堡萨德的提单是海事合同，因为它们的主要目的是完成从澳大利亚到美国东海岸的海上货物运输，提单要求大量的海上货物运输。提单的目的是完成海上贸易。海事合同的性质并不因规定了一些陆地运输而改变。将多式联运合同中要求的陆路运输描述为附带运输是不准确的，每段旅程对实现合同目的都是必不可少的。对合同的海事管辖权应包括而且只包括那些与海上运输主要相关的事物，机器的最后一段旅程并没有改变合同的基本海事性质。被告公司从萨凡纳到亨茨维尔的铁路运输是国际货物管制和汉堡萨德提单中承诺的洲际运输的边缘部分。国际运输业已经进入了一个新的时代——多式联运时代，门到门的运输是基于有效利用所有可用的航空、水路运输方式。合同反映了新的技术，因此，直通提单大受欢迎、货主可以在一次交易中签订包括跨洋运输和到达内陆目的地的合同。在一份提单中安排从悉尼到亨茨维尔的运输是科百的优势，科百不用为陆路运输寻找美国铁路公司谈判一份单独的合同，高效选择将陆路运输纳入国际海运提单的普遍做法不应使海运提单成为非海事合同。

（《海上货物运输法》）《海上货物运输法》允许汉堡萨德在提单中选择将默认规则扩大到它负责机器的整个期间，包括内陆运输期间。如果汉堡萨德选择的责任限制条款不能平等地适用于它所负责的整个行程，则汉堡萨德无法享受默认规则带来的便利,《海上货物运输法》促进海上运输合同有效签订的目的也将落空。

原告:(解释)国际货物管制公司提单中的"喜马拉雅条款"语句过于模糊以至于不能明确包括诺福克。下级法院解释赫德案要求承运人和根据"喜马拉雅条款"寻求庇护一方之间存在私权。

被告:(合同)诺福克的责任受到责任限制条款的限制。尽管第十一巡回法院认为赫德案要求特殊的语言或私权,赫德案实际上没有要求特殊的语言或私权,支持科百的裁决既不符合合同语言也不符合当事人的意图。"喜马拉雅条款"的语言明确表明了广泛扩大责任限制的意图,包括任何雇员、代理人或其他人员,即任何服务有助于合同履行的独立承包商,"任何"意味着不区分种类。没理由违反条款的明显含义,合同语言的扩展与合同涉及多种运输方式的事实相符,科百和国际货物管制签订的合同是将机器从澳大利亚运输到阿拉巴马州亨茨维尔。亨茨维尔距离卸货港约366英里,双方肯定预料到履行合同需要陆地承运人服务,像诺福克这样的铁路公司是国际货物管制提单中广义撰写的"喜马拉雅条款"的预期受益者。

原告:(被告不受汉堡萨德的提单保护)

被告:(汉堡萨德的提单)如果受汉堡萨德提单的保护,我的责任会更低。中间人可与它聘用的承运人谈判,达成可靠、可执行的协议。

原告:(代理法)法院应根据一般代理法的原则制定联邦规则。只有当国际货物管制作为科百的代理人时,科百才受国际货物管制与汉堡萨德提单的约束。科百和国际货物管制之间不存在信用关系,科百和国际货物管制之间也不存在委托人的有效控制。

被告:火北方案得出的原则并不要求将国际货物管制视为科百经典意义上的代理人,它只要求将国际货物管制视为科百单一有限目的的代理人。当国际货物管制与承运人签订限制责任的合同时,因为中间人受托用铁路运输货物,承运人有权假定中间人同意运输条款。

原告:(灾难性的)让科百受制于汉堡萨德提单中责任限制的任何决定对国际航运业有灾难性的打击。

被告:在洲际远洋运输中,承运人可能不知道自己是在与中间人而不是货主打交道。即使承运人明知是与中间人打交道，承运人也可能不知道之前有多少其他中间人，或者哪些中间人可能有未了债务。如果第十一巡回法院的规则成为法律，在签订合同前，承运人将不得不寻求更多的信息以确保合同中的责任限制条款能提供真正的保护。鉴于货物在联运过程中经常多次被转手，收集信息的代价可能非常昂贵甚至不能完成此任务。

对于责任限制，如果与货主谈判是可靠的，而与中间商谈判是不可靠的，则承运人就会希望向中间商收取更高费用。让下游承运人区分货主和中间商的规则可能打破共同运输领域里成文法和裁决法中的非歧视规定。

原告： 诺福克不应享受汉堡萨德提单责任限制的好处。

被告： （起诉他人）我们要受汉堡萨德提单中责任限制条款的保护。基于科百和国际货物管制之间超过责任限制的约定和损失，科百可以起诉国际货物管制。科百已经在澳大利亚法院起诉国际货物管制，要求国际货物管制赔偿脱轨事件引起的损失。国际货物管制明确知道责任限制条款、在两份提单中都是提单的一方，由国际货物管制对提单中责任限制的任何差距承担责任符合逻辑。

原告： （法院应构建国际航运业）

被告： （法院）构建国际航运业不是最高法院的任务。未来，合同各方仍可以根据规则自由地制定合同，现在对国际航运的好处是人们有更大可能预测准确从合同责任限制条款中能获得的补偿。

判决结果

诺福克享有两份提单中的责任限制的保护。

思考延伸

● 当下，合同标的是 6.1 万美元，同时说明了保险、风险、补救，15 天后说标的是 7.1 万美元。你认为当书面合同旨在成为双方协议的完整和最终表达时，与书面合同的合同条款相矛盾的后期协议的证据是否可以被引入？

不可以。因为没有发生实质性的改变。第二份约定没有新的考虑，不存在严肃的对话，没经严肃的讨价还价。第一份合同包含了这么多其他信息，双方希望这是最后的决定。

可以。人们没有时间来修改第一份约定。日期和价格是必要的条款，第二份约定提出了他们的新意图。

四角规则：一份文件的含义应来源于文件本身，而不涉及文件之外的任何东西（外部证据），如围绕其写作的情况或签署的历史。

9 《关贸总协定》最惠国待遇、国民待遇、非歧视待遇、一般例外与安全例外 | 世界贸易组织——美国重新配方汽油和常见汽油的标准案

原文赏析

● 主要论点

（一）总论

3.1 委内瑞拉和巴西要求专家组认定，美国环境保护局于 1993 年 12 月 15 日颁布的题为《燃料和燃料添加剂——重新配方汽油和常见汽油的标准》（以下简称《汽油规则》）：

（a）违反了 1994 年《关贸总协定》第 1 条和第 3 条；

（b）不属于 1994 年《关贸总协定》第 20 条规定的任何例外情况；

（c）违反了《技术性贸易壁垒协议》第 2 条。

3.2 委内瑞拉还要求专家组认定，《汽油规则》第 23 条第 1 款（b）项无效，并损害了委内瑞拉根据《关贸总协定》获得的利益。

3.3 因此，委内瑞拉和巴西要求专家组建议美国采取一切必要步骤，使《汽油规则》符合其在《关贸总协定》和《技术性贸易壁垒协议》下的义务。委内瑞拉要求专家组建议美国修改《汽油规则》，为进口汽油提供不低于美国产汽油的待遇。

3.4 美国要求专家组认定,《汽油规则》是:

(a) 符合 1994 年《关贸总协定》第 1 条和第 3 条;

(b) 属于 1994 年《关贸总协定》第 20 条 (b)、(d) 和 (g) 款的范围;

(c) 符合《技术性贸易壁垒协议》。

(二) 关贸总协定

1. 第 1 条——一般最惠国待遇

3.5 委内瑞拉和巴西认为,允许同外国炼油厂的进口商确定其单独基准线的规则,只要它将该炼油厂 1990 年生产的至少 75%汽油进口到美国(以下简称"75%规则"),使某些第三国出口的汽油获得了优势,这违反了《关贸总协定》第 1 条。

3.6 委内瑞拉认为,75%规则只适用于固定的、有限的和容易确定的国家集团,只由历史事实决定。因此,任何进口商或外国炼油商都不得采取任何可能改变其从该规则中受益能力的行动。根据美国提交给委内瑞拉的资料,只有设在加拿大的炼油厂才可能符合标准。以前的一份小组报告认为,欧洲共同体要求美国农业部对进口牛肉进行认证的肉类质量条例不符合《关贸总协定》第 1 条的规定,因为"考虑到唯一被授权对肉类进行认证的认证机构是一个被授权只对来自美国的肉类进行认证的美国机构,因此出口其他原产地的同类产品实际上被拒绝进入欧洲共同体市场"。事实上,只有某些国家可以从这项规定中受益。因此,这违反了第 1 条。

3.7 巴西提出,75%规则中包含的两个标准,即进口商和外国炼油厂之间的所有者关系以及它进口到美国的汽油百分比,并不是中立的,而是为了适应某一类国家而选择的,因此构成了第 1 条意义上的"优势"。这些标准与汽油作为一种产品的特性没有联系。因此,75%的规则对来自一些外国炼油厂的进口产品适用不同的、更有利的标准,而不是对来自其他国家炼油厂的进口产品适用。

3.8 美国回答说,75%的规则并没有为任何特定国家的产品提供"优势"。75%的规则将适用于任何能够满足其两个客观标准的进口商,无论汽油的原产国如何。美国明确指出,75%的要求是最小的可接受值,以确保进口商根据方法 1、2 和 3 确定的个人基准线是准确的。(事实上,大多数外国炼油厂

9 《关贸总协定》最惠国待遇、国民待遇、非歧视待遇、一般例外与安全例外
| 世界贸易组织—美国重新配方汽油和常见汽油的标准案

不可能出口超过30%的汽油。）而后，要求进口商和外国炼油商为同一实体的标准，消除了为外国炼油商确定个人基准线所引起的执法问题。美国认为，委内瑞拉援引小组报告《欧共体——从加拿大进口牛肉》是不恰当的，因为在该争端中，欧共体的有关条例明确列出美国农业部是有关肉类的唯一认证机构，而美国农业部有机认证只被授权认证美国肉类。在这种情况下，认证程序本身就保证了只有美国牛肉会被认证，从而明确地有利于美国牛肉而不是所有其他国家的牛肉。相比之下，75%的规则明确要求任何符合其客观标准的进口商为其汽油确定一个单独的基准线。美国还指出，75%规则规定的申请个人基准线的监管期限已过，没有任何公司达到标准。75%的规则并不适用，因此不可能与《关贸总协定》的任何条款相抵触。

3.9 委内瑞拉认为，美国对小组报告《欧共体——从加拿大进口牛肉》的解释过于狭隘，认为必须明确指出受惠国才能使条例违反第1条。如果一项规则像75%的规则一样，规定只有某些国家的产品才有资格，那么它就违反了第1条。

3.10 委内瑞拉和巴西认为，75%规则不适用的事实不应妨碍专家组对其作出裁决。委内瑞拉认为，这种规定的存在本身就可能对商业和投资决定产生抑制作用。因此，其未来适用的可能性就足以确定存在违反第1条的情况。巴西补充说，对75%的规则作出明确的裁决是必要的，因为这将阻止各国设计未来的标准，这些标准乍一看是中性的，但实际上只为适应本国跨国公司的确切情况而设计，从而威胁到第1条的完整性。

2. 第3条——国内税收和法规的国民待遇

（1）第3条。

3.11 委内瑞拉和巴西强调，他们并不质疑美国为改善境内的空气质量而制定严格的环境标准和法规的权利，只要这些标准和法规对进口产品的待遇不低于国内同类产品。

3.12 委内瑞拉和巴西认为，《汽油规则》剥夺了外国炼油商制定个人基准的可能性，违反了第3条第4款，因为它给予进口汽油（包括重新配制的汽油和常见汽油）的待遇不如美国汽油。《汽油规则》要求进口汽油符合更严格的法定基准线，而美国汽油只须符合美国炼油商的个人基准线。实际上，

这意味着某些参数水平高于法定基准线的进口汽油不能直接在美国市场上销售,而美国炼油厂生产的具有相同品质的汽油只要符合该炼油厂的单独基准线,就可以在美国市场上自由销售。为了适应这种情况,外国炼油商有两种选择:①对其炼油厂进行昂贵的投资和改造,以生产符合更严格的法定基准线的汽油,或②以较低的价格向进口商供应汽油,该进口商可以将该汽油与其他汽油(如果这些其他汽油有足够的数量)进行平均,以便在一个年度内达到法定基准线的要求。这两种方案都对进口汽油的竞争条件产生了不利影响,并以违反第3条的方式对国内生产提供了保护。此外,这些不利的竞争影响正是美国环保局通过给予美国炼油厂单独的基准线所要避免的。巴西补充说,应该由美国来证明其歧视性制度并没有给进口产品带来不利影响。

3.13 委内瑞拉和巴西认为,美国政府官员在不同场合承认,《汽油规则》对进口汽油有歧视,对国内生产的汽油给予了更有利的待遇。委内瑞拉补充说,另一位美国政府官员曾公开表示,这种歧视是有意认可的,是为美国汽油提供保护的一种手段。这些声明表明,《汽油规则》在效果和意图上都对外国炼油商有歧视。委内瑞拉和巴西进一步辩称,美国环保局1994年对《汽油规则》的拟议修正案(以下简称"1994年提案")承认,对进口汽油的歧视性待遇不符合美国在《关贸总协定》中的义务。委内瑞拉和巴西认为,1994年提案规定外国炼油厂制定重新配制的汽油的个别基准,从而部分地消除了这种歧视;但是,对常见汽油的歧视性待遇仍将继续。

3.14 委内瑞拉指出,委内瑞拉国有石油公司已经对其生产进行了花费高昂的调整,以满足法定的基线要求,并加快了其投资方案,以满足复杂模式的要求。这些调整降低了委内瑞拉目前和预期对美国的汽油出口数量和价值,低于如果允许委内瑞拉国有石油公司建立其个别基准线本应达到的水平。这些调整干扰了委内瑞拉国有石油公司的投资计划,迫使它把重点放在美国汽油市场的生产上,并对其他重要的投资项目产生不利影响。

3.15 巴西还说,对外国炼油厂和国内进口商适用的法定基准线在几个方面是歧视性的。首先,给予国内炼油厂在确定个别基准线方面的灵活性,使许多炼油厂被允许的排放水平高于法定基准线所允许的水平。其次,法定基准线比位于东部和海湾各州(几乎所有的巴西汽油都在那里销售)的炼油厂的个别基准线的平均值更严格,因为在全国平均值中包括了严格的1990年加利福尼亚标准。《汽油规则》还有利于国内炼油厂的进口,而不是由非国内炼油厂的进口商进口。目前生产的汽油比其个人基准线"更清洁"的国内炼油商可以进口参数水平高于法定基准线的汽油,可以将其与自己的清洁产品混合,并在美国市场上销售,只要该混合物符合其个人基准线。非国内炼油厂的进口商在任何情况下都必须符合法定基准线的要求。因此,《汽油规则》影响了美国的汽油分配,将进口汽油引向国内炼油商,而国内炼油商有动力利用其特权地位,要求外国炼油商降低价格。

3.16 巴西表示,它以前作为"成品"汽油出口到美国市场的汽油,自《汽油规则》生效后,只被视为"混合原料",以较低的价格出售。因此,自1995年1月1日起,巴西无法向美国市场出口"成品"常见汽油。巴西的炼油厂目前还没有生产重新调配的汽油。

3.17 美国答复说,《汽油规则》对进口汽油的待遇总体上并不比国内汽油差。《汽油规则》的环境目标是规范在美国销售的汽油的总体质量。平均而言,每个进口商必须满足法定基准线,该基准线接近1990年美国消费的平均汽油质量,而国内炼油商必须平均满足1990年的个人基准线,该基准线总体上大致代表1990年美国汽油质量。因此,国内生产的汽油总体上必须至少与外国汽油一样清洁,因此大约一半的国内汽油将是"清洁"的,大约一半的汽油将比使用法定基准线的汽油更脏。美国向专家组提供了数据,记录了具体参数和排放水平的基准值高于和低于法定基准值的国内炼油厂的数量,这些参数和排放水平是遵守不降解要求的基础。这一分析表明,有五家国内炼油厂的个别基线低于所有燃料参数和排放水平的年度法定基线,有三家国内炼油厂的个别基线高于所有燃料参数和排放水平的年度法定基线。因此,大多数炼油厂的个别基准线有几个参数高于相应的法定值,有几个低于法定值。美国认为,以前的一份小组报告承认,"在有些情况下,适用形式上相同的法律规定实际上会给予进口产品较差的待遇,因此缔约方可能不得不对进口产品适用不同的法律规定,以确保给予它们的待遇实际上不差。"由于大多数进口商没有使用方法1、2或3的必要数据,他们将被排除在供应美国市场之外,因为他们无法建立一个单独的基线。事实上,《汽油规则》对进口汽油给予了更有利的待遇，因为相同的待遇实际上会将进口汽油排除在美国市场之外。

3.18 美国认为，《汽油规则》适用于进口汽油，而不适用于生产汽油的外国炼油商。此外，外国炼油商根本不需要生产符合任何基线的汽油，但可以生产比法定基线更清洁或更脏的汽油。基线确定规则的重点是外国汽油的进口商，因为美国并不试图监管外国公司或其他海外实体的行为；进口商是在美国境内对进口到美国的汽油的质量有控制权的第一个实体。因此，外国炼油商只受制于美国进口商的独立购买决定，他们必须平衡一个或多个外国炼油商的产品和另一个炼油商的产品，以符合法定的基线。没有任何一批汽油会被视为不符合规定，这为进口商和外国炼油商提供了额外的灵活性。此外，投诉人对个别外国炼油厂的平等待遇的关注是错误的，因为《关贸总协定》适用于进口产品而不是生产商。

3.19 美国认为，来自进口商的汽油与来自类似情况的国内各方的汽油得到了类似的待遇。例如，进口汽油与1990年业务有限的国内炼油厂生产的汽油或美国调配商生产的汽油待遇相同，后者的业务导致所生产汽油的来源和质量缺乏一致性。这些生产商与进口商的共同点是无法建立准确的个人基准线，因为他们的业务特点或历史无法按照方法2和3的要求确定其汽油的质量。虽然从理论上讲，进口商1990年的汽油质量可以通过首先确定该进口商1990年进口的所有汽油的原产地炼油厂，然后获得1990年在炼油厂生产并出口到特定美国进口商的汽油质量的准确和可核查的信息来确定，但美国预计只有非常有限的进口商能够通过这种程序确定个人基准线。此外，在确定1990年外国炼油厂的汽油质量方面存在很大问题。跟踪进口汽油的原产地炼油厂，确定运往美国的一小部分汽油的质量，缺乏足够的执法能力。据美国称，这些因素使其很难核实有关外国炼油厂1990年汽油质量的说法是否准确或可靠。另一方面，国内炼油厂生产的汽油是由原油制成的，其质量很容易被记录下来，也很容易被记录下来物理工厂和操作程序的特点。因此，可以准确评估这种国内炼油厂生产的汽油的质量。美国还认为，进口汽油和国内生产的汽油在遵守各自基线的灵活性方面处于相同的地位。由于市场上有各种质量的汽油，有些高于法定基准线，有些低于法定基准线，进口商完全可

9《关贸总协定》最惠国待遇、国民待遇、非歧视待遇、一般例外与安全例外
| 世界贸易组织—美国重新配方汽油和常见汽油的标准案

以灵活地选择不同来源的汽油并将其混合,以达到法定基准线要求的年平均质量。相比之下,国内炼油厂受制于其炼油设备和原油供应。

3.20 美国认为,委内瑞拉声称美国政府官员的声明表明《汽油规则》具有保护主义的目的,这是不正确的。有关声明实际上反映了美国政府在发布最后的《汽油规则》时承诺继续解决如何对待进口的问题,以及美国政府对环境保护不受影响的持续关注。这一声明还表明,政府官员的目标是采用对所有相关方都公平的最佳环境条款。美国同样拒绝了委内瑞拉和巴西的论点,即 1994 年提案意味着承认《汽油规则》对进口的歧视。1994 年提案是环保局先前尝试制定标准的延续,这些标准将保护环境,最大限度地减少对生产者的干扰,并对情况相似的各方一视同仁。环保局愿意进行这一尝试的事实,既不是确定《汽油规则》有缺陷,也不是确定 1994 年提案是可行的。该提案收到了大部分负面的公众评论,并最终被拒绝,包括委内瑞拉。委内瑞拉国有石油公司自己也反对,与汽油跟踪有关的拟议条件基本上是不可行的。

3.21 美国不同意委内瑞拉关于进口减少的说法。美国能源信息局的数据显示,目前的进口量与历史水平相比没有明显下降。此外,无论美国的监管行动如何,进口量和国内产量都会因市场条件的不同而有很大的波动。更具体地说,与 1994 年同期相比,1995 年前 5 个月,委内瑞拉在美国进口市场的份额从 11.5%上升到 18.5%。关于委内瑞拉声称《汽油规则》迫使其炼油厂进行繁重的投资,美国指出,不可能判断委内瑞拉国有石油公司的投资在多大程度上是对任何特定出口市场生效的法规,如《汽油规则》做出的反应。但是,如果委内瑞拉国有石油公司的投资与《汽油规则》有关,那么它们更可能是由于需要从 1998 年开始遵守复杂模式,而不是由于 1995—1998 年的不降解要求方案。关于遵守简单模式的要求,美国认为委内瑞拉国有石油公司可以通过简单地在汽油中加入含氧量及添加剂等来提升其输往美国的汽油产量部分。此外,可生产的符合要求的汽油数量或生产成本在很大程度上取决于满足特定规格的汽油比例。国内炼油厂必须在一定范围内生产所有的汽油,而外国炼油厂通常只为美国市场生产一小部分的汽油。因此,外国炼油商也可以灵活地选择他们最清洁的混合原料进入美国市场。这种方法不需要对炼油厂进行改造。巴西没有理由不以同样的方式对简单模式的要求进行调整。

美国还指出，据报道，巴西炼油部门的内部动荡，即1994年11月开始的长达一个月的罢工，以及今年明显反复出现的劳工问题表明，巴西对美国的出口减少很难归咎于美国的规定。

3.22 委内瑞拉同意美国的观点，即第3条适用于进口汽油，而不适用于外国炼油厂。《汽油规则》对进口汽油适用法定基线，而对美国汽油适用个别基线，是对进口汽油的歧视。

美国错误地引入了"情况相似的各方"的概念，作为进口汽油和美国生产的汽油不是"同类产品"的论证依据。进口汽油和国产汽油具有相同的关税分类，服务于相同的最终用途和相同的最终用户，从商业角度看是没有区别的；因此，所有的汽油都是同类产品。对于《关贸总协定》来说，"情况相似的各方"是一个新概念，缺乏法律依据。此外，委内瑞拉认为这些当事方并不是"相似的情况"。进口商获得成品汽油，然后分销给其他批发商或零售商，他们与调配商没有"相似的情况"，后者通过混合他人生产的汽油成分生产汽油。将他们与获得成品汽油以分销给其他批发商或零售商并使用与他们获得的汽油相关的个别基线的"作业者"进行比较更为合适。外国炼油商与美国炼油商属于"情况相似的各方"，因为美国就本国炼油商为什么可以建立自己的基线提出的理由同样适用于外国炼油商。

3.23 委内瑞拉认为，美国并不否认对进口汽油存在差别待遇。因此，它必须举证证明进口产品并没有享受更差的待遇。根据过去的小组报告，检验标准不是规则是否不同，而是这种区别是否给予了进口产品相同的或者更高的优惠待遇。委内瑞拉认为没有做出这样的证明。委内瑞拉不同意美国提交给小组报告（《美国——1930年关税法第337条》）中的解释。委内瑞拉认为小组对第3条第4款中的"不减损待遇"的解释是，要求对进口产品提供有效的平等机会。美国声称"进口商有责任平衡一个或多个外国炼油商的产品和另一个炼油商的产品"，这与对第3条第4款的既定理解相悖。如果生产商/出口商将其产品引入进口商市场的能力取决于进口商随后决定购买另一个人生产和出口的额外产品，就不可能存在这种平等。进口同类产品的机会不能取决于进口商是否愿意冒着找不到低于法定基准线的汽油的风险，以便用高于法定基准线的汽油进行平均。委内瑞拉认为，前两份小组报告中关于进口产品丧失竞争机会的推理适用于本案,并得出结论,进口汽油应享有与美国生产的汽油相同的销售机会,包括在适用个人基准线的情况下直接进入商业领域销售的能力。

3.24 委内瑞拉认为,所涉及的问题不是平均化,这种技术国内炼油厂也可以使用,而是对进口汽油的要求和对美国汽油的要求之间的差异。为了规范美国汽油的平均质量,《汽油规则》对在美国生产或进口的每一批汽油都进行了规范。同样的汽油,如果由美国的炼油厂和外国的炼油厂生产,其特性是不同的,这正是第 3 条第 4 款所禁止的"较不利的待遇"。

3.25 委内瑞拉拒绝美国的说法,即 1990 年生产的汽油的硫、烯烃和 T-90 特性高于法定基线的外国炼油厂只需混合含氧量及添加剂等就能提升其汽油的性能;事实上,外国汽油的成分本身就必须改变。委内瑞拉否认了美国关于委内瑞拉拒绝 1994 年提案的说法。委内瑞拉只是解释了为什么美国环保局提出的实现某些目标的一些手段从实际角度看是不可行的,并提出了以更实际和可行的方式实现同样目标的替代方案。

3.26 巴西认为,由于"大约一半"的国内汽油必须比进口汽油"更清洁"(巴西认为这一点没有得到证明)而给进口带来的所谓好处,并不能克服由于"大约一半"的国内汽油被允许比进口汽油"更脏"而给予进口的不利待遇。美国的这一说法暗中承认了《汽油规则》中的歧视,该规则要求进口汽油必须比国内生产的汽油的一半更清洁。巴西指出,以前的一份小组报告拒绝了任何平衡某些进口产品的更有利待遇和其他进口产品的更不利待遇的概念。同样的理由也适用于任何平衡对某些国内产品的更有利待遇和对其他国内产品的更不利待遇的概念。同样,另一份小组报告得出的结论是,特定进口产品面临的歧视风险本身就构成了一种歧视形式。《汽油规则》使所有进口产品受到的优惠待遇低于美国所说的"大约一半"国内产品的待遇。因此,在这一争端中,与以前的争端一样,专家组应拒绝"平衡"的概念。巴西进一步辩称,美国在任何情况下都没有证明个别基线的平均值等同于法定基线。国内炼油厂被允许使用 1990 年后(方法 3)的数据来确定其各自的基线,而法定基线大概是根据 1990 年的实际数据来确定的。这与美国的论点相矛盾,即进口商受制于总的平均标准,与国内炼油厂的标准相当,因为基于不同时期的数据的基线不能被视为等同。

3.27 巴西认为，美国对"337条款"小组报告的提及是不相关的，因为它没有证明在这一特定情况下，适用形式上相同的法律规定实际上会给进口产品带来更不利的待遇。美国只是"相信"给予外国炼油厂单独的基线会对他们不利。同样，美国也没有证明为什么美国进口商不能按照方法3建立基于1990年后汽油混合原料的单独基准，因为美国认为，进口商是调配商，使用混合原料。最后，美国对外国炼油商和美国进口商的比较是不准确的，因为外国炼油商必须与美国国内炼油商进行比较。

3.28 巴西拒绝了关于进口汽油与来自相似情况的各方的汽油待遇相似的论点。1990年无限制经营的外国炼油厂生产的进口汽油被当作1990年有限经营的调配商和国内炼油厂生产的汽油对待，而它本应被当作相似的美国国内炼油厂生产的汽油对待。巴西进一步指出，大多数不属于国内炼油厂的美国调配商实际上是进口商，因此不应该像美国所主张的那样被视为两个不同的类别。因此，在国内炼油商和国内进口商之间进行歧视，实际上是对进口的歧视。此外，国内炼油厂被允许进口混合原料，将其与自己的产品混合，并根据各自的基准线衡量最终产品的合规性，而调配商和进口商都不允许对自己的混合原料这样做，这表明该制度没有以相似的方式对待同类产品。

3.29 巴西同意美国的意见，即第3条适用于汽油而不是汽油生产商。在这一特定情况下，适用于汽油的标准是参照汽油生产商来确定的。巴西质疑的不是这一政策选择本身，而是对进口产品适用不同的、更不利的标准这一事实。就巴西而言，这种歧视表现于巴西在1995年1月1日之前作为"成品"常见汽油出口的汽油现在被视为仅仅是"混合燃料"，因为它不符合法定的基线要求。混合汽油的价格较低，因为买方必须将其与"清洁"汽油混合，以符合法定基准线的要求。最后，巴西表示，巴西炼油厂生产的产品不能作为成品汽油在美国销售，而美国炼油厂生产的符合其个别基线的相同产品却可以作为成品汽油销售，这正是第3条所要禁止的不利的歧视性待遇。

3.30 美国认为，起诉人不适当地将重点放在制定外国炼油厂的基线上，没有证明外国炼油厂如何能够准确地确定其出口到美国的汽油总产量的子集的质量，即使它们能够通过使用方法1、2或3确定其1990年总产量的质量。

9《关贸总协定》最惠国待遇、国民待遇、非歧视待遇、一般例外与安全例外
| 世界贸易组织—美国重新配方汽油和常见汽油的标准案

即使假设委内瑞拉和巴西能够克服这个问题，但对其他外国炼油商来说，这个问题依然存在。通过关注外国炼油商的基线，而不是更合理地确定进口商的基线，起诉人似乎在为其国家石油公司寻求比其他外国汽油供应商更多的商业优势。这可能有利于那些与这些炼油厂有商业联系的进口商而不是其他进口商，从而扭曲了进口商之间的竞争条件。《关贸总协定》并不要求美国在外国领土上给予外国炼油商，而不是世贸组织成员的权利，特别是如果与进口有关的问题可以通过管理位于美国领土上的进口商来更好地解决。

3.31 美国进一步争辩说，委内瑞拉提及以前的小组报告是不相关的，因为目前审查的情况不同。向本小组提出的问题不是进口产品和国内产品的待遇是否相同（美国承认情况并非如此），而是这种待遇是不是第3条规定的较差待遇。鉴于上述原因，相同的待遇会使大多数进口商无法在美国销售汽油，适用于进口的具体规定并不违反第3条。美国还拒绝了巴西的主张，即调配商实际上是进口商，并坚持认为他们确实属于两个不同的类别，即使在其他方面情况相似。（在注册的实体中，超过三分之一的实体是调配商或进口商，超过三分之一的实体是进口商。）美国认为，委内瑞拉和巴西向美国市场出口汽油所经历的所谓困难是毫无根据的。首先，进口商很容易找到大量低硫和低烯烃含量的汽油，从而"抵消"委内瑞拉的高硫和高烯烃含量，因为这是美国之外的炼油厂的典型配置。这一点从今年干净的重整汽油进口以及1995年委内瑞拉的出口并没有反映出《汽油规则》的可识别的影响就可以看出。其次，巴西选择不出口成品汽油，而是出口混合汽油，与美国的环境法规无关，因为《汽油规则》并没有对进口商是进口汽油还是混合汽油提出任何要求。传统汽油和新配方汽油的要求并不是为了确定产品是不是汽油。相反，为了作为"汽油"出售，商业合同通常要求产品符合美国测试和材料协会制定的某些标准。关于投诉人所称的出口量减少，美国指出，某一市场的进口水平通常对各种因素（美国的需求、出口国的供求、炼油厂的成本结构、其他竞争性出口国的汽油市场状况等）很敏感，过去五年来，全世界对美国的汽油出口一直呈下降趋势。同样难以了解《汽油规则》在委内瑞拉炼油厂投资计划方面所发挥的确切作用，因为任何在世界范围内经营的炼油厂都需要大量的重整能力。委内瑞拉对这种重整装置的投资可能反映了该国的整体市

场战略。此外，无论委内瑞拉国有石油公司在某一特定炼油厂方面有什么生产限制，将几个炼油厂的原料混合在一起，就有可能使每批汽油的法定质量达到较高水平。此外，美国政府在《清洁空气法》（CAA）通过后不久就对炼油厂的成本结构进行了研究，发现那些生产改良型汽油占其汽油总产量30%或更少的炼油厂，由于有能力选择混合原料，可以在很少或没有增量成本（即投资成本）的情况下生产改良型汽油。

3.32 美国认为，关于进口的国内炼油厂所采用的具体基准，《汽油规则》要求炼油厂使用自己的基准，只适用于常见汽油，而且不超过炼油厂1990年的进口量。该规定的目的是防止国内炼油厂采用比法定基准线更严格的基准线，通过出口国内炼油厂生产的汽油，然后按照法定基准线重新进口同样的汽油，从而避免严格的基准线要求，这一问题是在公众评论中向环保局提出的。

3.33 委内瑞拉辩称，它的重点不是外国炼油商，而是进口汽油的情况。外国炼油商之所以成为一个问题，只因为《汽油规则》规定的美国生产的汽油的特性在很大程度上是由美国各个生产商的历史质量水平决定的。委内瑞拉认为，在比较国内和进口产品的各自待遇时，像美国那样讨论进口商和国内炼油商的相对情况是一种误导。分析的重点必须继续放在汽油这一产品上。委内瑞拉引用的以前的小组案例是相关的，因为情况是相似的。委内瑞拉不同意美国的论点，即进口商可以很容易地获得适合委内瑞拉汽油质量的抵销汽油。美国向专家组提交的关于1995年进口汽油特性的数据表明，情况恰恰相反：这些数据表明，进口汽油的硫、烯烃和T-90的最大值基本上处于法定的基线。这些数据证实，美国进口商没有购买高于法定的外国汽油。因此，外国炼油商如果想在美国销售汽油，实际上就必须遵守法定的基线要求。

（2）第3条第1款。

3.34 委内瑞拉和巴西声称，《汽油规则》中的歧视性基线要求违反了第3条第1款，原因与违反第3条第4款相同：通过扭曲外国汽油的竞争条件，包括重新配制的汽油和常见汽油，它们的适用"是为了保护国内生产"。委内瑞拉还指出，第3条第1款是一个比第3条第4款更普遍的规定。因此，如果专家组认为《汽油规则》与第3条第4款不一致，它不会坚持要求专家组就第3条第1款作出裁决。

3.35 美国答复说，由于第3条第4款所述的原因，《汽油规则》并没有为国内生产提供保护。此外，由于第3条第1款本身只具有劝诫性，因此在争端解决程序中不能认定为"违反"。一个专家组从未发现独立违反第3条第1款的情况。

3.36 巴西争辩说，以前的争端，美国是当事方，涉及违反第3条第1款的情况。

3. 第20条——一般例外情况

3.37 美国认为，无论《汽油规则》是否符合《关贸总协定》的其他规定，它都属于第20条的范围。并非第20条所述的所有措施都与《关贸总协定》不一致。然而，如果专家组接受《汽油规则》符合《关贸总协定》的其他条款，特别是第3条，那么它就不需要决定有争议的措施是否也属于第20条。第20条在任何情况下都保证这些措施不会与《关贸总协定》相抵触。

3.38 委内瑞拉和巴西认为，第20条所涉及的问题不是CAA或执行该法的条例是否有必要，而是是否有必要给予外国汽油较差的待遇，它们认为本案就是这种情况。委内瑞拉进一步辩称，第20条对《关贸总协定》其他条款规定了有限的和有条件的义务例外，援引该条款的一方有责任证明适用所列举的任何例外的理由。美国缺乏必要的事实和法律支持，无法就其根据第20条提出的任何主张承担这一责任。

4. 第20条（b）款

（1）"保护人类、动物和植物的生命或健康"。

3.39 美国认为，空气污染，特别是地面臭氧，对人类、动物和植物的健康构成威胁，这一点已得到公认。有毒的空气污染是导致癌症、出生缺陷、大脑或神经系统其他部分受损、生殖系统紊乱和基因突变的原因。它不仅会影响呼吸系统受损的人，而且还会影响健康的成年人和儿童。臭氧也是造成美国农业作物减产的原因。车辆空气毒物排放约占空气毒物总排放量的40%至50%。《汽油规则》条款试图通过解决产生这些排放的燃料来控制移动源的有毒空气污染。因此，其目的是通过减少有毒污染物、挥发性有机物和氮氧化合物的排放来保护公众健康和福利，并避免由于传统汽油排放的氮氧化物和有毒空气污染物而导致空气质量下降。因此，《汽油规则》属于第20条

(b)款规定的政策范围。

(2)"必要的"。

3.40 美国认为,为保护人类、动物和植物的生命或健康,对重新配制的汽油和常见汽油的不降解要求都是必要的。对常见汽油使用单独的基线是实现该方案环境目标的最快速和最公平的方法,即确保在较清洁的地区保持美国1990年的汽油质量,而不影响在污染最严重的地区迅速和经济地实施重新配制的汽油方案,并且不对国内常见汽油的生产造成重大干扰。如果对所有常见汽油使用一个单一的基准线,那么在某些汽油质量方面比这个基准线更低的所有生产商将需要改变他们的生产特点以达到这些质量的标准,而那些汽油比基准线更干净的生产商可以降级到基准线。结果是汽油的总体平均水平不变,但大部分的汽油生产商需要对他们的常见汽油生产做出改变。如果未来的产量超过他们1990年的产量,炼油商必须达到法定的基准线。关于重新配制的汽油,在三年的过渡期内适用个别基线,并适用于三种汽油品质——硫、烯烃和T-90——因为美国环保局缺乏关于其精确排放影响的数据,所以需要保持其1990年的平均水平。这种方法避免了要求大量的生产商改变他们的汽油以满足单一的要求,而不清楚是否需要以及如何改变以避免排放增加。然而,所有重新配制的汽油炼制商必须已经开始调整他们的操作,以满足新的重新配制的汽油要求,这些要求将在1998年根据复杂模式生效。然后,所有受管制的汽油质量将根据法定基线进行衡量。因此,基线系统以最实际和最经济的方式保护空气质量,同时最充分地考虑到各种生产商的特点。

3.41 美国争辩说,但对所有生产者,特别是只在1990年部分时间内生产的炼油厂、调配商和进口商来说,单独的基线方法是不可能的。这些类别的生产商的情况不同,因为他们缺乏使用方法1、2和3所需的数据,要求他们像国内炼油厂一样建立个别基准线,会导致他们被排除在美国市场之外。因此,将进口商分配到法定基准线,确保他们不会被迫退出市场,同时对情况相似的各方一视同仁。此外,即使在某些情况下,进口商可能能够建立来自外国炼油商信息的个人基准线,让进口商选择使用哪个基准线将不可避免地破坏该法规的空气质量目标,因为商业激励会诱使他们使用最便宜和最不严

9 《关贸总协定》最惠国待遇、国民待遇、非歧视待遇、一般例外与安全例外
世界贸易组织—美国重新配方汽油和常见汽油的标准案

格的选择,而这也是污染最严重的选择。考虑到这些对博弈的担忧,环保局确定没有其他可行的方案不会对贸易产生不利影响。美国强调,《汽油规则》适用于进口商而非外国炼油商。鉴于市场上传统上有各种汽油和混合燃料的质量,只要进口商的年平均水平符合法定基准线,进口商就有可能灵活地从各种来源进口汽油,有些水平高于法定基准线,有些低于法定基准线。

3.42 美国认为,由于各种原因,给外国炼油厂规定单独的基线是不可行的。首先,汽油是一种可互换的国际商品,抵达美国港口的一批汽油通常含有在几个外国炼油厂生产的汽油混合物。因此,即使不是不可能,也很难确定一批汽油的炼油厂,以确定个别基准线。其次,难以确定原产炼油厂也可能有利于利用这一制度,因为外国炼油商可能会对每一批在基线限制中获益最大的进口汽油提出原产炼油厂的索赔要求。最后,美国难以对外国炼油商行使执法管辖权。《汽油规则》不能仅仅通过在边境检查产品来执行,而是需要环保局对炼油厂的设施进行审计以核实,除其他外,为确定个别基线而提供的数据是准确的,并确保未来遵守。环保局还需要其他执法工具,如刑事处罚、民事执法程序或法院逮捕令,而这些工具在美国领土之外对位于外国领土上的炼油厂是无法轻易使用的。让进口商为没有与之勾结的外国炼油厂的行为负责,可能是一个不公平的解决方案。美国回顾说,小组报告《美国——1930年关税法第337条》在"承认"确定侵权产品的来源或防止规避仅限于指定人员产品的命令可能比美国产品困难得多的情况下,一项措施可能需要对进口产品提供明显的较差待遇。本案在识别汽油来源方面提供了类似的执法需求和能力差异。

3.43 美国不同意委内瑞拉的说法,即1994年提案证明了为外国炼油厂制定单独基准的可行性。该提案是由环保局继续努力制定的标准,以保护环境为基准,尽量减少对生产商的干扰,并对情况相似的汽油一视同仁,同时考虑到有关各方提出的意见和关切。环保局做出这一尝试的事实,既不是确定《汽油规则》有缺陷,也不是确定1994年提案是可行的。1994年提案包含了几个严格的条件,管理外国炼油商的个人基准线的建立,这表明关切仍然存在。此外,它只适用于重新配制的汽油,因为对常见汽油的个别基准线的无限期应用,以及预期更多的外国炼油商将供应常规市场,表明允许这种选择

所带来的环境风险太大,甚至没有理由提出建议。在公开评论中,1994年提案被批评为偏袒一小部分进口商而不是所有其他进口商。委内瑞拉国有石油公司和其他外国炼油商反对拟议的条件,特别是与汽油跟踪有关的条件,认为是不可行的。由于这些原因,美国拒绝了委内瑞拉的说法,即如果没有国会采取行动,环保局会最终确定这一提案。

3.44 美国认为,委内瑞拉引用一位美国政府官员的证词是不恰当的。这一证词反映了美国政府在发布最后的《汽油规则》时的承诺,即继续解决如何对待进口的问题,同时关注环境保护不受影响,以及有关规定对所有受影响方公平。与委内瑞拉的论点相反,这一证词并没有表明保护主义是《汽油规则》处理进口问题的基础。一位美国政府官员为拟议的外国炼油商基线的使用进行辩护,只是说明美国监管机构希望与委内瑞拉达成双方都满意的解决方案。此外,该规则明确指出,其动机是环境保护,而不是保护主义。

3.45 委内瑞拉认为,第20条(b)款不适用,因为美国没有证明没有其他限制性较少的贸易限制手段来实现其卫生政策目标。因此,《汽油规则》的歧视性基线要求不是第20条(b)款规定的"必要"。委内瑞拉认为,除了《汽油规则》的歧视性基线要求外,还有一些贸易限制性较小的替代方案,可以实现同样的目标。其中一个替代方案是授权外国炼油商对重新配制的汽油和常见汽油使用单独的基线。另一个选择是要求所有美国汽油生产商满足法定的基线要求。委内瑞拉认为,第三种选择是在1995年而不是1998年开始执行复杂模式,以便从一开始就平等对待美国和进口的重新配方汽油。第四种选择是授权使用外国炼油厂的单独基线,如果有必要进行补偿性减排,则将这种补偿的负担平均分摊到所有汽油上,包括美国和进口的汽油。

3.46 委内瑞拉认为,与美国的论点相反,使用外国炼油厂的基准线是可行的。外国炼油商依靠与美国国内炼油商相同类型的记录和数据制定个人基准线是可行的。在委内瑞拉,委内瑞拉国有石油公司拥有所有必要的记录,可以准确地确定符合美国炼油商的要求的个人基准线,这一点已得到作为独立的、经美国环保局批准的审计机构的特纳梅森公司的确认。外国炼油商的个人基准线将被提交给环保局批准,并在产品进口到美国之前纠正任何可能的错误。然后,环保局可以要求外国炼油厂,作为建立和保持其个人基准线

9 《关贸总协定》最惠国待遇、国民待遇、非歧视待遇、一般例外与安全例外
| 世界贸易组织—美国重新配方汽油和常见汽油的标准案

的要求，出席该机构和/或向其提供生产记录和任何其他合理的信息，以确保基准线的准确性。然后，执法工作将只与核实汽油进入美国时的特性有关。这种核查是对许多类型的进口产品进行的常规核查，就汽油而言，每批货物的合规性可以在入境口岸通过测试货物并将其燃料特性与外国炼油厂的个人基准线进行比较来确定。此外，由于进口商目前对不符合法定基准线的汽油负有责任，同样也可以让它对不符合外国炼油商的个人基准线的汽油负责。根据美国海关法，存在着进口商对不符合某些标准的进口产品负责，并受到民事和刑事制裁的先例。委内瑞拉特别引用了进口商对不符合消费者产品安全委员会颁布的安全标准的产品负责的案例。这表明，美国对其领土之外的执法机制和进口商对外国公司行为的责任承担的担忧是没有道理的。委内瑞拉驳斥了不可能确定原产地炼油厂的论点，并指出在导致1994年提案的磋商中，委内瑞拉国有石油公司提出了处理这一问题的若干替代方案。此外，美国对外国汽油在进口到美国之前与"脏"汽油混合所表示的关切，应同样适用于美国生产的汽油在离开美国的炼油厂之后被降解的情况。委内瑞拉还强烈否认其拒绝1994年提案的说法，因为它明确支持美国环保局关于允许外国炼油厂制定各自基线的提案，并为此继续与美国环保局合作，提出替代方案并解释为什么提案中的特定条款会造成不必要的负担，是不可行的。

3.47 最后，委内瑞拉认为，美国对"博弈"的担心是基于这样的假设：拥有"更清洁"汽油的外国炼油厂会选择法定基准线，而不是建立自己的基准线，从而影响空气质量，这纯粹是一种猜测，原因有几个。环保局自己也承认，它没有关于1990年进口汽油平均质量的数据，因此无法知道进口的汽油中是否有相当数量的汽油比法定基准线更"干净"。现有数据表明，外国炼油厂不可能从1990年的汽油质量中"降级"，任何此类活动的影响最多只是微不足道。此外，美国的统计数据显示，1995年1月到3月，进口汽油占美国汽油消费总量的比例不到2%。因此，即使接受（委内瑞拉没有接受）美国的论点，即1990年一半的外国炼油商生产的汽油低于法定基准线，一半的外国炼油商生产的汽油高于法定基准线，在美国汽油消费总量中出现博弈的可能性也不到百分之一。博弈的实际影响太小，无法证明根据第20条（b）款对进口汽油的歧视是合理的。最后，《汽油规则》的几个方面与美国对潜在的

"博弈"可能产生的环境影响所宣称的关注不一致,例如,对美国炼油厂在其个别基准线下可以生产的重整汽油的数量没有限制,或者在一个特定的地理区域,汽油的排放会有所不同,这取决于哪个炼油厂在供应汽油。因此,排放水平可能超过法定基准线。此外,美国环保局最近对《汽油规则》提出了几项修正案,如允许因美国炼油厂无法获得1990年的低硫含量原油而上调基线水平的规定,这同样破坏了其环境目标。委内瑞拉认为,美国没有履行第20条规定的举证责任。

3.48 巴西不反对美国的目的,即解决空气污染问题,以保护人类、动物和植物的生命和健康。但是,巴西认为,《汽油规则》方案不符合第20条(b)款的要求,因为实现这一目的的负担过多地放在了进口汽油上。所有进口汽油都必须达到法定基准线中的1990年平均水平,而一半的国内炼油厂可以销售不符合法定基准线的汽油。美国就对国内炼油厂施加单一法定基准线的负面影响所表达的担忧,不能作为违反国民待遇义务的理由,原因有二:首先,美国环保局不希望对汽油污染超过法定基准的国内炼油厂施加改变其生产特性的负担,但它恰恰对外国炼油厂施加了这一要求。其次,美国没有向专家组证明,为什么生产比法定基准线更清洁的国内炼油商会降级到基准线。即使假设这种降级会发生,只要要求生产"较脏"汽油的炼油厂升级到法定基准线,整体空气质量就不会改变。巴西认为,将法定基准线作为最低标准,同时要求那些生产高于法定基准线的汽油的炼油厂继续这样做,是另一个可以解决降级问题的选择,同时可以改善美国的空气质量,消除对进口的歧视。

3.49 巴西进一步争辩说,美国没有解释为什么进口商不能确定单独的基线,特别是使用方法3,进口商大多保持着他们的进口记录,因此可以有关于他们1990年进口的数据。即使假设有必要将进口商分配到法定基线上,这也不能解释为什么没有规定外国炼油商的单独基线。巴西认为,美国没有证明外国炼油商没有足够的数据来确定自己的基线。在这种情况下,美国只提到了"困难",但巴西认为,仅仅是"困难"并不构成第20条(b)款意义上的必要性。此外,假设这些困难是无法克服的,但也不允许美国对外国汽油进行歧视,因为有一个合理的替代措施,即要求所有国内生产和进口的汽油

9 《关贸总协定》最惠国待遇、国民待遇、非歧视待遇、一般例外与安全例外
世界贸易组织—美国重新配方汽油和常见汽油的标准案

达到相同的法定基线,正如巴西在上文指出的那样。

3.50 巴西认为,美国没有提出任何事实依据来支持其关切,即如果在法定基准和个别基准之间做出选择,外国炼油商会"玩弄"这一制度。此外,只要将所有炼油厂,无论是国内还是国外,都分配到相同的基准线。无论是法定的还是单独的,就可以消除这种"博弈"的机会。关于外国炼油厂使用个别基线的问题,美国从未试图调查或根据经验确定这种基线的计算和执行是否可行。然而,它只是坚持认为这些问题是无法解决的,因此,法定基准线必须适用于进口汽油。最后,许多缔约方对1994年提案的某些方面提出异议,但这并不意味着不可能为外国炼油商制定非歧视性的基线。巴西的结论是,美国没有证明为什么不可能允许常见汽油和改良型汽油的外国炼油商使用自己的基线。

3.51 巴西认为,即使假设不可能使用外国炼油厂的个别基线,《关贸总协定》或《技术性贸易壁垒协议》下的歧视也是没有道理的。如果不可能给外国炼油厂分配单独的基线,那么美国只有在没有其他非歧视性措施的情况下才有理由对国内炼油厂使用单独的基线。世贸组织成员不允许审查几个备选方案,选择一个歧视不可避免的方案,然后辩称所选的选项需要歧视。根据《关贸总协定》第3条,以及《关贸总协定》第1条和《技术性贸易壁垒协议》第2条,当政策选择涉及歧视时,世贸组织成员有义务选择另一种可供选择的方案。在这个特定的案例中,有这样一个可供选择的方案,即对所有的汽油生产商适用法定的基准线。

3.52 美国坚持其关于外国炼油厂基准线不可更改的论点。它认为,不能仅通过在汽油抵达美国入境口岸时对其进行取样来确定是否符合基于外国炼油厂基线的要求,因为有必要确定这些进口汽油的原产地。由于汽油在到达美国入境口岸之前就已经发生了可替换的混合,因此这种确定将是困难的,甚至是不可能的。委内瑞拉引用其他美国法规的执行条款来否定这一担忧是不恰当的,因为这些法规所涉及的问题都可以通过海关官员在边境检查产品来解决。美国还指出,在确定国内炼油厂生产的汽油来源方面没有类似的担忧,因为国内汽油是在炼油厂门口被监管的,这就不存在哪家炼油厂生产任何特定批次汽油的问题。美国进一步辩称,在合理的情况下,"博弈"的潜在

环境影响可能是进口汽油的氮氧化物排放量每年增加5.6%至7%（约11.5万短吨）。美国对外国炼油厂配置的分析表明，由于外国炼油厂的流体催化剂装置能力较低，与美国法定基线相比，进口汽油中的硫和烯烃含量可能较低，从而为博弈和降解留下了充足的空间。此外，对外国"清洁"炼油厂的"博弈"激励不是假设的：自1990年以来，实体工厂和操作程序的各种变化可能会改变生产特定数量汽油的经济计算方法，用于炼油的原油质量也可能发生变化。在这些情况下，如果证明是经济的，炼油厂可以选择降低硫、T-90或其他特性。美国强调，对外国炼油商没有任何监管要求，他们在选择混合油料方面有充分的灵活性，而国内炼油商则没有。美国的结论是，与委内瑞拉和巴西的主张相反，第20条并不要求将法定基准线作为国家标准，即使为进口商制定个别基准线的相关困难是无法克服的。由于几乎所有的美国炼油厂都需要进行大规模的改变，因此在1995年对国内重新配方汽油和常见汽油的生产商适用法定基准线在物理上和财政上都是不可能的。因此，这将导致该计划的大幅延迟。从经济或技术角度权衡政策选择的可行性，以实现环境目标是一种合法的考虑，其本身并不构成委内瑞拉和巴西所称的保护主义。第20条并没有要求政府选择最昂贵的方式来管理其环境。在本案中，由于上述原因，没有必要将国内炼油厂划入不降级要求的法定基准线。

3.53 美国认为，在重新配制的汽油方案下，对个别基线的使用没有数量限制，预计不会影响该方案的成功。美国的数据显示，基线中烯烃和硫含量最高的炼油厂（即最脏的基线）作为一个群体，在重整汽油计划启动后没有扩大其市场份额。这与美国环保局最初的期望是一致的，即在重新配制汽油计划中使用个别基线的短暂时间内，不会鼓励炼油商根据其基线高于或低于法定基线来修改其投资和生产决定。美国还认为，《汽油规则》所允许的各种基线调整要么纠正了因政府要求而出现的不利因素，要么处理了美国政府没有一整年代表性业务数据的情况。

3.54 委内瑞拉认为，美国为表明进口汽油的平均氮氧化物排放量因潜在的博弈而增加而提出的例子是有缺陷的，导致了夸大的结果，因为它们依靠的是1995—1997年没有使用的复杂模型，以及假设1990年的进口汽油有一半的特性低于法定基准，有一半的特性高于法定基准。关于这最后一个假设，

9 《关贸总协定》最惠国待遇、国民待遇、非歧视待遇、一般例外与安全例外
Ⅰ 世界贸易组织—美国重新配方汽油和常见汽油的标准案

美国承认它根本不知道1990年进口汽油的特性，也没有提出证据表明可能向美国出口比法定基准线更清洁的汽油的外国炼油厂会有动力将汽油降至法定基准线。委内瑞拉拒绝了这一假设，并指出，对于炼油厂来说，没有任何经济动机以非最佳方式经营其炼油厂，以提高硫或烯烃等燃料属性的水平，并且其唯一目的还是制造"更脏的"汽油。

5. 第20条（d）款

3.55 美国认为，《汽油规则》的基线确定制度对于执行旨在防止空气质量恶化的不降级要求是必要的。确保在美国销售的汽油不比1990年污染更严重的不降解要求是"与《关贸总协定》规定不相抵触的法律或条例"。根据第20条（g）款和第20条（b）款，这些措施"（《关贸总协定》）中的任何内容都不应被解释为阻止任何缔约方通过或执行"。由于第20条（b）款规定的原因，为确保汽油或空气质量不下降，有必要制定基线规则。如果允许进口商使用几个基线，取决于哪个外国炼油厂选择使用这些基线，就会出现"博弈"，并导致整体空气质量的恶化。因此，《汽油规则》属于第20条（d）款的范围。

3.56 委内瑞拉认为，美国没有明确规定哪些是与《关贸总协定》不相抵触并确保遵守的"法律或条例"，因此未能证明这种一致性。委内瑞拉指出，以前的一个专家组认为，只有当一项措施能够有效地"强制执行"与《关贸总协定》相一致的法律或法规所规定的义务，而不是确保更广泛地实现某一目标时，才能被视为"确保遵守"。在指出"为确保汽油和空气质量不退化，有必要制定基线规则"时，美国确切地提到了一个目标，而没有指出歧视性基线要求有必要执行的任何不退化要求的义务。此外，由于第20条（b）款所表述的原因，《汽油规则》是没有必要的。因此，美国没有满足第20条（d）款的要求。

3.57 巴西认为，基于它在第20条（b）款下已经提出的理由，美国未能证明《汽油规则》是第20条（d）款意义上的确保遵守《清洁空气法》的"必要"。正如巴西以前所指出的，美国有非歧视性的替代办法。

6. 第20条（g）款

3.58 美国认为，作为一项旨在保护清洁空气的方案，《汽油规则》属于

第 20 条（g）款的范围。

(1) "与保护可耗尽的自然资源有关"。

3.59 美国认为，清洁空气是第 20 条（g）款意义上的可耗尽资源，因为它可能因挥发性有机化合物、氮氧化物和有毒物质等污染物的排放而耗尽。在污染最严重的地区，空气可能会被长期污染，并在很长一段时间内保持这种状态。含有污染物的空气可能会远距离移动，污染其他空气流域。此外，通过阻止空气退化，CAA 还保护了其他可耗尽的自然资源，如湖泊、溪流、公园、农作物和森林，这些资源受到空气污染的影响。重新配制的汽油和传统汽油计划的目标属于保护清洁空气的政策范围，因此也包括其他自然资源。

3.60 委内瑞拉指出，它与美国一样关注肮脏空气对健康的影响，但声称美国关于第 20 条（g）款适用于本案的论点在事实和法律上都是错误的。回顾过去的小组报告，委内瑞拉认为第 20 条规定的例外情况必须以维护《关贸总协定》的基本目标和原则的方式进行狭义解释。委内瑞拉注意到，第 20 条（g）款的最初目的是允许对本来适用的禁止或限制出口可能因开发而耗尽的贸易品的例外情况，因此，委内瑞拉怀疑清洁空气是否属于第 20 条（g）款意义上的可耗尽自然资源。委内瑞拉认为，清洁空气是一种可再生的空气"条件"，而不是像石油和煤炭那样的可耗尽的资源。扩大第 20 条（g）款的范围以涵盖可再生资源的"条件"而不是可耗尽的自然资源，是没有文字依据的。

3.61 委内瑞拉指出，根据《关贸总协定》的既定判例，一项措施只有在"主要目的是"保护可耗尽的自然资源时，才与该资源的保护"有关"。美国甚至没有试图论证《汽油规则》的歧视性要求——也就是争议中的措施——是"主要旨在"保护的，而只是试图证明重新配制的汽油和常见汽油的要求属于第 20 条（g）款。此外，美国仅将保护健康作为重新配制的汽油和常见汽油要求的主要目标，这与第 20 条（g）款的分析无关。委内瑞拉指出，它以前曾向专家组证明，《汽油规则》的方法含有漏洞，破坏了它自己的保护目标，从而证实了歧视性的基线系统不可能"主要针对"保护可耗尽的自然资源。

3.62 美国不同意关于清洁空气不是第 20 条（g）款意义上的可耗尽自然

9《关贸总协定》最惠国待遇、国民待遇、非歧视待遇、一般例外与安全例外
| 世界贸易组织—美国重新配方汽油和常见汽油的标准案

资源的说法。美国认为，如果空气变得不适合人类、动物或植物消耗，那它无疑是一种会被耗尽的自然资源。这类似于在以前的专家组程序中承认鱼是一种"可耗尽的自然资源"，因为它们的数量可能被耗尽或绝迹。

（2）"与对国内生产或消费的限制一起生效"。

3.63 美国认为，《汽油规则》限制了国内的汽油生产，要求制造商限制其汽油生产，使一年中汽油特定成分的平均含量不超过某些最高水平。它还通过确保出售的汽油中这些成分的平均值不超过一定的最高水平来限制国内消费。

3.64 委内瑞拉拒绝了这一论点，因为它认为美国没有证明歧视性的基线要求"主要是为了有效地"限制国内清洁空气的生产或消费，即《汽油规则》所要保护的"自然资源"。美国只提到了对国内汽油生产和消费的限制。

3.65 巴西认为，即使假设清洁空气是一种可耗尽的自然资源，《汽油规则》也没有限制国内清洁空气的生产或消费。充其量，《汽油规则》寻求增加清洁空气的生产，如果不是消费的话，而不是限制它。此外，CAA 和《汽油规则》都没有以任何方式限制在美国生产或消费的汽油数量，而只是规范其质量。由于空气或汽油的生产或消费都没有受到 CAA 或《汽油规则》的限制，所以《汽油规则》不属于第 20 条（g）款的范围。

3.66 美国认为，《汽油规则》通过限制污染空气的排放，确实限制了国内清洁空气的消费。这类似于为了节约燃料而对汽车实施的限制。在这种情况下，《汽油规则》适用于进口——包括基线规则——的主要目的是通过对造成空气污染的汽油进行监管，对国内脏空气的生产进行有效限制，或者反过来限制清洁空气的消费。

> 案情简介

美国《清洁空气法》下的《汽油规则》规定了在美国市场上销售的汽油的基准数字，规定了国产汽油和进口汽油的不同方法。

根据规则，进口商必须适应与特定进口汽油无关的平均标准法定基准线，而国内汽油的炼油厂只需符合与 1990 年自己产品相关的标准，即个人炼油厂基准线。目的是调节汽油的成分和排放影响，以防止空气污染。

原告公司主张，进口汽油的销售情况不如国产汽油。原告认为，根据《关贸总协定》第20条，该措施的歧视性方面构成不合理的歧视，是对国际贸易的变相限制。

▶ 争议焦点

根据美国国内法律，进口商必须适应一个平均标准，即与进口的特定汽油没有关系的法定基准线，而国内汽油炼油商只须满足与他们自己1990年的产品有关的标准，即个别炼油厂的基准线。根据《关贸总协定》第3条第4款国民待遇，该措施是否对进口汽油的待遇比国内汽油不利？——是

该措施是否与《关贸总协定》第20条（g）款（一般例外——可耗尽的自然资源）有关，因而属于第20条（g）款的范围？——是

当措施构成不合理的歧视和对国际贸易的变相限制时，措施是否符合第20条的规定？——否

鉴于已经做出了违反《关贸总协定》第3条第4款（即比《关贸总协定》第3条第1款更具体的规定）的结论，是否有必要审查《汽油规则》与《关贸总协定》第3条第1款的一致性？——否

▶ 法律规范

第3条第4款

任何缔约方领土的产品进口到任何其他缔约方领土的，在影响其国内销售、要约销售、购买、运输、分配或使用的一切法律、条例和要求方面，应给予不低于给予本国同类产品的待遇。

第20条（b）款

在这些措施的适用方式不构成在具有相同条件的国家之间任意或不合理歧视或变相限制国际贸易的情况下，本协定的任何规定均不得解释为阻止任何缔约方通过或执行下列措施：

（b）保护人类、动物或植物生命或健康所必需的。

作为援引例外情况的一方，美国负有举证责任。美国必须确定下列要素：

（1）有关援引该条款的措施而制定的政策属于旨在保护人类、动物或植

物生命或健康的政策范围。

（2）为实现政策目标，必须援引例外情况的不一致措施。

（3）这些措施是按照第20条导言条款的要求实施的。

为了证明适用第20条（b）款的合理性，须满足的要素有：

（1）保护人、动物或植物生命的政策目标。

（2）不一致措施的必要性。

第20条（d）款

在这些措施的适用方式不构成在具有相同条件的国家之间任意或不合理歧视或变相限制国际贸易的情况下，本协定的任何规定均不得解释为阻止任何缔约方通过或执行下列措施：

（d）为确保遵守与本协定规定不相抵触的法律或法规所必需的，包括有关海关执法、根据第2条和第17条第4款实施的垄断的执法、专利、商标和版权的保护以及防止欺骗行为的法律或法规。

须满足的要素有：

（1）确保遵守一致的法律或法规。

（2）其他条件。

第20条（g）款

在这些措施的适用方式不构成在具有相同条件的国家之间任意或不合理歧视或变相限制国际贸易的情况下，本协定的任何规定均不得解释为阻止任何缔约方通过或执行下列措施：

（g）关于保护不可耗尽的自然资源，如果这些措施是与限制国内生产或消费同时有效实施的。

须满足的要素有：

（1）保护取之不尽的自然资源的政策目标。

（2）与保护可取之不尽的自然资源"有关"的措施，并与限制国内生产或消费同时生效。

双方辩词

原告：委内瑞拉和巴西要求专家组认定环保局的《汽油规则》违反了1994年《关贸总协定》（下称《总协定》）第1条和第3条，不属于《总协定》第20条规定的任何例外情况，违反了《技术性贸易壁垒协议》第2条。

被告：（美国）《汽油规则》符合《总协定》第1条和第3条，属于《总协定》第20条（b）、（d）和（g）款的范围，符合《技术性贸易壁垒协议》。

原告：（歧视，国内对比外国）《汽油规则》对进口汽油适用法定基准线，而对美国汽油适用个别基准线，是对进口汽油的歧视。

（外国对比外国）《汽油规则》在相同条件国家之间构成了任意和不合理的歧视，《汽油规则》允许进口商、同时也是外国炼油厂确定个人基线，条件是1990年该炼油厂生产的汽油至少有75%进口到美国（75%规则）。对从某些第三国出口的汽油给予优惠，违反了《总协定》第1条。

（国内大于国外）①允许国内炼油厂灵活制定个人基准线，允许许多炼油厂的排放水平高于法定基准线所允许水平；②法定基准线比位于东部和海湾各州的炼油厂的个别基准线的平均值更为严格，因为在全国平均值中包括了严格的1990年加利福尼亚标准；③《汽油规则》有利于国内炼油厂的进口，而不是由非国内炼油厂的进口。自1995年1月1日起，巴西无法向美国市场出口成品常规汽油。

（国内炼油厂对比国内进口商）对国内炼油厂和国内进口商的歧视导致了对进口的歧视，因为允许国内炼油厂进口混合原料与他们自己的产品混合，并根据他们的个人基准线衡量最终产品是否合规，但是，不允许调配商和进口商这样做。这表明该系统没有以类似的方式对待同类产品。

美国没有否认存在对进口汽油的差别待遇。

（优势）进口商和外国炼油商之间的所有权关系以及进口到美国的汽油比例并不中立，而是为适应某一类国家而选择的。因此，构成了第1条意义上的优势，这些标准与汽油的产品特性没有关系。

（国内炼油厂对比外国炼油厂）国内炼油商目前生产的汽油比个人基准线更清洁，只要混合物符合个人基准线，国内炼油商可进口参数水平高于法定

9《关贸总协定》最惠国待遇、国民待遇、非歧视待遇、一般例外与安全例外 | 世界贸易组织——美国重新配方汽油和常见汽油的标准案

基准线的汽油，可以将其与自己的清洁产品混合并在美国市场销售。在所有情况下，非国内炼油商的进口商必须符合法定基准线。因此，《汽油规则》影响了美国的汽油分配，将进口汽油引向国内炼油商，国内炼油商有动机利用其特权地位向外国炼油商索要更低的价格。自《汽油规则》生效以来，曾作为成品汽油出口到美国市场的汽油，如今变成以更低价格出售的混合原料。

被告：（外国对比进口商）《汽油规则》适用于进口汽油，不是外国炼油厂，外国炼油厂生产的汽油不需要符合任何基准线、可以生产比法定基准线更清洁或更脏的汽油。外国炼油商只受制于美国进口商的独立购买决定，美国进口商为符合法定基准线，必须平衡一个或多个外国炼油商的产品。

（进口商=外国）75%规则并没有为任何国家的产品提供优势，无论汽油的来源国，75%规则将适用于任何能够满足两个客观标准的进口商。大多外国炼油商不太可能把自己汽油的30%以上都出口，把进口商和外国炼油商置于同一标准消除了外国炼油商建立个人基准线的担忧。

（1990）要求进口商和混合商满足1990年的平均汽油参数，是因为他们无法确定原产地的炼油厂和自己1990年销售的汽油质量。

原告：欧共体的肉类质量条例要求由美国农业部对进口牛肉认证，这不符合《总协定》第1条。出口来自美国以外产地的同类产品实际上被拒绝进入欧共体市场，考虑到唯一有授权对肉认证的认证机构是一个美国机构，它只被授权认证来自美国的肉。

美国认为要证明法规违反第1条，必须能明确指出受惠国，美国对小组报告《欧共体——从加拿大进口牛肉》的解释过于狭隘。75%规则规定只有某些国家的产品才符合条件，其他类似规定，都违反第1条。75%规则的存在就可能抑制商业和投资决定，未来对75%规则可能的适用足以违反第1条。有必要做出对75%规则的明确裁决，因为它将阻碍各国未来设计这样的标准：这些标准乍一看是中性的，但实际上只为适应本国跨国公司的准确情况而设计。

被告：（牛肉）原告援引小组报告《欧共体——从加拿大进口牛肉》是不合适的。在那个争端中，欧共体条例明确将美国农业部列为肉的唯一认证机构。美国农业部只被授权对美国肉进行认证，从而明确倾向于美国牛肉而

不是所有其他国家的牛肉。75%规则明确要求任何符合规则客观标准的进口商根据规则申请建立个人基线、时限过期也没进口商符合标准。

原告：（国民待遇，汽油规则）75%规则对进口产品的待遇不如国内同类产品。《汽油规则》拒绝外国炼油商建立个人基准线，违反了第3条第4款。《汽油规则》要求进口汽油符合更严格的法定基准线，而美国汽油只需符合美国炼油厂的个人基准线。某些参数水平超过法定基准线的进口汽油不能直接在美国市场上销售，而美国炼油厂生产的相同品质汽油只要符合该炼油厂个人基准线，就可以在美国市场上自由销售。

（环保局）环保局不想让汽油比法定基准线更脏的国内炼油厂承担改变生产特性的负担，但它恰恰对外国炼油厂施加了这一要求。美国没有向专家组证明为什么比法定基准线更清洁生产的国内炼油厂会降低基准线。即使假设国内炼油厂会降低基准线，只要要求汽油更脏的炼油厂升级到法定基准线，总体空气质量就不会改变。

（官员）在不同场合，美国政府官员承认《汽油规则》歧视进口汽油，对国内生产的汽油给予更有利待遇。另一位美国政府官员公开表示，这种歧视是有目的的、受认可的保护美国汽油的一种手段。《汽油规则》在效果和意图上都对外国炼油商有歧视，环保局提议的《汽油规则》修正案（1994年提案）承认，对进口汽油的歧视性待遇不符合美国在《总协定》中的义务。

（责任）应该由美国来证明其歧视性的制度没有把进口产品处于不利地位。在任何情况下美国都没有证明个人基线的平均值等同于法定基线，美国也没有证明为什么不能允许拥有常规汽油和改良型汽油的外国炼油商使用他们自己的基线。

被告：（空气）为改善美国境内的空气质量，美国有权制定严格的环境标准和法规，而政府官员的目标是采用对所有相关方都公平的最佳环境规定。

原告：（效果）外国炼油商的选择对进口汽油的竞争条件造成不利影响，对国内生产提供保护违反了第3条。委内瑞拉石油公司为满足法定的基线要求已经对生产成本进行了高昂的调整，为了符合复杂模式的要求加快了投资计划，这些调整降低了原告出口美国汽油的数量和价值。

（详细效果）歧视性的基线要求导致原告向美国运送的汽油比没有歧视的

9《关贸总协定》最惠国待遇、国民待遇、非歧视待遇、一般例外与安全例外
I 世界贸易组织—美国重新配方汽油和常见汽油的标准案

情况每天少了大约33 000桶,原告的汽油价格、在美国市场的份额、原告炼油厂的投资计划都受到不利影响。与《总协定》下原告的合理预期相比,《汽油规则》扭曲了美国的贸易竞争条件,在过去5年,原告对美国的出口稳步下降。

(混合燃料)巴西出口的在1995年前被视为成品常规汽油,现在只被当作混合汽油,因为汽油不符合法定的基线要求。混合汽油的价格较低,买方为了符合法定基线,必须将混合汽油与清洁汽油混合。

被告:(小)外国炼油厂通常只为美国市场生产小部分汽油,外国炼油厂可以为美国市场灵活地选择最清洁的混合原料,这种方法不需要改造炼油厂。据报道,巴西炼油部门出现动荡,从1994年11月开始出现了长达一个月的罢工,不断出现劳工问题。

美国能源信息局的数据显示,与历史水平相比,进口量目前没有明显下降,进口量和国内产量随市场波动很大。不管美国的监管行动,与1994年前5个月相比,1995年前5个月原告占美国进口市场的份额从11.5%上升到18.5%。

(变化)委内瑞拉石油公司可以简单地通过在汽油中加入含氧量、添加剂等方法来提升运往美国的汽油的质量。

(做法)专家组从未发现独立违反第3条第1款的行为。

原告:(产品)所有的汽油都是同类产品,进口汽油和美国生产的汽油都是同类产品,进口汽油和国产汽油的关税分类相同,服务于相同的最终用途和最终用户,从商业角度无法区分。

[调配商—(进口的汽油=国内汽油)—卖家]当事人的情况并不相似,进口商获得成品汽油并分销给其他批发商或零售商,调配商与进口商并不相似,调配商通过混合他人生产的汽油成分来生产汽油。《总协定》中从未有相似当事人的概念,相似当事人缺乏法律依据。

(时间)基于不同日期的基准线不可能是等同的。

被告:(汽油)《汽油规则》的重点是外国汽油的进口商,因为美国并不试图监管外国公司或其他海外实体的行为。《总协定》适用于进口产品,而不是生产者。来自进口商的汽油与来自类似情况的国内各方汽油受到了类似的待遇。国内炼油厂生产的大约一半的美国汽油在某些方面必须比进口商年平

均提供的汽油更清洁。

（灵活性）在遵守各自基准线的灵活性方面，进口汽油和国内生产的汽油处于相同的地位。进口商受制于总的平均标准，该标准相当于对国内炼油商的规定。

（国内炼油商对比进口商）我预计只有非常有限的进口商能够建立一个单独的基线，确定外国炼油商1990年的汽油质量存在很大问题。追踪进口汽油的原产地炼油厂，确定运往美国的一小部分汽油的质量，缺乏足够的执法能力，这些因素使得核实外国炼油商1990年汽油质量说法的准确性或可靠性变得非常低。国内炼油商生产的汽油是由原油制成的，其质量很容易被记录下来，国内炼油厂生产汽油的质量可以被准确评估，国内炼油商受其炼油设备和原油供应的限制。

原告：（科学）我们可以使用个别基线。

外国汽油的每一种成分都必须改变。

（没有购买）进口汽油的硫、烯烃和T-90的最大值基本上都满足法定基准线，这些数据表明，进口商没有购买高于法定标准的外国汽油。

委内瑞拉石油公司拥有所有必要的记录以准确确定适用于美国炼油厂的要求的个人基准线。根据美国海关法，存在进口商对不符合某些标准的进口产品负责、受到民事和刑事制裁的先例。

美国只提到了困难，但是，仅仅是困难并不构成第20条（b）款意义上的必要性。这些困难并不允许美国歧视外国汽油，因为有一个合理的替代措施，即要求国内生产和进口的汽油都符合相同的法定基准线。通过简单地将所有国内炼油厂和国外炼油厂都分配到相同的基准线，法定基准线或个人基准线，可以消除博弈。

被告：（简单）你不能使用个人基准线。

（科学）一家外国炼油厂1990年生产的汽油中硫、烯烃和T-90的性能高于法定基准线，只需混合含氧量及添加剂等就可以提升其汽油的性能。

（毫无根据）委内瑞拉和巴西向美国出口汽油所遇到的困难是毫无根据的：①由于美国以外的炼油厂的典型配置，进口商很容易找到大量的低硫和低烯烃含量的汽油，抵消委内瑞拉汽油的高硫和高烯烃含量。巴西选择不出

9《关贸总协定》最惠国待遇、国民待遇、非歧视待遇、一般例外与安全例外
| 世界贸易组织—美国重新配方汽油和常见汽油的标准案

口成品汽油、出口混合汽油与美国的环境法规无关，因为《汽油规则》并没有对进口商进口汽油还是混合汽油提出任何要求。②在过去5年中，全世界向美国出口的汽油出现了下降趋势，难以了解《汽油规则》在委内瑞拉炼油厂投资计划中所发挥的确切作用，因为任何在世界范围内经营的炼油厂都需要大量的重整能力。③在《清洁空气法》通过后不久，美国政府研究了炼油厂的成本结构。研究发现：当炼油厂的重整汽油产量约占其汽油总产量的30%或更少时，由于有能力选择混合原料，炼油厂可以在原成本或不增加成本的情况下生产重整汽油。

原告：（美国没有证据）揣测性的，因为环境保护局承认没有关于1990年进口汽油平均质量的数据，因此不知道大量的进口汽油是否比法定的基准线更清洁。美国的统计数据显示，1995年1月到3月，进口汽油占美国汽油总消费量的比例不到2%。在美国汽油消费总量中，出现博弈的可能性不到1%。博弈的实际影响太小以至于无法证明因第20条（b）款对进口汽油的歧视，《汽油规则》的几个方面不符合美国表达的潜在博弈可能产生的环境影响。例如，美国炼油厂在各自的基准线下可以生产的重整汽油没有数量限制，或者，在一个特定的地理区域，汽油排放的不同取决于不同炼油厂的供应汽油。因此，排放量可能超过法定基准线。环保局对《汽油规则》做了一些修正，如允许无法获得1990年那样低硫原油的美国炼油厂上调基准水平。这种规定破坏了美国的环境目标。

被告：（没有日期）对所有生产商、只在1990年部分时间生产的炼油商、调配商和进口商来说，个别基准线是不可能的。这些生产商情况不同，因为他们缺乏使用方法1、2和3所需的数据。要求他们像国内炼油商一样建立个别基准线，会把他们排除在美国市场之外。

（汽油）由于各种原因，给外国炼油厂规定个人基准线是不可行的。汽油是一种可互换的国际商品，到达美国港口的汽油通常是在不同外国炼油厂生产的汽油混合物。为建立个人的基准线去确定一批汽油的原产地是非常困难的，确定原产地的困难增加了系统中的潜在博弈。因为为了基准线限制方面获得最大利益，外国炼油商可能会受到诱惑，为每一批进口汽油申请原产地。美国难以对外国炼油商行使执法管辖权。

原告： 美国从未提交科学证据或技术数据来证明不同基线的要求对空气质量目标有必要。虽然一直以博弈为理由，环保局从未试图分析博弈涉及多少进口汽油，或对健康目标的影响是否不可接受。环保局承认博弈的环境影响是基于推测，因为环保局缺乏关于1990年进口汽油实际平均质量的明确证据，不知道是否有大量的进口汽油比法定基线的规定更干净。

关于外国炼油厂使用个别基线的问题，美国从未试图调查或根据经验确定这种基线的计算和执行是否可行。

被告：（原产地）确定进口汽油的原产地存在困难。由于在汽油到美国入境口岸前，会发生可替换的混合，确定汽油的原产地很困难。原告引用的法规都涉及在边境海关官员通过检查产品就可解决的问题。确定国内炼油厂生产的汽油的来源没有类似的问题，因为国内汽油在炼油厂门口接受监管，这让确定哪家炼油厂生产了特定批次的汽油的问题不复存在。

（确定质量）原告不适当地专注于发展外国炼油厂基线，原告没有证明外国炼油厂如何准确地确定出口到美国的汽油总量的子集质量。

（环保局）《汽油规则》不能仅仅通过在边境检查产品来执行，而是需要环保局对炼油厂的设施进行审计，核实为建立个人基准线而提供的数据准确，确保未来合规。环保局还需要其他执法工具，如刑事处罚、民事执法程序或法院逮捕令，无法对位于外国领土的炼油厂随时使用这些工具。

原告：（支持1994年提案）我没有拒绝1994年提案，因为它支持环保局关于允许外国炼油商建立其个人基线的建议。我一直与环保局合作，提出替代方案，解释为什么1994年提案的特定条款构成不必要的负担、不可行。

被告：（反对1994年提案）1994年提案被批评为有利于小部分进口商。委内瑞拉石油公司和其他外国炼油商认为1994年提案中追踪汽油的有关条件是不可行的。

原告：［第20条（b）款］《汽油规则》方案不符合第20条（b）款的要求，因为实现立法目的的负担被不成比例地加在进口汽油上。所有进口汽油都必须达到法定基准线中的1990年平均水平，而一半的国内炼油厂可以销售不符合法定基线的汽油。

被告：（调整）如果对所有的常规汽油使用单一的基准线，那么汽油质量

9 《关贸总协定》最惠国待遇、国民待遇、非歧视待遇、一般例外与安全例外
| 世界贸易组织—美国重新配方汽油和常见汽油的标准案

比这个基准线更脏的所有生产商将要改变他们的生产特点以达到质量标准，而那些汽油比基准线更干净的生产商可以降级到基准线。基准线系统对不同生产商的特点做出了最好的考虑。

原告：（限制较小的替代办法）第20条（b）款不适用，因为美国没有证明不存在影响较小的贸易限制手段来实现卫生政策目标。有影响较小的贸易限制替代方案，一个替代方案是授权外国炼油商对重新配方汽油和常规汽油使用个人基准线，另一个替代方案是要求所有美国汽油生产商满足法定基准线要求。第三种选择是执行1995年的复杂模式，而不是1998年的复杂模式，以便一开始就平等地对待美国的和进口的重新配制的汽油。第四种选择是授权外国炼油厂使用个人基准线。如果有必要对减排进行补偿，补偿要平均分摊到包括美国汽油和进口汽油的所有汽油。

根据《技术性贸易壁垒协议》的第2条，当政策选择涉及歧视时，世贸组织成员有义务选择另一方案。本案有一个可供选择的方案，即对所有汽油生产商适用法定的基准线。

原告：（对空气来说不是主要的）根据《总协定》的判例，只有当一项措施的主要目的是保护可耗尽的自然资源时，该措施才与保护该资源有关。美国试图证明针对重新配制的汽油和常规汽油的要求属于第20条（g）款，仅将保护健康确定为配制和常规汽油要求的主要目标，这与第20条（g）款的分析不相关。

我怀疑清洁空气是不是第20条（g）款意义上的可耗尽的自然资源，清洁空气是可再生的空气条件，而不是可耗尽的资源。扩大第20条（g）款的范围以涵盖可耗尽的自然资源有文本依据，但扩大第20条（g）款的范围以涵盖可再生资源没有任何文本依据。

（降级可能发生在任何人身上）美国担忧在进口到美国之前外国汽油与不干净的汽油混合，美国应同样担忧美国生产的汽油离开美国炼油厂后降级。

被告：（洁净空气是可耗尽的自然资源）洁净空气是第20条（g）款意义上的可耗竭资源，因为VOCs、NOx、有毒物质等污染物的排放可以耗竭洁净空气，洁净空气可以被长期污染并长期保持，含有污染物的空气可以远距离移动污染其他空气流域。通过阻止空气退化，《清洁空气法》保护其他可耗竭

的自然资源，湖泊、河流、公园、作物、森林等资源受空气污染的影响。

（空气-危险）空气污染，特别是地面臭氧，给人类、动物和植物带来健康风险。有毒的空气污染导致癌症、出生缺陷、神经系统的大脑或其他部分受损、生殖系统紊乱、基因突变。有毒的空气污染可能影响呼吸系统受损的人，健康的成年人和儿童。臭氧导致美国农作物产量受损。车辆的毒性排放约占空气毒性排放总量的40%至50%，《汽油规则》试图通过解决排放的燃料来控制移动源的有毒空气污染。《汽油规则》目的是通过减少重新配方汽油中有毒污染物、挥发性有机化合物和氮氧化物的排放来保护公众健康和福利，避免常规汽油中氮氧化物和有毒空气污染物的排放造成空气质量下降。

（商业激励）让进口商任意选择使用不同基准线将不可避免地破坏法规追求的空气质量目标，因为商业激励会诱使进口商做出使用最便宜、最不严格、污染最重的选择。

（博弈）进口汽油的氮氧化物排放量每年增加5.6%到7%，因为外国炼油厂的流体催化剂装置能力较低。与美国的法定基准相比，进口汽油中硫和烯烃水平可能较低。因此，进口汽油的博弈和降级具备充分空间。

（必要的）为了保护人类、动物、植物的生命或健康，要求重新配制的汽油和常规汽油不降低等级是必要的。常规汽油使用个人基准线是实现计划的环境目标最快、最公平的方式，即确保在较清洁的地区保持美国1990年的汽油质量的同时，不影响在污染最严重的地区实行快速经济的重新配置汽油计划、不对国内常规汽油的生产造成重大干扰。

原告：（《技术性贸易壁垒协议》）《汽油规则》是一份规定产品特性的文件，因为环保局通过设定基准线的机制执行《清洁空气法》。该机制精确地规定了美国消费的汽油的产品特性，《汽油规则》是规定《技术性贸易壁垒协议》附件一中定义的产品特性的文件，常规汽油和改良型汽油都必须遵守《汽油规则》。所以，《汽油规则》是《技术性贸易壁垒协议》协定附件一意义上的技术法规。

我没有寻求任何特殊待遇，而只是希望汽油能达到与美国汽油相同的基线要求。

被告：《汽油规则》不符合《技术性贸易壁垒协议》对技术性法规的定

9 《关贸总协定》最惠国待遇、国民待遇、非歧视待遇、一般例外与安全例外
| 世界贸易组织—美国重新配方汽油和常见汽油的标准案

义,因为《汽油规则》中包含的不降级要求并没有明确规定特定的产品特性。一项措施是书面的、强制性的并适用于产品的事实并不能使其成为技术性法规,技术性法规并没有广泛到涵盖影响产品的所有政府监管行为,《汽油规则》并没有在汽油特性方面设定统一标准。原告对《汽油规则》令人愤慨的解读既不是法规的目的,也不是法规的结果,原告对技术法规一词的解释将把许多实际上不打算涵盖的措施引入《技术性贸易壁垒协议》。原告将产品定义为整年的产量而不是一批货物,将从根本上偏离世贸组织的产品概念,在世贸组织中没有依据。

原告：（交易）《汽油规则》对国际贸易造成了不必要的障碍,违反了《技术性贸易壁垒协议》第2.2条,因为有证据表明该规则的制定、通过或应用是为了对国际贸易造成障碍。《汽油规则》具有对国际贸易造成不必要障碍的效果,因为对进口汽油施加更严格的要求对于实现规则的既定目标——改善美国的空气质量没有必要。

（保护）美国政府官员的声明表明,《汽油规则》的目的存在保护主义。

（竞争）进口产品丧失竞争机会适用于本案,得出的结论是进口汽油应享有与美国生产的汽油相同的销售机会,包括适用个人基准线直接进入商业领域销售的能力。

被告：（质量）如果《汽油规则》不旨在消费清洁空气,就旨在增加清洁空气的产量。《汽油规则》不是限制生产。《清洁空气法》和《汽油规则》都没有限制在美国可以生产或消费的汽油的数量,只是规范质量。

（环境）《汽油规则》的环境目标是规范在美国销售的汽油的整体质量,约一半的国内汽油比使用法定基准线的汽油更清洁,约一半的国内汽油比使用法定基准线的汽油更脏（5家国内炼油厂的个人基线低于年度法定基准线,3家国内炼油厂的个人基准线高于年度法定基准线）。

（健康）目标是确保排放和空气污染物不低于1990年的水平,健康目标与限制贸易无关。

▶ 判决结果

该措施对进口汽油的待遇低于国内汽油,违反了《关贸总协定》第3条

第 4 款的规定。根据规则，进口商必须适应与特定进口汽油无关的平均标准法定基准线，而国内汽油的炼油厂只须符合与 1990 年自己产品相关的标准个别基准线。

措施与保护可耗尽的自然资源有关，因此属于《关贸总协定》第 20 条（g）款的范围。然而，措施不符合《关贸总协定》第 20 条（g）款的规定，因为该措施的歧视性方面构成不合理的歧视，是对国际贸易的变相限制。

鉴于已经做出了违反《关贸总协定》第 3 条第 4 款（即比《关贸总协定》第 3 条第 1 款更具体的规定）的结论，没有必要审查《汽油规则》与《关贸总协定》第 3 条第 1 款的一致性。

> 思考延伸

瑞士《联邦反不正当竞争法》的规定，多次以低于成本价提供商品或服务，并在其广告中对此类提供进行特别提及，在自身能力上误导消费者，则可以推定发生了欺骗。有效的成本价格对判决来说是有决定性的。

● 如果将成本是 80 美元的产品，以 50 美元销售，有什么问题？低价出口对经济有什么不利影响？

出口产品的低价竞争是指出口企业以低于产品市场的价格作为竞争手段，低价抢占产品进口国的市场。薄利多销或者垄断市场，排挤产品的竞争者迫使其产品退出该国市场。进口国国内的产品滞销，对进口国的相关产业造成了很大影响。

不能盈利。低于成本价的定价既不反映价值，也不反映供需关系，违背了价值规律和价格机制，企业没有资金投入技术创新和提升产品的品质。低价倾销可以通过对部分或是个别消费者认知度高的商品进行亏本贱卖，诱导消费者不合理消费。

低价竞争导致牺牲劳工权益、破坏环境、浪费资源、偷逃税金。

于高新技术产品出口而言，其国际市场大多被少数寡头企业所控制。譬如，国际高铁市场份额几乎被庞巴迪（加拿大）、西门子（德国）、川崎（日本）、阿尔斯通（法国）、EMD（美国）和中国中车等公司所瓜分；高端智能手机市场主要被苹果（美国）、三星（韩国）和华为（中国）等公司所占领；

9《关贸总协定》最惠国待遇、国民待遇、非歧视待遇、一般例外与安全例外
| 世界贸易组织—美国重新配方汽油和常见汽油的标准案

商用大飞机市场则由波音（美国）和空客（欧盟）垄断。在高新技术产业领域，作为一个后发参与国际竞争的国家，在助推企业参与国际竞争，获取更大贸易利益中，国家政策理当发挥重要作用。

● 你认为补贴的利弊在哪里？

利：只有少部分商品低价倾销的小店，不可能排挤其竞争对手。低价会促使产品的销售量急速增长，吸引顾客，获取竞争利益。

弊：政府的出口优惠政策导致低价出口补贴了海外消费者，并引发国外对出口国出口产品的反倾销和反商业补贴诉讼，恶化出口国的对外贸易。出口优惠政策减少国家税收，加重财政负担，影响国内经济。

在美国首先爆发并迅速扩及全球的金融危机，给国际贸易和世界经济的发展带来了严重的影响，提出了调整和完善现有国际贸易规则的要求。在这场金融危机中，中国在世界率先实现经济回升向好。

● 如何衡量一国在世界上的贸易实力？

当一国贸易额占全球贸易份额相对增长较快时，表明该国的产业实力较强，在国际贸易竞争中占据优势地位。当一国进口和消费占本国国内生产总值（GDP）的比重高于贸易伙伴国时，表明该国的国内市场规模较大，在国际贸易合作中处于优势地位。当一国是许多国家最大或者最重要的贸易伙伴国，并且伙伴国数量增长较快时，表明该国在贸易伙伴网络中居于枢纽地位，该国对其贸易伙伴具有结构性影响力。当一国签署的双边或地区性贸易协定数量高于其他国家，并且积极参与包含贸易议题的正式或非正式机制时，该国在国际贸易制度体系中的地位较高。

基金会诉环保主义者案：地球上只剩下 3000 只鹦鹉鹉，基金会想要为保护它们筹集资金。基金会规定，杀死 1 只老鹦鹉鹉，需要向基金会支付 5000 美元。环保主义者质疑基金会的做法。

● 环保主义者和基金会分别有什么辩论理由？

基金会：我们需要钱，因为我们需要资源让鹦鹉鹉受益。可以通过杀死老鹦鹉鹉赚钱。基金会可以很快得到钱，因为所有金钱贡献都会涌向基金会。动物有一定的数量，如果它们超过一定的数量，杀死多余的，种群不受影响。

如果什么都不做，对鸮鹦鹉也不会更好。

环保主义者：对于生存的权利，老鸮鹦鹉和年轻鸮鹦鹉一样重要。实践中，可能错杀年轻鸮鹦鹉。我们可能不知道，老鸮鹦鹉会帮助照顾幼小鸮鹦鹉，帮助它们成年。很难知道什么时候杀死老鸮鹦鹉才合适。人类干扰鸮鹦鹉可能影响地球上其他生物的生存，因为生物相互依赖，环境和生物相互关联。基金会的钱可能并没有用于保护鸮鹦鹉。保护鸮鹦鹉可以另寻他法。同理，未来人类社会可能会杀死老人拯救年轻人。有权势的人决定谁应当死亡或谁有用。

10 信用证 | 哈尼尔银行诉印尼国家银行案[1]

> **原文赏析**

在这次上诉中,一家印度尼西亚银行要求我们推翻一审法院的判决,该银行认为法院不能就指定纽约市为信用证付款地点对其主张管辖权。正如《外国主权豁免法》[2]所规定的,美国的政策是给予外国和这些外国所拥有的公司在本国法院的诉讼豁免权,即使这些行为影响到美国的主权权力。然而,根据该法的"商业活动"例外规定,外国国家对于那些类似于从事商业活动的私人参与者的行为不享有联邦管辖豁免权。本记录所揭示的事实说服我们相信豁免权的例外适用,因为有争议的银行交易在美国有"直接影响"。而且,在本案中行使管辖权不会违反正当程序,因为印度尼西亚银行不能合理地期望在这个国家免受起诉。因此,我们维持原判。

一、背景

1995年,印度尼西亚的一家汽车收音机制造商科德克与韩国电子零件供应商晟金电子有限公司谈判购买汽车收音机零件。科德克采购的资金是来自被告印尼国家银行开具的信用证,金额为170 955美元。卖方晟金是该信用证的指定受益人。在向印度尼西亚的科德克运送无线电零件后,晟金向原告哈尼尔银行出示了该信用证及所附文件,要求付款,哈尼尔银行是一家担任议

---

[1] Hanil Bank v. PT. Bank Negara Indonesia (Persero), 148 F. 3d 127 (1998).
[2] 28 U.S.C. § 1602.

付的韩国银行。哈尼尔银行向晟金支付了 157 493 美元——即期汇票的金额。

印尼国家银行的信用证规定,"在收到符合本信用证条款的文件后,我们将根据议付银行的指示偿还。"根据该声明,1995 年 8 月 2 日,原告哈尼尔银行向印度尼西亚的被告印尼国家银行转交了信用证文件,并指示印尼国家银行将信用证项下应付的 157 493 美元以美元汇入其在纽约的花旗银行账户。印尼国家银行拒绝付款。

由于印尼国家银行没有付款,哈尼尔银行于 1996 年 4 月 19 日在纽约州最高法院对印尼国家银行提起了违约诉讼。根据《美国法典》第 28 篇第 1441(d) 条,将诉讼移至联邦法院后,被告根据《联邦民事诉讼规则》第 12(b)(1) 条和第 12(b)(2) 条提出驳回原告的案件。被告辩称,根据《外国主权豁免法》[1],它在美国享有诉讼豁免权,所以地区法院缺乏标的管辖权。印尼国家银行还声称,根据该法第 1608 条,送达的程序不充分,地区法院缺乏个人管辖权。

美国纽约南区地区法院法官约翰·基南驳回了印尼国家银行的主权豁免辩护。[2]此外,虽然地区法院发现对被告的送达程序不够充分,但为了公正起见,它拒绝驳回原告的案件。相反,地区法院允许原告哈尼尔银行有更多的时间根据第 1608(b) 条完善诉求。

印尼国家银行提出上诉,抗辩其拥有主权豁免权,质疑地区法院的管辖权。我们对这一上诉有管辖权,因为根据《外国主权豁免法》,以豁免权为由拒绝驳回的动议可作为一项附带命令立即上诉。[3]

二、争论

(一) 联邦法院对外国主权国家的管辖权

在 1812 年至 1952 年期间,美国给予外国完全的豁免权,使其免于在本国法院被提起诉讼。然而,随着国际商业活动的增加,美国国务院在 1952 年

---

[1] 28 U.S.C. § 1604.

[2] Hanil Bank v. Pt. Bank Negara Indonesia (Persero), No. 96 Civ. 3201 (S.D.N.Y. July 18, 1997).

[3] Drexel Burnham Lambert Group Inc. v. Committee of Receivers for A.W. Galadari, 12 F.3d 317, 324 (2d Cir. 1993).

的《泰特函》中采取了一种立场,将外国的豁免权只限制在外国主权者的公共行为上。此后,这一所谓的外国主权豁免的限制性原则被 1976 年颁布的《外国主权豁免法》编入法典。[1]目前,该法是在联邦法院获得对外国的管辖权的唯一手段。[2]

印尼国家银行是一个"外国国家",因为它是由一个外国政府——印度尼西亚拥有的。[3]根据《外国主权豁免法》,外国在美国对其"主权或公共"行为的诉讼是豁免的,但对那些被称为其"私人或商业"行为的诉讼则没有豁免权。[4]如果一个州的行为不符合《外国主权豁免法》规定的豁免资格,根据《美国法典》第 28 篇第 1330(a)条,只要该州根据第 1608 条得到适当的服务,地区法院就对该诉讼拥有原始管辖权。[5]

(二)"商业活动"例外

根据《外国主权豁免法》,外国国家豁免的唯一最重要的例外是"商业活动"。该例外规定,在以下情况下,外国国家将不享有诉讼豁免权:

①诉讼是基于该外国在美国进行的商业活动;或②在美国进行的与该外国在其他地方的商业活动有关的行为;或③在美国领土外与该外国在其他地方的商业活动有关的行为,并且该行为在美国造成了直接影响。[6]

地区法院裁定,当印尼国家银行未能支付信用证时,这种行为在美国产生了"直接影响"。因此,它认为外国国家主权豁免权的"商业活动"例外适用。我们重新审查这一法律裁决。[7]

第 1605(a)(2)条的第三个条款规定,如果诉讼是基于发生在美国境外的"与商业活动有关"的行为,并且在美国造成了"直接影响",则外国国家不享有主权豁免。就《外国主权豁免法》而言,如果一个国家不是以政府或公共角色行事,而是像市场中的私人参与者那样行事,那么它就从事了

---

[1] Saudi Arabia v. Nelson, 507 U. S. 349, 359-360 (1993).

[2] Argentine Republic v. Amerada Hess Shipping Corp. , 488 U. S. 428, 434 (1989).

[3] 28 U. S. C. §§1603 (a), (b); NYSA-ILA Pension Trust Fund v. Garuda Indonesia, 7 F. 3d 35, 37-38 (2d Cir. 1993).

[4] Nelson, 507 U. S. at 359-360.

[5] 28 U. S. C. §1330 (b).

[6] 28 U. S. C. §1605 (a) (2).

[7] Commercial Bank of Kuwait v. Rafidain Bank, 15 F. 3d 238, 241 (2d Cir. 1994).

"商业活动"。[1]只要行为与商业活动之间存在"实质性联系"或"因果关系",那么这些行为就是与这种商业活动"相关"的。[2]

印尼国家银行公司承认,信用证的开具及其后的未能兑现构成了在美国境外发生的商业活动。因此,唯一有待决定的问题是,印尼国家银行公司未能支付信用证的款项是否在美国产生了"直接影响"。

(三) 直接影响

最高法院最近在阿根廷诉韦尔托弗案[3]中讨论了《外国主权豁免法》的"直接影响"要求。在该案中,阿根廷发行了债券,作为稳定其货币计划的一部分,规定通过纽约、伦敦、苏黎世和法兰克福几个市场之一,以美元偿还。[4]当债券到期时,阿根廷缺乏足够的储备金来支付这些债券,所以它单方面延长了债券的赎回时间。[5]两家巴拿马公司和一家瑞士银行拒绝接受这一重新安排,坚持要求在纽约全额支付债券。当阿根廷拒绝时,这些债券持有人提起诉讼。

在经过本巡回法院的审理后,该案到达最高法院,最高法院解释说,如果"作为被告的活动的直接后果,则是直接影响"[6]。最高法院进一步指出,这种影响不需要是实质性的或可预见的,可以是直接的。它认为,阿根廷单方面重新安排债券的到期日对美国有直接影响并指出,"债券持有人指定其在纽约的账户为付款地点,阿根廷在宣布重新安排付款日期之前向这些账户支付了一些利息。由于纽约是阿根廷最终合同义务的履行地,这些义务的重新安排必然在美国产生'直接影响',原本应该交付给纽约银行的资金没有到位。阿根廷建议,如果原告都是与美国没有其他联系的外国公司,就不能满足'直接影响'的要求,法院不同意阿根廷的建议。"

我们依据两年后在拉菲丁银行案[7]中的理由。在该案中,科威特商业银

---

[1] Nelson, 507 U. S. at 359-360.
[2] Adler v. Federal Republic of Nigeria, 107 F. 3d 720, 726 (9th Cir. 1997).
[3] Republic of Argentina v. Weltover, Inc., 504 U. S. 607 (1992).
[4] Id., at 609.
[5] Id., at 610.
[6] Id., at 618.
[7] Rafidain Bank, 15 F. 3d 238.

行起诉拉菲丁银行（一家由伊拉克全资拥有的商业银行）和伊拉克中央银行（伊拉克中央银行当局）违反某些商业担保和信用证，根据该信用证，原告支付了超过 740 万美元。虽然有争议的协议要求伊拉克银行以美元付款到纽约市的账户，但这种付款不是直接付给原告，而是付给不同贷款集团的牵头银行持有的纽约银行账户。该计划设想牵头银行将把欠款分配给银团中的其他银行，如科威特商业银行。伊拉克银行认为，由于它们对科威特商业银行的义务不需要在美国履行，因此不可能在美国产生直接影响。我们驳回了这一论点，而是认为，根据韦尔托弗案，伊拉克银行没有按照合同义务在纽约汇出资金，对美国有直接影响。

根据韦尔托弗案和拉菲丁银行案推理，印尼国家银行在印度尼西亚的行为同样在美国造成了直接影响。根据信用证的规定，哈尼尔银行有权说明如何获得补偿，它指定将款项支付给其在纽约的银行账户。由于印尼国家银行的违约行为，用最高法院的话说，"本应交付给纽约银行存款的钱没有兑现。"〔1〕

印尼国家银行坚持认为，韦尔托弗案和拉菲丁银行案中的事实与本案有很大区别，以至于它们没有授权联邦法院在此承担管辖权。它坚持认为，它从未明确同意将纽约作为付款地点，正如阿根廷在韦尔托弗案中和伊拉克在拉菲丁银行案中那样。此外，被告称其与韦尔托弗案中的被告不同，印尼国家银行事先没有向纽约的账户付款。

这些都是没有实质区别的。虽然信用证本身并没有指定纽约为付款地点，但它授权议付银行指定付款地点。这样一来，印尼国家银行就同意在原告哈尼尔银行选择的地点支付相关金额，无论该地点在哪里。因此，当哈尼尔银行在其信件中指定纽约时，印尼国家银行已经默示同意将纽约作为付款地点。此外，被告与韦尔托弗的区别是偏离目标的，因为韦尔托弗的债券并没有指定纽约为唯一的付款地点，而只是将纽约列为债权人可以选择的四个付款地点之一。〔2〕原告债权人选择了纽约，这不但没有将韦尔托弗与本案的事实区分开来，反而使两者十分相似。因此，我们认为在韦尔托弗案和本案，关于

---

〔1〕 Weltover, 504 U. S. at 619.

〔2〕 Id. , at 609-610.

各方对付款地点的协议，没有真正的事实差异。因为哈尼尔银行指定了一个纽约的银行账户来存放资金，而且印尼国家银行没有在其开出的信用证中取消纽约这一选项，所以它的违约行为导致运往纽约的资金无法到达那里。

此外，仅仅因为阿根廷向韦尔托弗的纽约账户支付了债券，现在并没有强制要求存在这种违约前付款，以便在美国产生直接影响。在违约之前的几天里，是否在某个地点进行了付款并不是我们直接影响调查的重要因素。违约本身必然导致打算存放在该地点的资金不出现，这就是韦尔托弗所要求的在美国造成直接影响的全部内容。[1]（指出在美国的影响不必是可预见的。）

我们在第九巡回法院对阿德勒案[2]的判决中找到了支持这一结论的内容。在该案中，美国公民阿德勒与尼日利亚签订合同，提供某些银行服务以换取佣金。该合同规定，他将指定一个非尼日利亚的银行账户，相应钱款将被转入该账户。在最初指定了一个开曼群岛的账户后，阿德勒把指定的账户改为在纽约的一个账户。当尼日利亚没有向他付款时，阿德勒根据韦尔托弗案声称，尼日利亚的失败在美国造成了直接影响，尽管尼日利亚提出了主权豁免辩护，但联邦法院对他的诉讼有管辖权。尼日利亚敦促说，本案与韦尔托弗案有区别，因为①其协议条款没有要求它在纽约支付任何款项；②在被指控违约之前，它从未向纽约支付过任何款项；③阿德勒最初要求在开曼群岛付款；以及④阿德勒只是将纽约银行作为资金转移的中介。

尼日利亚声称，由于其案件与韦尔托弗案之间的这些事实差异，其行为不可能在美国造成直接影响。第九巡回法院没有被尼日利亚说服，认为由于协议允许阿德勒选择付款地点，而且他最终选择了纽约，因此，无论其事实与韦尔托弗案的事实有什么区别，尼日利亚的不付款在美国产生了直接影响。[3]

印尼国家银行在这个问题上的最后一个论点是，在美国不可能有直接的影响，因为根据信用证法，印度尼西亚是"履约地"。我们无法采纳这一观点。即使假设印度尼西亚是信用证法规定的履行地，韦尔托弗也没有坚持

---

[1] Id., at 618.
[2] Adler, 107 F. 3d 720.
[3] Id., at 729.

"履行地"在美国,以便使金融交易在美国造成直接影响。相反,它只要求在美国的影响是由被告的海外行为直接导致的。此外,它不需要感受到最直接影响的地点,只需要一个直接影响。由于被告的违约行为,在美国感受到了这种直接影响。被告印尼国家银行在印度尼西亚的行动直接导致资金未能到达原告的纽约银行账户。因此,我们认为,这一在美国境外的行为给美国造成了直接影响。

(四)具有法律意义的行为

根据我们在安塔雷斯航空公司诉尼日利亚案[1]中重申的"具有法律意义的行为"要求,本案的结果不会改变。星宿航空案涉及一家航空公司就其飞机被非法扣留而对尼日利亚提起的诉讼。虽然该美国航空公司显然在美国遭受了经济损失,但我们认为不能满足"直接影响"的检验。我们的理由是,"美国个人或公司因外国侵权行为而遭受一些经济损失这一事实本身并不足以触发"主权豁免的例外。

当该案摆在我们面前时——在最高法院审查之前,我们在韦尔托弗案中采用了"具有法律意义的行为"检验。虽然最高法院在其韦尔托弗案意见中没有明确采用该检验,但我们在星宿航空案中得出结论,由于高等法院使用了一个有点类似的分析,该检验仍然是可行的。[2]然后我们裁定,由于所有具有法律意义的行为,包括扣留飞机和就争端进行谈判,都发生在尼日利亚,因此在美国不可能有直接影响。

印尼国家银行宣称,法律上的重要行为检验为联邦法院提供了拒绝在本案中行使管辖权的理由,因为在它看来,本案中所有法律上的重要行为都发生在印度尼西亚。我们并不同意。我们对星宿航空案中有争议的侵权行为的重要法律行为的分析,并不直接适用于本案的涉案合同。此外,虽然承认导致本案争议的主要事件发生在印度尼西亚和韩国,但最具有法律意义的行为——违约行为——发生在美国,当时被告印尼国家银行未能履行其财务义务。(讨论韦尔托弗案并指出该案中最具有法律意义的行为是发生在纽约的违约行为。)

---

[1] Antares Aircraft, L. P. v. Federal Republic of Nigeria, 999 F. 2d 33 (2d Cir. 1993).
[2] Id., at 36.

（五）正当程序

最后，我们处理印尼国家银行的论点，即地区法院对其管辖权的主张未能满足第五修正案的正当程序条款。在德州贸易和铣工公司诉尼日利亚案[1]中，我们认为对根据《外国主权豁免法》起诉的外国国家行使管辖权要受到同样的宪法约束，这些约束"以其他方式规范个人管辖权的行使"。[2]（认为外国是正当程序条款意义上的"人"。）然而，自从最高法院对韦尔托弗案作出裁决后，我们不确定我们的裁决是否仍然是有效的法律。在韦尔托弗案中，最高法院"在没有作出决定的情况下，总结出外国是正当程序条款意义上的'人'"。[3]但是，在作出这一声明后，法院立即引用了南卡罗来纳州诉卡岑巴赫案[4]，其中法院认为联邦国家不是正当程序条款规定的"人"。韦尔托弗案的法院随后确定，阿根廷拥有满足宪法要求的"最低限度的联系"。[5]

我们不需要为正当程序分析解决外国主权的确切地位问题，因为我们认为，无论如何，这里已经满足了正当程序的要求。印尼国家银行默示同意在哈尼尔银行指定的任何地方（包括纽约市）支付信用证的款项。此外，印尼国家银行应该有理由预期哈尼尔银行会选择美国作为目的地，因为哈尼尔银行在原告和被告银行之间的类似交易中就是这样做的。据哈尼尔银行的一名员工说，印尼国家银行银行曾根据哈尼尔银行的指示开出过一份信用证，上面有相同的关于报销的文字。在哈尼尔银行指定向纽约的一个账户付款后，印尼国家银行公司通过向该纽约账户电汇资金来向哈尼尔银行付款。这些情况使我们相信印尼国家银行拥有足以满足宪法要求的"最低限度的接触"。

此外，如前所述，国会颁布《外国主权豁免法》是为了提供诉诸法院的机会。[6]鉴于这一目的，印尼国家银行应该有理由预期，如果它未能在纽约付款，就会在美国被起诉。[7]（"被告的行为和与法院地国的联系使被告有理

---

[1] Texas Trading & Milling Corp. v. Federal Republic of Nigeria, 647 F. 2d 300 (2d Cir. 1981).
[2] Id., at 313.
[3] Weltover, 504 U. S. 607, 619 (1992).
[4] South Carolina v. Katzenbach, 383 U. S. 301, 323-324 (1966).
[5] Weltover, 504 U. S. 607, 619 (1992).
[6] Texas Trading, 647 F. 2d at 315.
[7] World-Wide Volkswagen Corp. v. Woodson, 444 U. S. 286, 297 (1980).

由预期会被起诉到法院"。)

因此,由于原告有权诉诸我们的法院,而被告可以合理地预期会被带到这些相同的法院,在我们看来,维持对该《外国主权豁免法》诉讼的管辖权并不违反公平竞争和实质正义的传统观念。[1]

案情简介

韩国议付银行起诉印度尼西亚开证银行就未支付的信用证款项违约。美国纽约南区地区法院驳回印度尼西亚开证银行主权豁免辩护,印度尼西亚银行提出上诉。

争议焦点

印度尼西亚银行因其为印度尼西亚政府所有而成为《外国主权豁免法》所指的"外国"?——是

就《外国投资法》规定的豁免权的商业活动例外而言,银行在印度尼西亚未按信用证付款的行为是否在美国造成了"直接影响",因为根据信用证,谈判银行有权说明如何偿还,并指定向其纽约的银行账户付款?——是

即使假设适用正当程序限制,地区法院对印度尼西亚银行的管辖权主张是否违反了正当程序?——是

法律规范

《外国主权豁免法》规定,外国国家及其公司根据主权权力采取行为,即使这些行为影响了美国,《外国主权豁免法》授予外国国家及其公司在美国法院诉讼豁免权。然而,根据《外国主权豁免法》的"商业活动"例外规定,对与私人参与者从事商业采取的类似行动,外国要接受联邦管辖。

在1812年到1952年期间,美国授予外国在美国法院诉讼的完全豁免权。然而,随着国际商业活动的增加,美国国务院在1952年的《泰特函》中采取立场,将外国的豁免仅限于外国主权国家的公共行为。外国主权豁免限制性

---

[1] International Shoe Co. v. Washington, 326 U.S. 310, 316 (1945).

原则后来由1976年颁布的《外国主权豁免法》编纂成法。[1]《外国主权豁免法》现在是在联邦法院获得对外国管辖权的唯一手段。[2]

根据《外国主权豁免法》，外国在美国的"主权或公共"行为不受诉讼，但"私人或商业"行为受诉。[3]如果一个国家的行为不符合《外国主权豁免法》的豁免资格，地区法院根据《美国法典》第28篇第1330（a）条对该行动拥有原始管辖权，只要该国根据第1608条得到了适当的送达。[4]

《外国主权豁免法》规定的外国国家豁免的一个最重要例外是"商业活动"。这一例外规定，外国在以下的任何案件中都不能豁免：①诉讼是基于外国国家在美国进行的商业活动；或②在美国实施的行为与外国在其他地方的商业活动有关；或③在美国领土外的行为与外国在其他地方的商业活动有关，行为在美国造成直接影响。[5]

如果一个国家为了《外国主权豁免法》的目的而从事"商业活动"，不以政府或公共角色行事，而更像市场中的私人参与者。[6]只要行为与商业活动之间存在"实质性联系"或"因果联系"，这些行为就是与该商业活动"相关"的。[7]

如果行为是紧跟被告活动的直接后果，影响是直接的。[8]直接影响不一定是实质性的或可预见的。

（法院认为阿根廷单方面重新安排债券的到期日对美国有直接的影响，并指出：债券持有人）已经指定他们在纽约的账户作为支付地点，阿根廷在宣布重新安排支付之前，向这些账户支付了一些利息。因此，由于纽约是阿根廷最终合同义务的履行地点，重新安排这些义务必然在美国产生"直接影响"，本应交付给纽约一家银行存放的资金没有到位。即使原告都是与美国没

---

[1] Saudi Arabia v. Nelson, 507 U. S. 349, 359-360 (1993).

[2] Argentine Republic v. Amerada Hess Shipping Corp., 488 U. S. 428, 434 (1989).

[3] Nelson, 507 U. S. at 359-360.

[4] 28 U. S. C. § 1330 (b).

[5] 28 U. S. C. § 1605 (a) (2).

[6] Nelson, 507 U. S. at 360.

[7] Adler v. Federal Republic of Nigeria, 107 F. 3d 720, 726 (9th Cir. 1997).

[8] Republic of Argentina v. Weltover, Inc., 504 U. S. 607, 618 (1992).

有其他联系的外国公司，也可能满足"直接影响"的要求。[1]

在拉菲丁银行案[2]中，科威特商业银行起诉拉菲丁银行（伊拉克全资拥有的一家商业银行）和伊拉克中央银行（伊拉克中央银行当局）违反某些商业担保和一份信用证，原告根据该信用证支付了740多万美元。[3]虽然有关协议要求伊拉克银行以美元向纽约市的账户付款，但这些付款不是直接付给原告，而是付给由不同贷款银团的牵头银行在纽约的主要银行账户。[4]该计划设想，牵头银行将分配欠银团中其他银行的款项，例如科威特商业银行。伊拉克各银行争辩说，由于它们对科威特商业银行的义务不需要在美国履行，因此在美国不会产生直接影响。法院驳回了这一论点。相反，法院认为，根据韦尔托弗案，伊拉克银行未能按照合同规定将资金汇往纽约，对美国产生了直接影响。[5]

在阿德勒案[6]中，尼日利亚敦促将此案与韦尔托弗案[7]区别开来，因为①协议条款不要求它在纽约支付任何款项；②在涉嫌违约之前，它从未向纽约支付过任何款项；③阿德勒最初要求在开曼群岛付款；④阿德勒只是利用纽约银行作为转移资金的中介。[8]该外国声称，由于其案件与韦尔托弗案[9]之间的事实差异，其行为不可能在美国造成直接影响。第九巡回法院对尼日利亚的理由不以为然，认为由于协议允许阿德勒选择付款地点，他最终选择了纽约。所以，无论阿德勒案的事实与韦尔托弗案的事实有何不同，尼日利亚未能付款在美国产生了直接影响。[10]

安塔雷斯航空公司诉尼日利亚案[11]中重申"具有法律意义的行为"检

---

[1] Id., at 619.
[2] Commercial Bank of Kuwait v. Rafidain Bank, 15 F. 3d 238, 241 (2d Cir. 1994).
[3] Rafidain Bank, 15 F. 3d 238, 239-240.
[4] Id., at 241.
[5] Id., at 241.
[6] Adler, 107 F. 3d 720.
[7] Weltover, Inc., 504 U. S. 607 (1992).
[8] Adler, 107 F. 3d 720, 728-729.
[9] 504 U. S. 607 (1992).
[10] Antares Aircraft, L. P. v. Federal Republic of Nigeria, 999 F. 2d 33, 36-37 (2d Cir. 1993).
[11] Id., at 33.

验。安塔雷斯航空公司案涉及一家航空公司对尼日利亚非法扣留其飞机的诉讼。[1]虽然美国航空公司在美国明显遭受了经济损失，但不符合"直接影响"检验。理由是，"美国个人或公司因外国侵权行为遭受经济损失这一事实本身并不足以引发"主权豁免的例外。[2]由于所有具有法律意义的行为，包括扣留飞机和就争端进行的谈判，都发生在尼日利亚，因此不可能对美国产生直接影响。[3]

在德州贸易及铣工公司诉尼日利亚案[4]中，对根据《外国主权豁免法》被起诉的外国行使管辖权同样受宪法限制。在其他情况下，每次行使个人管辖权都受宪法限制。[5]外国是正当程序条款意义上的"人"。在韦尔托弗案中，最高法院说，"就正当程序条款的目的而言，外国是一个'人'，这是假设、不是决定。"[6]但是，最高法院立即引用了最高法院判例南卡罗来纳州诉卡岑巴赫案[7]，其中认为根据正当程序条款，联邦各州不是正当程序条款规定的"人"。韦尔托弗案件判决，阿根廷拥有满足宪法标准的"最低限度的联系"。[8]

被告的行为和与法院地国的联系足以使被告合理地预期会被起诉到法院。[9]

双方辩词

原告：印度尼西亚银行没有支付指定纽约市为付款地点的信用证。由于印度尼西亚银行没有付款，哈尼尔银行对印度尼西亚银行提起了违约诉讼。

被告：地区法院缺乏标的物管辖权。因为根据《外国主权豁免法》，我对美国的诉讼豁免。地方法院缺乏属人管辖权，因为根据《外国主权豁免法》

---

[1] Id., at 34.

[2] Id., at 36.

[3] Id., at 36-37.

[4] Texas Trading & Milling Corp. v. Federal Republic of Nigeria, 647 F. 2d 300 (2d Cir. 1981).

[5] Id., at 313.

[6] 504 U.S. at 619.

[7] South Carolina v. Katzenbach, 383 U.S. 301, 323-324 (1966).

[8] 504 U.S. at 619.

[9] World-Wide Volkswagen Corp. v. Woodson, 444 U.S. 286, 297 (1980).

第 1608 条，送达程序不充分。

原告：（商业行为）印度尼西亚银行是一个"外国国家"，因为它由一个外国国家印度尼西亚拥有。根据《外国主权豁免法》，外国国家在美国对其主权或公共行为的诉讼是豁免的，但对那些被定性为其私人、商业行为的诉讼没有豁免权。因为就《外国主权豁免法》而言，一个国家从事商业活动，它不是以政府或公共角色行事，而是像市场上的一个私人参与者一样行事。

（直接影响）根据拉菲丁银行案和韦尔托弗案推理，同样的，印度尼西亚银行于印度尼西亚的行为在美国造成了直接影响。由于印度尼西亚银行的违约行为，本应交付给纽约银行的资金没有到位。

被告：（付款地点）拉菲丁银行案、韦尔托弗案无法授权联邦法院拥有管辖权，因为我从未明确同意将纽约作为付款地点，就像阿根廷在韦尔托弗案和伊拉克在拉菲丁银行案那样。与韦尔托弗案中的被告不同，印度尼西亚银行之前没有向纽约的账户付款。

原告：（纽约的付款地点）针对付款地点的协议，韦尔托弗案的当事人和本案的当事人没有真正的事实差异，因为信用证授权议付银行指定付款地点。印度尼西亚银行同意在原告哈尼尔银行选择的地点支付相关金额，无论该地点在哪里，印度尼西亚银行已经默示同意将纽约作为付款地。

（唯一的地方）韦尔托弗案中没有指定纽约为唯一的付款地点，而是将纽约列为债权人可以选择的四个付款地点之一，哈尼尔银行指定了一个纽约银行账户为资金存入账户。由于在开出的信用证中印度尼西亚银行没有取消纽约这个选项，印度尼西亚银行的违约行为导致本该运往纽约的资金无法到达纽约。

（预付款）在韦尔托弗案中，仅仅因为阿根廷向纽约账户付款并不意味着为了能在美国产生直接影响，必须有违约前的预付款。在违约前的几天里，是否在某地付款并不是调查直接影响的重要因素。在美国的影响不必是可预见的。

即使假设印度尼西亚是信用证法规定的履行地，韦尔托弗案也没有要求履行地要在美国才能让金融交易在美国造成直接影响，它只要求在美国的影响是被告海外行为的直接后果。不需要感受到最直接影响的地点，只需要是直接影响，在美国感受到的直接影响是由于被告的违约行为，钱没有到达原告的纽约银行账户是被告印度尼西亚银行在印度尼西亚的行为带来的直接后果。

被告：（无直接影响）在美国不可能有直接影响，因为根据信用证法印度尼西亚是履约地。

原告：在安塔雷斯航空公司案中，对侵权行为的法律意义分析并不直接适用于本案的合同。本案中，当被告没有履行财务义务时，违约行为发生在美国。

被告：（法律上重要的行为测试）在安塔雷斯航空公司案中，因为所有法律意义的行为，包括扣飞机和就争端进行谈判都发生在尼日利亚，所以，在美国不可能有直接影响。本案中，所有具有法律意义的行为都发生在印度尼西亚，导致争端的主要事件发生在印度尼西亚和韩国。

原告：印度尼西亚银行拥有足以满足宪法测试的最低限度接触，因为印度尼西亚银行默示同意在哈尼尔银行指定的任何地方支付信用证，包括纽约市。印度尼西亚银行应合理地预期哈尼尔银行会选择美国作为目的地，因为哈尼尔银行在和被告间类似的交易中就是这么做的。印度尼西亚银行开出了一份信用证，其中有根据哈尼尔银行指示偿还的相同措辞。在哈尼尔银行指定向纽约的一个账户付款后，印度尼西亚银行通过向该纽约账户电汇资金向哈尼尔银行付款。我可以依据国会颁布《外国主权豁免法》向法院起诉，印度尼西亚银行应合理地预期到如果它未能在纽约付款，将会在美国被起诉。

被告：（正当程序）地区法院案件管辖的主张不满足第五修正案的正当程序条款。

▶判决结果

就《外国主权豁免法》而言，印度尼西亚银行是"外国国家"，因为它为印度尼西亚政府所拥有。银行在印度尼西亚未按信用证付款的行为在美国造成了直接影响，符合《外国主权豁免法》规定的商业活动豁免权的例外。根据信用证，谈判银行有权说明如何偿还，而且谈判银行指定了付款给纽约的银行账户。即使假设适用正当程序，美国地区法院对印度尼西亚银行主张管辖权并不违反正当程序。

> ▶ 思考延伸

原告买方与卖方印度的一家公司签订了货物买卖合同，合同的标的是猪鬃。在合同成立之后，买方请求银行 H 开立了信用证，信用证的受益人是卖方印度公司。在开立的不可撤销信用证当中明确表示了买卖的货物是猪鬃。后来，与合同相关的所有单据都交给开证行 H。开证行审查单据之后的结论是单单相符、单证相符。根据信用证的独立性原则，开证行是可以向受益人付款的。但是，买方实际收到的货物却是牛毛和废料，与合同约定的猪鬃相距甚远。

原告的诉讼请求得到法院的支持，法院判决信用证失效，并向银行 H 颁发支付禁令。法官认为：信用证独立于买方和卖方之间的销售合同，这是一项确定的原则。本案的情形有所不同，当卖方有意图地不运送买方所订购的货物，他不受银行信用证独立性保护。

● 卖方是否故意不交付买方所订购的货物猪鬃？买方和卖方分别能提出哪些理由？

买方：卖方故意不交付猪鬃，因为卖方有猪鬃，猪鬃太贵，卖方可以以更高的价格把猪鬃卖给其他人。买方告诉卖方要使用猪鬃，强调需要的是猪鬃，猪鬃和牛毛非常不同，卖方不可能出错。卖方专业卖猪鬃，卖方给买方的牛毛数量显然不够。卖方的皮毛品种多，分类细，客户多，卖方不可能出错。卖方在这个行业已经拥有足够经验，买方因收到的是牛毛而向卖方表示抗议后，卖方没有尽快调整货物。合同签订时，卖方没有猪鬃也不打算寻找并获得猪鬃。卖方曾问买方是否需要牛毛，买方明确拒绝，但卖方仍将牛毛运给买方。

卖方：卖方不是故意不交付买方所订购的货物猪鬃。猪鬃和牛毛类似不易区分，买方拼错了猪鬃和牛毛，买方没有向卖方强调是猪鬃，买方没有及时联系卖方换货，买方应该给卖方机会修复错误。卖方第一次交易没有经验，卖方把猪鬃和牛毛放在一起存储，国际惯例是猪鬃和牛毛相互替代，实践是没有猪鬃时可以拿牛毛代替。货物交给承运人时是猪鬃，但到达买方时变成牛毛和废料。

1976年《外国主权豁免法》是对外国主权国家或其机构和工具提起诉讼的主要手段。根据该法,外国拥有诉讼豁免权,但也有例外情况。

- 什么情况下外国不享有诉讼豁免权?

外国以明示或默示的方式放弃其豁免权,外国有在美国的或直接影响美国的商业活动,违反国际法而夺取的财产,通过继承或赠与获得的美国财产的权利或位于美国的不动产的权利存在争议,对外国在美国发生的侵权行为或不行为所造成的人身伤害、死亡,或财产损害,或损失寻求金钱赔偿。强制执行外国与私人当事方订立的仲裁协议,因酷刑、法外处决、飞机破坏、劫持人质或其支持而向外国寻求金钱赔偿,如果该外国是被指定的恐怖主义赞助国的话,基于商业活动,对外国的船只或货物实施海事留置权的诉讼。

11 禁制令｜哈里斯公司诉伊朗国家广播电视公司案[1]

> 原文赏析

伊朗国家广播电视公司和伊朗美利银行对地区法院给予原告-被上诉人哈里斯公司初步禁令救济的命令提出上诉。法院判决：①伊朗国家广播电视公司不得根据某个银行担保信用证向美利银行提出要求；②美利银行根据该信用证向伊朗国家广播电视公司付款；以及③美利银行根据伊利诺伊州大陆银行和信托公司（"大陆银行"）为美利银行开具的备用信用证从大陆银行获得付款。上诉人质疑地区法院的管辖权，声称缺乏适当的审判地点，并认为法院滥用其自由裁量权下令进行初步救济。在仔细考虑了所提出的问题后，我们维持原判。

一、事实

1978年2月22日，哈里斯公司广播产品部与伊朗国家广播电视公司签订了一份合同，制造并向伊朗德黑兰交付144台调频广播发射机，并提供相关培训和技术服务，总价为6 740 352美元。哈里斯收到了1 331 470.40美元的预付款，该款项将在合同有效期内摊销，方法是在设备装运或收到服务和培训时从预付款的余额中扣除一定比例的款项。

---

[1] Harris Corp. v. National Iranian Radio and Television, 691 F. 2d 1344 (1982).

根据该合同,哈里斯从伊朗国家机构美利银行获得了有利于伊朗国家广播电视公司的履约保证。该担保书规定,一旦美利银行收到伊朗国家广播电视公司的书面声明,认为哈里斯没有遵守合同的条款和条件,美利银行将向伊朗国家广播电视公司支付最高 674 035.20 美元的任何款项。哈里斯和伊朗国家广播电视公司之间的合同将担保作为合同的一个组成部分,并规定伊朗国家广播电视公司必须在合同因不可抗力而终止时解除担保。在美利银行签发担保之前,它要求哈里斯获得一份有利于美利银行的信用证。大陆银行开出了这份备用证,其中规定大陆银行要向美利银行偿还美利银行为其开出的担保所支付的款项。反过来,哈里斯也必须在大陆银行向美利银行付款的范围内对大陆银行进行赔偿。

从 1978 年 8 月到 1979 年 2 月,哈里斯向伊朗运送了 144 台发射机中的 138 台(连同 144 台发射机的相关设备),还在美国为伊朗国家广播电视公司人员开展了为期 24 周的培训项目。1979 年 2 月,伊朗伊斯兰共和国推翻了伊朗帝国政府。而后,哈里斯发送的一批货物无法安全送达伊朗。哈里斯于 2 月 27 日通过电报通知伊朗国家广播电视公司,这批货物被运往比利时的安特卫普和阿拉伯联合酋长国的沙迦。

1979 年 5 月初,哈里斯广播产品部的客户产品和系统运营总监布拉哈在德黑兰会见了伊朗国家广播电视公司的官员,帮助他们在安特卫普获得货物,讨论对合同的修改,并讨论因伊朗事件而必须修改的交货时间表。哈里斯提供了布拉哈的证词,主张在这些会议上,所有各方都承认存在注释 5 所述的合同条款所定义的不可抗力。

布拉哈在 5 月努力为伊朗国家广播电视公司获得在安特卫普的货物,然后回到德黑兰继续与伊朗国家广播电视公司官员进行讨论。在这些讨论中,由于伊朗的情况,伊朗国家广播电视公司同意将最后 6 台发射机的发货时间推迟到 1979 年秋季。

关于合同修改的谈判在 1979 年的夏天和秋天继续进行。1979 年 8 月 18 日,哈里斯根据合同的不可抗力条款和伊朗国家广播电视公司授权哈里斯重新装运货物的信函,正式通知并要求伊朗国家广播电视公司支付关于从安特卫普重新装运的货物所产生的额外费用。

1979年11月4日，伊朗激进分子在美国驻德黑兰大使馆劫持了52名人质。人质被劫持后，哈里斯没有收到伊朗国家广播电视公司的进一步通信。

哈里斯在1979年11月完成了剩余的6台发射机的制造，并将它们清点好以便将来交付。哈里斯在布拉哈的书面证词的支持下，认为伊朗革命造成的破坏性条件最初阻碍了最后6台发射机的运输。随后，哈里斯认为，由于1979年11月14日生效的《伊朗资产管制条例》，它无法运送这些材料。特别是，哈里斯指出，伊朗财政部宣布所有运往伊朗的货物的一般许可证无效，并要求卖家获得出口货物前视具体情况而定的特别许可证。[1]布拉哈提交的一份证词称，外国资产控制办公室告知哈里斯的律师，只有在紧急情况下或出于人道主义原因才会发放特别许可证，不会为发射机发放。这一要求没有记录在案，哈里斯也没有通知伊朗国家广播电视公司它不能发货。1980年4月7日，财政部条例第535.207号开始生效，禁止向伊朗运送非必要的物品。[2]

1980年6月3日，大陆银行收到美利银行的电报，说伊朗国家广播电视公司向美利银行提交了一份书面声明，称哈里斯没有遵守合同条款，并称伊朗国家广播电视公司要求美利银行延长或支付担保。美利银行要求授权其延长担保，并要求大陆银行向美利银行出具相应的信用证，否则美利银行将支付担保并要求大陆银行立即付款。

应美利银行的要求，哈里斯寻求并获得了本案争议的初步禁令。1980年7月11日，哈里斯向美国佛罗里达州中区地方法院提交了一份针对伊朗国家广播电视公司和美利银行的经核实的起诉书，要求禁止支付和接收担保金以及接收信用证的付款。诉状还要求作出宣告性判决，即担保书和信用证的合同已因不可抗力而终止。法院于1980年6月13日批准了一项临时禁令，以待对哈里斯的初步禁令动议进行听证。

1980年6月16日，临时禁令的副本被邮寄给美利银行的律师，并在第二天被亲自送到美利银行在曼哈顿的分行。1980年6月20日，在曼哈顿分行收到6月13日的临时禁令后的第三天，尽管临时禁令中包含了对付款的限制，美利银行电传给大陆银行说，"在收到伊朗国家广播电视台的付款要求后，它

---

[1] 31 C.F.R. §535.533 (1979).

[2] 45 Reg. 24, 434 (1980).

已经支付了全部担保金额,称哈里斯广播产品部没有遵守F-601-1合同的条款和条件。"被上诉人的附录第421页(展示被告路易斯·C.卢斯滕贝格的答复证词的证据)。该电报还要求大陆银行向美利银行支付信用证金额,并将其记入美利银行伦敦分行。在1980年8月15日的听证会后,地区法院发布了本案中有争议的初步禁令。

二、地点

双方同意根据《美国法典》第28篇第1391(f)条控制地点问题,因为哈里斯试图根据1976年《外国主权豁免法》援引管辖权。两位上诉人都敦促并认为地区法院批准初步禁令是错误的,因为根据第1391(f)条规定的测试地点是不恰当的。

然而,我们不需要决定这里的地点是否合适。正如哈里斯所指出的,地点是一种可以通过动议提出的个人特权,而且这种特权可能被放弃。[1]地点不是一个管辖权的先决条件,其存在与否并不影响法院的裁决权。[2]由于地点的适当性从未在地区法院受到质疑,上诉人已经放弃了在上诉中提出这一问题的权利。[3][4]

三、管辖权

两位上诉人都对地方法院颁布的初步禁令提出了管辖权方面的异议。美利银行声称它有主权豁免权,这将剥夺法院的个人和标的物管辖权。伊朗国家广播电视公司争辩说,诉讼程序的送达是不恰当的,缺乏个人管辖权。这些问题涉及《外国主权豁免法》。

(一)标的物管辖权

1. 法定要求

主权豁免的例外情况。这里声称的管辖权依据是《外国主权豁免法》第

---

[1] 15 C. Wright and A. Miller, Federal Practice and Procedure § 3846 (1976).
[2] Neirbo Co. v. Bethlehem Shipbuilding Corp. , 308 U. S. 165, 167-168 (1939).
[3] Fed. R. Civ. P. 12 (h).
[4] Keene v. International Union of Operating Engineers Local 624, 569 F. 2d 1375, 1378 (5th Cir. 1978).

1330（a）条，该条允许地区法院行使：

对本标题第 1603（a）条所定义的外国国家提出的任何非陪审团民事诉讼的原始管辖权，而不考虑争议金额，因为根据本标题第 1605~1607 条或任何适用的国际协议，该外国国家无权享有豁免权。

如果美利银行享有主权豁免权，那么第 1330（a）条并没有赋予标的物管辖权。然而，哈里斯争辩说，司法豁免的例外情况是通过法规和国际协议援引的，这两种手段都是第 1330（a）条中提到的。

哈里斯指出的国际协议是《美国和伊朗之间的友好、经济关系和领事权利条约》[1]，该条约第 11 条第 4 款规定：

任何缔约国的企业，包括公司、协会、政府机构和部门，如果在另一缔约国境内从事商业、工业、航运或其他商业活动，均不得为自己或其财产要求或享受税收、诉讼、执行、判决或其他责任的豁免，而私人拥有和控制的企业则须在此方面承担责任。

美利银行声称，《美国和伊朗之间的友好、经济关系和领事权利条约》中放弃条款的范围是限制性的，它必须被理解为地域性的、交易性的放弃，要求美国和被起诉的特定商业活动之间有联系。它认为，在通过《外国主权豁免法》时，立法者并不打算建立一个国际索赔法院，它所敦促的解释对于防止这种结果是必要的。我们不同意。

首先，我们注意到，《外国主权豁免法》并不打算通过条约的效力来限制放弃主权豁免权的范围。[2]更具体地说，第 1605~1607 条列举了必须存在的交易性接触，以便法院根据这些条款所产生的主权豁免权的放弃行使个人管辖权，但这些接触要求并没有对根据条约放弃主权豁免权而行使管辖权构成障碍。这一点在立法历史中得到了确认，其中指出，"重要的是，法案中的每一条豁免条款，即第 1605~1607 条，都要求法律诉讼与美国之间有某种联系，或者外国明示或暗示放弃其管辖豁免权。"[3]

---

[1] 8 U.S.T. 899, T.I.A.S. 3853.

[2] 28 U.S.C. § 1604.

[3] H. R. Rep. 1487, 94th Cong., 2d Sess. 13 ("House Report") reprinted in [1976] U.S. Code Cong. & Ad. News 6604, 6612.

其次,根据其条款,条约本身并没有暗示美利银行所敦促的限制。它确实要求"在(美国)境内从事商业、工业、航运或其他商业活动",以便受控企业受到法院的管辖。然而,这一要求——在此明显得到满足——并不是交易性的,只是一个"做生意"类型的测试。

最后,美利银行敦促的解读并不是为了防止原告试图利用第1330(a)条将美国法院变成国际索赔法院。当然,这种预防性目标是适当的,但它是通过对个人管辖权的要求所施加的进一步限制来实现的,这些要求载于第1330(b)条,而且更直接的是通过对标的物管辖权和个人管辖权的宪法限制来实现。为了达到这个目的而歪曲条约中关于放弃主权豁免的规定,不明智地将概念上不同的分析领域混为一谈。主权豁免问题的解决只应涉及确定外国企业在美国从事的活动是否属于应在国内法院提起诉讼的类型。

或者,正如哈里斯所争辩的那样,《外国主权豁免法》本身在这里提供了一个主权豁免的例外。第1605(a)(2)条规定,在任何案件中,如果诉讼是基于"在美国境外与该外国在其他地方的商业活动有关的行为,并且该行为基于该法案在美国造成了直接影响",则外国不应享有豁免。本案就在这范围内。

上诉人显然参与了在伊朗的商业活动,美利银行争论的问题是,是否有一个在这个国家有"直接影响"的行为。哈里斯声称,上诉人对信用证的付款要求已经产生了必要的影响,因为它们"触发了哈里斯在佛罗里达州的城市墨尔本的账簿上的一个封锁账户,并解除了信用证"。美利银行回应说,这种影响是不够的,因为《外国主权豁免法》所设想的"直接影响"是指"没有干预因素的影响,是没有偏差或中断的直线影响"。美国公民在德黑兰机场受到的伤害在美国没有造成"直接影响",尽管伤害是"在这里承受的"。[1] 此外,美利银行认为,直接影响的标准要求在美国有实质性的影响,而这种影响是作为美国境外行为的直接可预见的结果发生的。美国公民在莫斯科酒店火灾中死亡,没有在美国造成直接影响。[2]

本质上,提出的问题是,"影响是否足够'直接'和'在美国',以至于

---

[1] Upton v. Empire of Iran, 459 F. Supp. 264, 266 (D. D. C. 1978).
[2] Harris v. VAO Intourist, 481 F. Supp. 1056, 1062 (E. D. N. Y. 1979).

国会希望由美国法院审理此案?"[1]答案是肯定的。信用证的安排——它是根据上诉人的意愿来安排的——延伸到这个国家,因此上诉人的要求在这里有重大的、可预见的财务后果。这足以确立第1605(a)(2)条意义上的"直接影响"。德州贸易案[2]中违反水泥合同或违反信用证的行为将在该国产生直接影响,因为美国公司将被禁止在这里收款;"相关的调查,当原告是一家公司时,是公司是否遭受了'直接'财务损失"。凯里案[3]中表明取消石油销售合同在公司买方所在地涉及直接影响。因此,主权豁免权被适用的法律规定以及条约所放弃。

2. 宪法上的限制:第3条

宪法规定了"一个州或其公民与外国之间"的多样性管辖权。[4]由于本案属于该管辖权的授予范围,地区法院有权审理。

(二)对人管辖权

第1330(b)条规定,"对于地区法院根据第1330(a)条拥有管辖权的每项救济要求,如果已根据本标题第1608条进行了送达,则应存在对外国的个人管辖权。"在发现标的物管辖权后,我们必须通过评估送达程序来完成第1330(b)条的调查。此外,由于"该法不能在宪法禁止的地方建立个人管辖权"[5],我们必须根据正当程序的标准评估权力的行使。

1. 送达程序

美利银行是根据第1608(b)(2)条送达的,它对送达没有异议。然而,基于对第1608条的技术要求的反对,伊朗国家广播电视公司列举了哈里斯所使用的每一种送达方式的不足之处。

伊朗国家广播电视公司并不否认它收到了这个诉讼的通知。伊朗国家广播电视公司的攻击只是声称不符合《外国主权豁免法》的某些要求,而这些要求的存在只是为了确保实际收到通知。在这种情况下,我们认为送达是充分的。未能准确遵循第1608条中旨在确保实际送达的步骤,不应推翻和否定

---

[1] Texas Trading and Milling Corp. v. Federal Republic of Nigeria, 647 F. 2d 300, 313 (2d Cir. 1981).

[2] Texas Trading and Milling Corp. v. Federal Republic of Nigeria, 647 F. 2d 300, 313 (2d Cir. 1981).

[3] Carey v. National Oil Corp., 592 F. 2d 673, 676-677 (2d Cir. 1979).

[4] U. S. Const. art. III, §2, cl. 1.

[5] Texas Trading and Milling Corp. v. Federal Republic of Nigeria, 647 F. 2d 300, 308 (2d Cir. 1981).

本案中实际收到通知的事实。

2. 宪法上的限制：正当程序

为了确定在美国法院维持这一诉讼是否符合正当程序，我们必须适用国际鞋业公司案[1]确立的"最低限度接触"标准。如果存在足够的"关联情况"，被告应该合理地预料到会在这里受到起诉，而且公平的概念也得到了满足。[2]

显然，美利银行已经"有目的地利用了在美国开展活动的特权"，[3]因此"清楚地知道它在这里受到起诉"[4]。自1969年以来，美利银行在纽约市一直有一个活跃运营的办公室。事实上，在其向纽约州银行监管局提交的文件中，美利银行强调了其美国办事处的商业意义。此外，本案中美利银行所涉及的商业交易需要在这个国家进行实质性的履行。

伊朗国家广播电视公司签订了一份合同，要求哈里斯在美国履行合同，并涉及在美国培训伊朗国家广播电视公司人员。哈里斯宣称，这种商业行为构成了足以支持行使个人管辖权的接触。然而，我们没有必要解决这个问题，因为伊朗国家广播电视公司没有在地区法院提出缺乏个人管辖权的问题。

一般来说，上诉法院不会考虑在地区法院没有提出的问题，例如，美国诉34.60英亩土地案[5]、范克里夫诉美国案[6]。本案，我们拒绝开例外。与标的物管辖权不同，对人缺乏管辖权是一个可放弃的缺陷。[7][8]如果被告没有在适当的时间在地区法院提出缺乏属人管辖权的辩护，则放弃反对，被告被认为已同意授予管辖权。[9][10]

---

[1] International Shoe Co. v. Washington, 326 U.S. 310 (1945).
[2] World-Wide Volkswagen Corp. v. Woodson, 444 U.S. 286, 291-299 (1980).
[3] Hanson v. Denckla, 357 U.S. 235, 253 (1958).
[4] World-Wide Volkswagen Corp., 444 U.S. 286, 297 (1980).
[5] United States v. 34.60 Acres of Land, 642 F.2d 788, 790 (5th Cir.).
[6] Van Cleve v. United States, 454 U.S. 107 (1981).
[7] Petrowski v. Hawkeye-Security Insurance Co., 350 U.S. 495 (1956).
[8] Fed. R. Civ. P. 12 (h)(1).
[9] Rauch v. Day & Night Manufacturing Corp., 576 F.2d 697, 701 (6th Cir. 1978).
[10] Zelson v. Thomforde, 412 F.2d 56, 59 (3d Cir. 1969).

四、初步禁令

（一）审查的框架

上诉人认为，地区法院对伊朗国家广播电视公司-美利银行担保信用证的付款或收款以及美利银行-大陆银行信用证的收款下达初步禁令是错误的。禁令的四个先决条件是：①原告有很大可能在案情上获胜；②如果不授予禁令，原告有很大可能遭受不可挽回的伤害；③对原告的威胁伤害必须大于禁令可能对被告造成的威胁伤害；④授予初步禁令必须不损害公共利益。[1][2]在审查这些因素时，法院必须牢记，授予初步禁令是地区法院合理的自由裁量权，除非有明显的滥用自由裁量权的情况，否则不会在上诉中受到干扰。[3][4]

（二）在案情方面有实质性的成功可能性

本案的案情涉及信用证法。哈里斯声称，不可抗力的存在终止了其与伊朗国家广播电视公司的合同义务，使得伊朗国家广播电视公司随后试图利用美利银行开出的履约担保的行为成为非法。上诉人以信用证法的一个基本原则作为回应：信用证是独立于基础合同的。一般来说，根据国际商会《跟单信用证统一惯例》（1974年）总则和定义第c条的规定，"信用证，就其性质而言，是独立于其可能基于的销售或其他合同的交易，与这些合同没有任何关系或受其约束。"哈里斯提出了两种方法来克服禁止信用证交易的这个障碍。

首先，哈里斯声称独立原则在此被双方修改。它指出在它与伊朗国家广播电视公司的合同中，有几段将"银行担保"作为合同的"组成部分"，并指出伊朗国家广播电视公司在因不可抗力而终止合同时应解除所有担保。哈里斯认为，它已经证明了不可抗力的发生并终止了合同和担保的可能性很大。哈里斯引用了塔奇·罗斯会计事务所案[5]，根据类似的事实，法院裁定基础合同已因不可抗力而终止，因此法院禁止支付保函信用证，并裁定担保已

---

[1] S-1 v. Turlington, 635 F. 2d 342, 345 n. 4 (5th Cir.).

[2] Canal Authority of Florida v. Callaway, 489 F. 2d 567, 572 (5th Cir. 1974).

[3] Doran v. Salem Inn, Inc., 422 U. S. 922, 931-932 (1975).

[4] S-1 v. Turlington, 635 F. 2d 342, 345 (5th Cir.).

[5] Touche Ross & Co. v. Manufacturers Hanover Trust Co., 107 Misc. 2d 438 (Sup. Ct. 1980).

解除。

我们选择不依赖哈里斯的第一条论点,因为我们对认为信用证因合同条款的运作而自动终止感到犹豫。接受哈里斯的第一个论点会产生问题,银行可以兑现信用证时却发现它已经提前终止了。虽然当事人可以通过专门起草信用证来修改独立性原则,以达到这一结果,一般来说,[1]但哈里斯没有断言履约担保或信用证包含修改银行义务独立性的条款(条件)。由于银行不是基础合同的当事方,哈里斯所依据的合同条款似乎与伊朗国家广播电视公司的保证具有相同的效力,即如果合同因不可抗力而终止,它将不会适用美利银行签发的信用证。

哈里斯追求的第二个途径是"交易欺诈"理论。根据这一理论,尽管有独立原则,但如果证明信用证受益人有欺诈行为,法院可以禁止支付信用证。[2][3]不幸的是,法律中的一个未解决的问题是什么构成了交易中的欺诈,即受益人在多大程度上的履约缺陷才有理由禁止违反独立原则的信用证交易?

上诉人认为对欺诈的狭义定义是合适的,他们声称只有在表明存在严重不当行为的事实后,才应该发出禁令。他们认为,交易中的欺诈应限于茨特恩案[4]——这一里程碑式的案件中出现的那种欺骗行为,在该案中,卖方发送了50箱"牛毛、其他无价值的材料和垃圾,意图模拟真实商品并欺骗(买方)"。[5]

上诉人进一步辩称,哈里斯没有也不可能指控伊朗国家广播电视公司或美利银行的行为属于茨特恩案的欺诈行为。他们断言,这种恶劣的行为是由哈里斯实施的。他们说,是哈里斯没有装运剩余的货物,不合理地拒绝延长从大陆银行获得的信用证延期,并故意放弃和破坏基础合同。相反,他们指

---

〔1〕 "Guaranty Letters of Credit: Problems and Possibilities", 16 *Ariz. L. Rev.* 822, 846-847 (1974).

〔2〕 J. White & R. Summers, *Handbook of the Law Under the Uniform Commercial Code*, 735-737 (2d ed. 1980).

〔3〕 "'Frand in the Transaction': Enjoining Letters of Credit During the Iranian Revolution", 93 *Harv. L. Rev.* 992 (1980).

〔4〕 Sztejn v. Henry Schroeder Banking Corp., 117 Misc. 719 (Sup. Ct. 1941).

〔5〕 Sztejn v. Henry Schroeder Banking Corp., 31 N.Y.S. 2d 633 (Sup. Ct. 1941).

出,他们告知大陆银行,如果信用证能延长到足够长的时间让哈里斯完成履约,他们就会满意。根据伊朗国家广播电视公司和美利银行的观点,哈里斯所拥有的——假设其主张是真实的——是对基础合同诉讼的不可能性辩护。

上诉人的论点在本案的上下文中没有说服力。茨特恩案并没有提供太多的直接指导,因为它涉及受益卖方在信用证交易中的欺诈行为,其形式是用虚假的文件掩盖基础交易中极其严重的欺诈行为。这并不意味着欺诈例外应限于涉及基础交易中欺诈的指控,也不意味着例外应限于保护传统信用证框架下的买方。欺诈例外是灵活的,例如,美国银行诉剑桥体育用品公司案[1],它可以代表客户寻求防止受益人欺诈性地利用备用(担保)信用证。[2][3][4]

因此,独立合同规则并没有使欺诈性要求与银行履行备用证的义务完全无关。本案中的指控与茨特恩案的指控不同,只是要求我们在评估受益人的行为时,根据要求中涉及的特定文件的条款,重点关注买方而不是卖方的行为。

为了收回担保信用证,伊朗国家广播电视公司需要宣布哈里斯没有遵守合同的条款和条件。哈里斯认为伊朗国家广播电视公司故意歪曲了哈里斯的履约质量;因此,哈里斯提出了传统上定义的欺诈行为。

我们认为,哈里斯举出的证据足以支持其在案情上有很大可能获胜的结论。事实表明,本案中的合同破裂并不是哈里斯的过错,而是由于伊朗革命带来的问题。伊朗国家广播电视公司在与哈里斯就如何执行合同的剩余部分进行谈判时显然也承认了这一点。尽管如此,伊朗国家广播电视公司仍试图取消履约担保。它试图这样做必然涉及它对哈里斯在合同中违约的陈述。然而,合同明确规定,合同可以因不可抗力而终止。此外,伊朗国家广播电视公司的要求是在一种巧妙地暗示欺诈的情况下提出的。由于伊朗国家广播电视公司和美利银行都已成为政府企业,该要求在某种意义上是伊朗自己提出的,可能是伊朗为了从大陆银行获得不应有的回报。在这种情况下,地区法

---

[1] United Bank v. Cambridge Sporting Goods Corp., 41 N. Y. 2d 254, 260 (1976).

[2] Shaffer v. Brooklyn Park Garden Apartments, 311 Minn. 452 (Minn. 1977).

[3] Dynamics Corporation of America v. Citizens and Southern National Bank, 356 F. Supp. 991 (N. D. Ga. 1973).

[4] 93 *Harv. L. Rev.* 992 (1980).

院可以酌情认定,在充分的听证会上,哈里斯很可能能够证明伊朗国家广播电视公司的要求是一种欺诈性的企图,目的是在哈里斯的实质性业绩之外,获得信用证付款的好处。"由于(不可抗力导致的合同取消),担保已被解除,不可能对担保或信用证进行合法催款。"〔1〕

（三） 无可挽回的伤害

地区法院认为,如果没有禁令,哈里斯很有可能受到不可弥补的伤害,这并没有滥用其自由裁量权。哈里斯已经充分证明,它对伊朗国家广播电视公司和美利银行采取法律补救措施（即收回备用金的收益）的能力已经被排除。很明显,目前伊朗的政权对美国及其公民表现出较深的敌意,因此不可能有效地诉诸伊朗法院。〔2〕同样,如果美国法院的命令会给伊朗的机构带来财政义务,那么伊朗的机构就不可能对美国法院的命令做出合作的反应。〔3〕在我们看来,哈里斯可能求助于伊朗-美国索赔法庭,这并不能改善就这一初步救济要求而言的不可挽回的伤害的可能性。

（四） 损害的平衡

两个上诉人都没有争辩说,初步禁令已经或将要对其造成任何伤害。由于不这样做哈里斯就有可能遭受不可挽回的伤害,所以伤害的平衡对哈里斯来说非常有利。

（五） 公共利益

在 1982 年 7 月 16 日提交给地区法院的一份利益声明中,美国表示,关于信用证索赔的《伊朗资产管制条例》新修正案仍然允许美国诉讼人在美国法院起诉并获得初步禁令救济。解释这些变化的补充资料很好地表明,像这里的初步禁令是符合公共利益的:

伊朗根据为美国当事人签发的备用信用证向伊朗-美国索赔法庭（"法庭"）提出了 200 多份索赔。美国国民向法庭提出了大量索赔,这些索赔涉及或基于伊朗索赔中的许多相同备用信用证。其他美国国民在美国法院就其中一些相同的信用证提出了待决诉讼。

---

〔1〕 Touche Ross & Co. v. Manufacturers Hanover Trust Co., 434 N.Y.S. 2d 575, 577 (Sup. Ct. 1980).

〔2〕 American Bell International v. Islamic Republic of Iran, 474 F. Supp. 420, 423 (S.D.N.Y. 1979).

〔3〕 21 Harv. Int'l L. J. 227–233 (1980).

该修正案的目的是保持现状，继续允许美国账户方获得初步禁令或其他临时救济，以阻止备用信用证的支付，同时暂时禁止、永久禁止、取消或以其他方式永久处置此类信用证的最终司法行动。

维持现状将为与伊朗就这些不同的信用证索赔的状况和处置进行谈判提供机会。在一段时期内保持现状还可以在法庭范围内解决法庭待决事项。该修正案将于 1982 年 12 月 31 日到期。

补充资料，《伊朗资产管制条例》，"涉及备用信用证的司法行动"，将编入《联邦法规》第 535.222（g）号和第 535.504 号（1982 年 7 月 1 日）。

然而，美利银行指控说，在这里发布初步禁令会威胁到信用证在商业交易中的功能。无可否认，这让我们停顿了一下，因为违背合同以某种方式开展业务的意图而施加救济是不恰当的。有些人可能会争辩说，在这种情况下使用欺诈例外会损害商业法，哈里斯可以选择转移本案中所代表的风险。然而，在这种情况下，我们不同意。第一，哈里斯已经证明有可能出现的那种欺诈性要求的风险，从本次交易中文件的结构方式来看，并不应该由它承担这种风险。第二，认为哈里斯可以通过在信用证中插入特殊条件来进一步保护自己，并应局限于这种保护，是忽视了起草商业文件的现实情况。第三，与哈里斯提出的第一条论点不同的是，基于显示欺诈而发出的初步禁令并不会给善意承兑信用证的银行带来不幸的后果；在银行将被禁止支付信用证之前，应该由客户寻求并获得禁令。最后，像我们面前的这种外国情况是例外的。基于这些原因，地区法院的裁决并不违背维护信用证市场诚信和商业效用的公共利益。

五、结论

在本案中，必要的管辖权要素要么存在，要么被放弃，而初步禁令救济的要求已经得到满足。因此，地区法院的决定得到维持。

▶ 案情简介

原告美国制造商起诉被告伊朗国家广播电视公司，要求禁止支付、禁止接收保函付款、禁止接收信用证付款，还要求判决宣布保函和信用证的合同因不可抗力而终止，因为伊朗革命和随后发生的伊朗武装分子扣押美国大使馆人质引发了危机。

争议焦点

原告有很大可能在案情上获胜，如果不批准禁令，原告有很大可能遭受不可弥补的伤害，伤害的平衡对原告非常有利，在批准禁令救济不会违背维护信用证的市场完整性和商业效用的公共利益的情况下，地区法院是否正确地批准了初步禁令救济，即禁止支付和接收保函付款和接收信用证付款？——是

法律规范

《美国法典》第28篇第1391（f）条控制审理地点。[1]地点是可以通过动议提出的个人特权，可以放弃。[2]地点不是管辖权的先决条件，地点的存在或不存在不影响法院的裁决权力。[3]

这里所宣称的管辖权依据是第1330（a）条，它授权地区法院行使，原始管辖权不考虑本标题第1603（a）条所定义的针对外国的任何非陪审团民事诉讼的争议金额，根据本标题第1605~1607条或任何适用的国际协议，外国无权对任何人身救济请求享有豁免。

国际协议是《美国和伊朗之间的友好、经济关系和领事权利条约》[4]。缔约国一方的任何企业，包括公有或控制的公司、协会、政府机构和部门，如果在另一缔约国领土内从事商业、工业、航运或其他商业活动，不得为其自身或其财产主张或享有免于税收、诉讼、执行、判决、私人拥有和控制的企业承担的其他责任的豁免权。

第1605~1607条中的每一项豁免条款都要求诉讼与美国之间存在某种联系，或者外国明确或暗示放弃管辖豁免。

---

[1] 28 U.S.C. §1391 (f).
[2] 15 C. Wright and A. Miller, Federal Practice and Procedure §3846 (1976).
[3] Neirbo Co. v. Bethlehem Shipbuilding Corp., 308 U.S. 165, 167–168, (1939).
[4] 8 U.S.T. 899, T.I.A.S. 3853.

《美国和伊朗之间的友好、经济关系和领事权利条约》确实需要"商业、工业、航运或其他商业活动在美国境内",以便受控企业受到法院的管辖。

《外国主权豁免法》提供了主权豁免的例外。第 1605（a）(2) 条规定,如果诉讼是基于外国在美国境外的行为与外国在其他地方的商业活动有关,而且在美国境外的行为对美国造成直接影响,则外国不得豁免。

美国公民在德黑兰机场遭受的伤害在美国没有"直接影响",尽管伤害是"在这里忍受的"。[1]美国公民在莫斯科酒店火灾中的死亡并未对美国造成直接影响。[2]

违反水泥合同或违反信用证的行为将在美国产生直接影响,因为美国公司将被排除在美国收款;"有关调查是当原告是一家公司时,该公司是否遭受了'直接'经济损失";[3]取消石油销售合同涉及公司买方所在地的直接影响。因此,适用的法定条款和条约都放弃了主权豁免。

宪法规定了"州与外国之间或公民与外国之间"的多元化管辖权。[4]

确定标的物管辖权后,必须通过评估送达程序来完成第 1330（b）条的调查。此外,由于"该法案不能在宪法禁止的地方建立属人管辖权"[5],必须根据正当程序的标准评估权力的行使。

如果存在足够的"关联情况",被告应该已经合理地预期会在这里被起诉,符合公平。[6]

与标的物管辖权不同,缺乏属人管辖权的缺陷可放弃。[7]如果被告没有在适当的时间在区法院辩护缺乏属人管辖权,则该反对意见将被放弃,将视被告同意授予法院管辖权。[8]

初步禁令的四个先决条件是:①原告在案情上胜诉的可能性很大;②如果不批准禁令,原告将受实质威胁遭受无法弥补的伤害;③对原告的威胁损害

---

[1] Upton v. Empire of Iran, 459 F. Supp. 264, 266 (D. D. C. 1978).
[2] Harris v. VAO Intourist, 481 F. Supp. 1056, 1062 (E. D. N. Y. 1979).
[3] Carey v. National Oil Corp., 592 F. 2d 673, 676-677 (2d Cir. 1979).
[4] U. S. Const. art. III, § 2, cl. 1.
[5] Texas Trading and Milling Corp. v. Federal Republic of Nigeria, 647 F. 2d 308, 312 (2d Cir. 1981).
[6] World-Wide Volkswagen Corp. v. Woodson, 444 U. S. 286, 291-299 (1980).
[7] Petrowski v. Hawkeye-Security Insurance Co., 350 U. S. 495, (1956).
[8] Rauch v. Day & Night Manufacturing Corp., 576 F. 2d 697, 701 (6th Cir. 1978).

必须超过禁令可能对被告造成的威胁损害;④给予初步禁令不得损害公共利益。[1][2]在审查这些因素时,法院必须牢记,颁发初步禁令属于地区法院的合理裁量权,除非有明显滥用裁量权的情况,否则上诉时不会受到干扰。[3][4]

信用证就其性质而言,是与基础销售合同或其他合同分开的交易,与这些合同无关,也不受这些合同的约束。[5]

塔奇·罗斯会计事务所案[6],在类似的事实下,法院发现基础合同因不可抗力终止,并据此认定保函已解除,禁止支付担保信用证。

根据"交易欺诈"原则,如果证明信用证受益人有欺诈行为,法院可以不顾独立原则,下令对信用证付款。[7]

茨特恩案[8]涉及受益人卖方在信用证交易中的欺诈行为,以虚假文件的形式掩盖了基础交易的严重欺诈行为。

欺诈例外是灵活的,[9]可以代表客户援引欺诈例外,以求防止受益人欺骗性地利用备用(担保)信用证。[10][11][12]

由于(不可抗力取消合同),解除担保书,对担保书或信用证不能提出合法请求。

《伊朗资产管制条例》新修正案的目的是维持现状,继续允许美国账户方获得初步禁令或其他临时救济,以阻止备用信用证的支付,同时暂时禁止、永久禁止、取消或以其他方式永久处置此类信用证的最终司法行动。

---

[1] S-1 v. Turlington, 635 F. 2d 342, 345 n. 4 (5th Cir.).

[2] Canal Authority of Florida v. Callaway, 489 F. 2d 567, 572 (5th Cir. 1974).

[3] Doran v. Salem Inn, Inc. , 422 U. S. 922, 931-932 (1975).

[4] S-1 v. Turlington, 635 F. 2d 342, 345 (5th Cir.).

[5] U. C. C. § 5-114 (Comment).

[6] Touche Ross & Co. v. Manufacturers Hanover Trust Co. , 434 N. Y. S. 2d 575 (Sup. Ct. 1980).

[7] J. White & R. Summers, *Handbook of the Law Under the Uniform Commercial Code*, 735-737 (2d ed. 1980).

[8] Sztejn v. Henry Schroeder Banking Corp. , 117 Misc. 719, 31 N. Y. S. 2d 631 (Sup. Ct. 1941).

[9] United Bank v. Cambridge Sporting Goods Corp. , 41 N. Y. 2d 254, 260 (1976).

[10] Shaffer v. Brooklyn Park Garden Apartments, 250 N. W. 2d 172 (Minn. 1977).

[11] Dynamics Corporation of America v. Citizens and Southern National Bank, 356 F. Supp. 991 (N. D. Ga. 1973).

[12] 93 *Harv. L. Rev.* 992 (1980).

维持现状将为与伊朗就这些信用证索赔的地位、处理问题进行谈判提供机会。在一段时间内维持现状也使法庭有可能解决摆在它面前的未决事项。[1]

▶ 双方辩词

原告：原告起诉伊朗国家广播电视公司和美利银行，寻求初步禁令，要求禁止支付、接收担保书的付款、禁止接收信用证的付款，要求法院宣布担保书和信用证的合同因不可抗力而终止。

（不可抗力）不可抗力终止了原告与伊朗国家广播电视公司的合同义务，使随后伊朗国家广播电视公司试图利用美利银行出具的履约担保不合法。伊朗革命造成的破坏性条件最初阻止了最后六台发射机的运输。由于1979年11月14日生效的《伊朗资产管制条例》，财政部宣布向伊朗运输的所有一般许可证无效，财政部要求卖家在出口货物之前逐一获得特别许可证，致使原告无法运送材料。

（放弃）地点是通过动议提出的个人特权，可以放弃特权。地点不是管辖权的先决条件，地点是否存在不影响法院的裁决权。由于地点的适当性从未在地区法院受到质疑，上诉人已经放弃在上诉中提出该问题的任何权利。如果被告没有在适当的时候提出缺乏个人管辖权的抗辩，则被告放弃了反对意见，法院认为被告同意授予法院管辖权。

被告：（弃权）条约中豁免条款的范围是限制性的，豁免必须被理解为地域性的、交易性的豁免，豁免要求美国和被起诉的特定商业活动之间有联系。

原告：（管辖权）法院有权审理，宪法规定了一个州或公民与外国之间的多样性管辖权。

被告：（管辖权）法院批准被告的初步禁令有错，因为我有主权豁免权。主权豁免权可能会剥夺法院的属人管辖权、标的物管辖权。没有适当的地点，法院也没有属人管辖权因为送达程序不适当。法院批准被告初步禁令是滥用自由裁量权。

---

[1] 31 C. F. R. §§ 535.222（g）and 535.504（July 1, 1982）.

原告：（例外）司法豁免权中的主权豁免例外是通过法规和国际协议援引的，两种方式都是第 1330（a）条中提到的。国际协议是《美国和伊朗之间的友好、经济关系和领事权利条约》。

（《外国主权豁免法》）《外国主权豁免法》为主权豁免提供了一个例外。第 1605（a）（2）条规定，在任何情况下，如果诉讼是基于外国在美国领土之外的商业活动的行为，行为在美国造成了直接影响，则外国不应享有豁免。被告在伊朗有商业活动。

（影响）被告要求对信用证付款涉及第 1605（a）（2）条意义上的直接影响，因为触发了哈里斯公司在佛罗里达州墨尔本账簿的一个封锁账户，并解除了信用证。信用证安排是根据被告的意愿构建，延伸到美国。因此，被告的要求有可预见的重大财务后果。

被告： 立法者通过《外国主权豁免法》时，并不打算建立一个国际索赔法院。我的解读对于防止这种结果是有必要的。

（影响）这样的影响是不够的，因为《外国主权豁免法》所设想的直接影响没有中间因素、是没有偏差或中断的直线影响。直接影响的标准要求在美国有实质性的影响、是国外行为直接可预见的结果。

原告：《外国主权豁免法》无意通过条约效力限制主权豁免的程度，第 1605~1607 条列举了必须存在的交易性接触，以便根据这些条款放弃主权豁免权、法院行使个人管辖权。但是，这些接触要求并没有对根据条约放弃主权豁免权、行使管辖权造成障碍。立法史指出，第 1605~1607 条的每个豁免条款都要求诉讼与美国间有某种联系，或者外国明示或暗示放弃其管辖豁免权。条约没有体现美利银行所提出的限制，美利银行的解读对于阻止原告利用第 1330（a）条将美国法院变成国际索赔法院是没有必要的。

（宪法）美利银行有目的地利用了在美国开展活动的特权，因此，它清楚地知道它将受到起诉。自 1969 年以来，美利银行在纽约保持了一个活跃的办事处，在向纽约州银行监管局提交的文件中，美利银行强调了其美国办事处的商业意义。美利银行参与的商业交易在美国有实质性的履行，伊朗国家广播电视公司签订了一份要求哈里斯在美国履行的合同，合同涉及对伊朗国家广播电视公司人员的培训。这些商业行为的接触足够充分行使属人管辖权。

被告：（送达）不符合《外国主权豁免法》的某些要求，我没收到实际通知。

原告：（根据案情成功的可能性）双方修改了独立性原则，合同使银行担保成为合同的一个组成部分。合同规定在合同因不可抗力而终止时，伊朗国家广播电视公司应解除所有担保，不可抗力发生后，合同和担保终止。银行不是基础合同的当事方。哈里斯公司依据的合同条款与伊朗国家广播电视公司的保证具有同等效力，即如果合同因不可抗力终止，它将不会提取美利银行开出的信用证。根据交易中的欺诈理论，如果证明信用证受益人欺诈，法院可以不顾独立原则、禁止支付信用证的款项。

（茨特恩案，欺诈）茨特恩案没有提供太多的直接指导，因为它涉及受益卖方在信用证交易中的欺诈行为，其形式是用虚假的文件掩盖基础交易中令人震惊的欺诈行为，这并不意味着欺诈例外应该局限于在基础交易中指控欺诈，也不意味着该例外应局限于保护传统信用证框架下的买方。欺诈例外是灵活的，伊朗国家广播电视公司故意歪曲哈里斯公司的业绩质量。伊朗国家广播电视公司的要求是个欺诈性的尝试，合同失败不是哈里斯公司的错，而是伊朗革命带来的问题。地区法院运用自由裁量权认定伊朗国家广播电视公司的要求是一个欺诈性的企图——除了获得哈里斯公司履约的好处外，还获得了信用证的付款。合同明确规定可因不可抗力而终止。由于伊朗国家广播电视公司和美利银行都已成为政府企业，从某种意义上说，这一要求是伊朗对自己提出的，可能是伊朗为了努力从大陆银行获得不应得的好处。

被告：信用证法的基本原则是信用证独立于基础合同。

只有在表明存在严重不当行为的情况下，法院才能发出禁令。交易中的欺诈行为应限于茨特恩案这一里程碑式的案件中出现的那种欺骗行为，哈里斯公司没有也不能指控伊朗国家广播电视公司或美利银行的行为是茨特恩案中的欺诈行为。哈里斯公司的行为令人震惊，哈里斯公司没有运送剩余货物，不合理地拒绝延长从大陆银行获得的信用证，故意放弃、破坏基础合同。我告诉大陆银行如果信用证能延长足够长的时间让哈里斯公司完成履约，我就会满意。如果哈里斯公司所声称的所有事实为真，那都是对基础合同诉讼做出的不可能辩护。伊朗国家广播电视公司试图履约担保，哈里斯公司违约。

原告：（不可弥补的伤害）目前伊朗政权对美国及其公民表现出较深的敌意，因此，诉诸伊朗法院不可能有效。如果美国法院的命令会对伊朗国家机构施加财政义务，那么伊朗国家机构对美国法院的命令不可能合作。

（损害的平衡）被告公司都没有争辩初步禁令已经或将要对它造成任何伤害。因为哈里斯公司有可能遭受不可挽回的伤害，权衡伤害程度，法院应支持哈里斯公司，发布初步禁令。

原告：（公共利益）发布初步禁令符合公共利益。哈里斯公司所证明的那种欺诈性要求的风险，根据交易文件的结构方式，是不应由哈里斯公司承担的。认为哈里斯公司可以通过在信用证中添加特殊条件进一步保护自己，并应局限于这种保护，忽视了起草商业文件的现实情况。在银行被禁止支付信用证之前，应由客户来寻求并获得禁令，法庭面对的这种外国情况是例外。

被告：维持现状将为与伊朗就不同信用证索赔的地位和处置谈判提供机会，发布初步禁令将威胁信用证在商业交易中的功能。

▶判决结果

法院维持了一项地区法院命令，批准救济哈里斯公司的初步禁令。法院禁止伊朗国家广播电视公司根据特定的银行担保信用证向美利银行提出要求，禁止美利银行根据该信用证向伊朗国家广播电视公司支付款项，禁止美利银行根据大陆银行签发的有利于美利银行的备用信用证从大陆银行获得付款。因为，在法律问题上哈里斯公司胜诉的可能性很大，如果禁令不被批准，哈里斯公司将遭受无法弥补损害的重大威胁，损害的平衡严重偏向哈里斯公司，授予禁令的救济并不违反维护信用证担保市场诚信和商业效用的公共利益。

▶思考延伸

● 银行只根据单据与信用证的描述是否吻合，而不查验货物决定是否进行支付，好不好？

好。银行应保持绝对中立，银行信用能为买卖双方的交易提供较为可靠的保障，为了节约成本和保证国际贸易高效发展，只要单据与信用证的描述吻合，就可以满足受益人的付款请求。银行不会查验货物，也不具备查验货物的条件。

　　不好。银行应该查验货物决定是否进行支付。卖方的货物数量、质量可能不符，可能捏造不存在的货物，可能合法骗取资金后逃之夭夭。因为国与国之间距离遥远，如果银行不查验货物支付，买方既不能要求银行对单据负责，又找不到欺诈者。

12 知识产权的国际保护 | 柯桑恩诉约翰·威利父子公司案[1]

> ▶ 原文赏析

《版权法》第106条授予"本标题下的版权所有者'某些'专属权利",包括"通过销售或其他所有权转让方式向公众分发版权作品的副本"的权利。[2]然而,这些权利是由该法接下来的几节,即第107~122条中规定的各种限制所限定的。这些章节通常被称为"对专有权的限制",包括例如,"合理使用"原则[3],允许有限的图书馆档案复制[4],以及本案中争议的"首次销售"原则[5]。

第109(a)条"首次销售"原则作了如下规定:"尽管有第106(3)条(授予所有者独家分销权的条款)的规定,但根据本标题合法制作的特定副本或录音带的所有者有权在没有版权所有者授权的情况下,出售或以其他方式处置该副本或录音带的拥有权。"

因此,即使第106(3)条禁止未经版权所有者的许可分发版权小说《赫尔佐格》的副本,但第109(a)条补充说,一旦《赫尔佐格》的副本被合法出售(或其所有权被合法转让),该副本的买方和随后的所有者可以自由地处

---

[1] Kirtsaeng v. John Wiley & Sons, Inc., 568 U.S. 519 (2013).
[2] 17 U.S.C. §106(3).
[3] 17 U.S.C. §107.
[4] 17 U.S.C. §108.
[5] 17 U.S.C. §109.

置它。用版权术语来说,"首次销售"已经"用尽"了版权所有者的第106(3)条独家分销权。

然而,如果《赫尔佐格》的副本是在国外印刷的,然后在版权所有者的许可下最初出售,那该怎么办?第一次销售原则是否仍然适用?买方是否像国内生产的复制品的买方一样,可以自由地将复制品带入美国并按自己的意愿处置?

从技术上讲,"进口"条款,即第602(a)(1)条,说的是"未经本标题下的版权所有者授权,将在美国境外获得的作品的副本进口到美国,是对第106条规定的分发副本的专有权的侵犯"[1]。

因此,第602(a)(1)条明确规定,未经许可进口副本违反了所有者的独家分销权。但在这样做的时候,第602(a)(1)条明确提到了第106(3)条的独家分销权。正如我们刚才所说,第106条的用语"服从"于第107~122条所载的各种理论和原则,包括第109(a)条的"首次销售"限制。在考虑第602(a)(1)条是否禁止进口副本时,这些修改是否同样适用——特别是"首次销售"的修改是否适用?

在质量王案[2]中,我们认为第602(a)(1)条对第106(3)条的独家销售权的提及包含了后面各节的限制,特别是包括第109条的"首次销售"原则。因此,似乎尽管有第602(a)(1)条的规定,在国外购买副本的人可以自由地将该副本进口到美国并处置它,就像他在美国购买该副本一样。

但是,宝利金公司案考虑的是虽然在国外购买,但最初是在美国制造(然后送到国外销售)。本案与宝利金公司案相似,但有一个重要事实。本案所涉及的副本是在国外制造的。这一事实很重要,因为第109(a)条规定,"首次销售"原则适用于"根据本标题合法制作的特定副本或录音带"。而我们必须在此决定,"根据本标题合法制作"这几个字是否会产生关键的法律差异。

把章节编号放在一边,我们要问的是,"首次销售"原则是否适用于保护在国外合法制作的(受版权保护的作品)副本的买方或其他合法所有人。买

---

[1] 17 U. S. C. §602(a)(1)(2006 ed., Supp. V).
[2] Quality King Distributors, Inc. v. L'anza Research Int'l, Inc., 523 U. S. 135, 145 (1998).

方是否可以在没有得到版权所有者的许可的情况下将该复制品带入美国（并将其出售或赠送）？例如，某人在二手书店购买了一本在国外印制的书，随后是否可以在没有版权所有者许可的情况下转售该书？

在我们看来，这些问题的答案是，是的。我们认为，"首次销售"原则适用于在国外合法制作的版权作品的副本。

一

（一）

被告约翰·威利父子公司出版学术教科书。威利公司从其作者那里获得了各种国外和国内的版权转让、许可和授权——就目前而言，我们可以将威利公司称为相关的美国版权所有者。[1]威利公司经常向其国外全资子公司约翰·威利父子（亚洲）私人投资有限公司授予在国外出版、印刷和销售威利公司英语教科书的权利。威利亚洲公司国外版的每一份副本都可能包含明确的语言，表明该副本只在美国以外的特定国家或地理区域销售。[2]

例如，威利公司美国版的副本上写着："版权，2008，约翰·威利父子出版公司保留所有权利在美国印刷。"[3]

威利亚洲公司的该书亚洲版的一个副本写着："版权，2008，约翰·威利父子（亚洲）私人投资有限公司保留所有权利。本书仅授权在欧洲、亚洲、非洲和中东地区销售，不得出口到这些地区之外。未经出版商授权，将本书出口或进口到其他地区是非法的，是对出版商权利的侵犯。出版商可能会采取法律行动来行使其权利在亚洲印刷。"[4]

外国和美国的副本都写着："本出版物的任何部分都不得以任何形式或手段进行复制、储存在检索系统中或传播，除非得到1976年美国《版权法》第107条或第108条的许可。"例如，上述（国际版）与（美国版）[5]相比。

结果是，威利公司教科书有两个本质上相等的版本，每个版本都是在威

---

[1] 654 F. 3d 210, 213, n. 6 (C. A. 2 2011).
[2] 654 F. 3d, at 213.
[3] J. Walker, Fundamentals of Physics, p. vi (8th ed. 2008).
[4] J. Walker, Fundamentals of Physics, p. vi (8th ed. 2008 Wiley Int'l Student ed.).
[5] J. Walker, Fundamentals of Physics, p. vi (8th ed. 2008).

利公司的许可下生产和销售的：①在美国印刷和销售的美国版本，和②在国外生产和销售的外国版本。而且，威利公司确保第二个版本的副本注明（未经许可）不得带入美国境内。

申请人苏帕普·柯桑恩是泰国公民，于1997年移居美国，在康奈尔大学学习数学。他在泰国政府奖学金的帮助下支付了教育费用，该奖学金要求他毕业后回国任教10年。柯桑恩在康奈尔大学顺利完成了本科课程，在南加州大学顺利完成了数学博士课程，然后如约回到泰国任教。当他在美国学习时，柯桑恩让他在泰国的朋友和家人在泰国的书店购买外国版的英文教科书，那些书在那里以低价出售，然后邮寄给在美国的他。然后，柯桑恩将这些书卖掉，偿还给他的家人和朋友，并保留利润。

（二）

2008年，威利公司针对柯桑恩的版权侵权行为提起了这场联邦诉讼。[1] 威利公司声称，柯桑恩未经授权进口其书籍，后来又转售这些书籍，这相当于侵犯了威利公司的第106（3）条独家分销权以及第602条相关的进口禁令。[2] 柯桑恩回答说，他获得的书是"'合法制造'的"，他是合法地获得这些书。[3] 因此，在他看来，第109（a）条的"首次销售"原则允许他转售或以其他方式处理这些书，而无须版权所有者的进一步许可。

地区法院认为，柯桑恩不能主张"首次销售"辩护，因为在它看来，该原则不适用于"外国制造的商品"（即使是经版权所有者许可在国外制造的商品）。在此，陪审团随后认定，柯桑恩在没有授权的情况下销售和进口了威利公司的8种版权作品的副本，故意侵犯了威利公司在美国的版权，并评估了600 000美元的法定赔偿金（每件作品75 000美元）。[4]

在上诉中，第二巡回法院的一个分歧小组同意地区法院的意见。它指出，第109（a）条的"首次销售"原则只适用于"根据本标题合法制作的特定副本的所有者"。而且，在大多数人看来，这种语言意味着"首次销售"原则不

---

[1] 654 F. 3d, at 213.

[2] 17 U.S.C. § §106（3）（2006 ed.），602（a）（2006 ed., Supp. V）.

[3] No. 1：08-CV-7834-DCP（SDNY），Doc. 14, p. 3.

[4] 654 F. 3d, at 215.

适用于在国外制作的美国版权作品的副本。一位持反对意见的法官认为,"根据本标题合法制作"的措辞并不是指"制作地",而是"关注特定副本是否根据"美国的版权法规合法制作,而且"某一特定副本的制造是否合法应根据美国《版权法》来判断"。

我们批准了柯桑恩的诉讼请求,以便根据各巡回法院的不同观点考虑这个问题。"首次销售"原则不适用于在美国以外制作的副本,"首次销售"原则适用于在美国境外制作的副本,前提是当授权的首次销售发生在美国境内。[1]由一个同样分歧的法院裁定,将"首次销售"原则限制在美国境内制作的副本,"不符合《版权法》的规定"[2]。

二

我们必须决定"根据本标题合法制作"的措辞是否在地理上限制了第109(a)条的"首次销售"原则的范围。第二巡回法院、第九巡回法院、威利公司和副检察长(作为法庭之友)都将上述措辞解读为施加了某种形式的地理限制。第二巡回法院认为,它们将"首次销售"原则限制在"在《版权法》为法律的地区制作的"特定副本,(巡回法院说)这些副本是"在国内制作的",而不是"在美国境外制作"。[3]威利公司同意将"首次销售"原则限制在"符合《版权法》适用的美国《版权法》的复制品",(威利公司说)这意味着它不适用于"在美国境外"制作的复制品,至少不适用于"在国外制作复制品,专门在国外发行"。同样,副检察长说,这限制了"首次销售"原则对"根据并遵守《版权法》制作的"副本的适用性,(副检察长说)这些副本是"在美国境内制作的"。第九巡回法院认为,这些词语限制了"首次销售"原则的适用性:①在美国合法制作的副本,以及②在美国境外合法制作但最初经版权所有者允许在美国销售的副本。[4]

根据上述任何一种地理解释,第109(a)条的"首次销售"原则将不适

---

[1] Omega S. A. v. Costco Wholesale Corp., 541 F. 3d 982, 986 (C. A. 9 2008).
[2] Sebastian Int'l, Inc. v. Consumer Contacts (PTY) Ltd., 847 F. 2d 1093, 1098 (C. A. 3 1988).
[3] 654 F. 3d, at 221–222.
[4] Denbicare U. S. A. Inc. v. Toys "R" Us, Inc., 84 F. 3d 1143, 1149–1150 (1996).

用于本案中受争议的威利亚洲公司书籍。而且，尽管美国版权所有者允许在国外制作副本，但购买任何此类书籍或其他版权作品副本的人——无论是在零售店、通过互联网还是在图书馆销售——未经进一步许可，不能转售（或以其他方式处置）该特定副本。

然而，柯桑恩将"根据本标题合法制作"的措辞解读为施加了一个非地域性的限制。他说，它们的意思是"根据"或"遵照"《版权法》制作的。在这种情况下，只要版权作品的制造符合美国《版权法》的要求，第109(a)条的"首次销售"原则将适用于版权作品。特别是，该原则将适用于像本案一样，经版权所有者许可在国外制造副本的情况。

我们认为，第109(a)条的语言、上下文以及"首次销售"原则的普通法历史共同支持非地理解释。我们也怀疑国会是否有意制造与版权有关的实际危害，而地理解释将威胁到普通的学术、艺术、商业和消费活动。见下文第二(四)部分。因此，我们得出结论，柯桑恩的非地理解释是对该法更好的解释。

（一）

第109(a)条的语言从字面上看有利于柯桑恩的非地理解释，即"根据本标题合法制作"意味着"根据"或"遵守"《版权法》。第109(a)条的语言没有说到地理问题。"根据"这个词可以是"按照"的意思。[1][2]而非地理解释为这个短语的每个词提供了一个独特的目的。该短语中的"合法制作"，表明要努力区分那些合法制作的副本和不合法的副本，而"根据本标题"，规定了"合法性"的标准。因此，非地理解释的解读是简单的，它促进了传统的版权目标（打击盗版），并且逐字地产生语言意义。

然而，地理解释充满了语言上的困难。它给"合法"这个词的语言工作做得很少，几乎没有。（一本书怎么可能不是合法的"根据本标题制作"?）它将地理学引入一个没有明确说明的法律条款中。而且，它比最初看起来要复杂得多。

为了从地理角度来解读该条款，威利公司与第二巡回法院和副检察长一样，必须首先强调"根据"一词。事实上，威利公司将"在本标题下"解读

---

[1] 18 Oxford English Dictionary 950 (2d ed. 1989).
[2] Black's Law Dictionary 1525 (6th ed. 1990).

为"在适用《版权法》的情况下符合《版权法》"。然后，威利公司必须采取第二步，争辩说该法只在美国"适用"。而副检察长也必须这样做。见美国简报6（"如果第17章规定了副本的制作，并且副本的制作符合第17章的要求，那么该副本就是'根据本标题合法制作'的"）。

一个困难是，"根据"和该短语中的任何其他词都没有"哪里"的意思。例如，牛津英语词典[1]（"根据"的定义）。它可能意味着"受制于"，但正如本法院一再承认的那样，这个词回避了统一、一致的含义。"'下'是变色龙"[2]；"根据"有"许多字典上的定义"，"必须从上下文中获取其含义"[3]。

更为严重的困难来自第二步的不确定性和复杂性，即在"适用"（或类似）一词中解读必要的地理限制。确切地说，《版权法》在哪里"适用"？该法并不能立即保护美国版权持有人免受发生在国外的未经授权的盗版行为的影响，但这一事实并不意味着该法不适用于国外制作的副本。作为一个普通的英语问题，我们可以说，对"任何生长在尼泊尔的杜鹃花"征收关税的法规适用于所有尼泊尔的杜鹃花。同样，我们可以说，美国《版权法》适用于所有的盗版，包括海外印刷的盗版。事实上，该法本身明确指出，（用副检察长的语言）国外印刷的盗版拷贝"受制于"该法[4]的约束，指副本的进口"其制作构成了对版权的侵犯，或者如果本标题适用的话会构成对版权的侵犯"；建议将"根据"理解为"受制于"。

该法第104条本身指出，"受本标题保护"的作品包括未发表的作品，"不考虑作者的国籍或住所"，以及在与美国签署版权条约的近180个国家中的任何一个国家"首次发表"的作品，这就强调了这种语言用法的恰当性。[5][6][7]因此，普通英语允许我们说，该法"适用于"位于作者都柏林办公桌抽屉里的爱尔兰手稿，也适用于最初在日本制作、现在在京都艺术馆展出的芭蕾舞

---

[1] 18 Oxford English Dictionary, supra, at 947-952.

[2] Kucana v. Holder, 558 U.S. 233, 245 (2010).

[3] Ardestani v. INS, 502 U.S. 129, 135 (1991).

[4] Act. §602 (a) (2) (2006 ed., Supp. V).

[5] 17 U.S.C. §104 (a), (b) (2006 ed.).

[6] 17 U.S.C. §101 (2006 ed., Supp. V).

[7] U.S. Copyright Office, Circular No. 38A, International Copyright Relations of the United States (2010).

表演的原始录音。[1]注意到"《版权法》不具有任何域外效力"的原则"需要一些限定"。

第九巡回法院的地理解释在语言上产生了更大的困难。正如我们所说，该巡回法院对"首次销售"原则的解释包括①在美国制作的复制品，和②在国外制作但经美国版权所有者允许在美国首次销售的复制品。[2]另见被告书第16页（表明该条款至少排除了"国外生产的专门在国外发行的拷贝"），第51页（在"授权进口产品的下游国内购买者的情况下，法院不需要决定版权所有者是否能够限制进一步的分销"），以及好市多仓储公司案[3]的请愿书（排除了"由无关的外国版权所有者制作的"进口副本）。

我们可以理解为什么第九巡回法院可能认为有必要增加其定义的第二部分。正如我们稍后所描述的，见下文第二（四）部分，如果没有这样的限定，版权持有人可以阻止买方在国内转售甚至赠送日本制造的电子游戏、德国制造的电影或中国制造的衣服（有设计版权）的副本，即使版权持有人已经允许该副本的国外制造、进口和在国内的首次销售。像威利公司这样的出版商可以自由地在国外印刷其书籍，允许其进口并在美国境内销售，但禁止学生以后在校园书店出售其使用过的文本。然而，我们认为这种半地理/半非地理的解释无法与"根据本标题合法制作"这一短语的语言相协调。就英语而言，这个短语似乎要么涵盖在国外合法制作的副本，要么不涵盖。

总而言之，我们认为地理解释造成的语言问题多于其解决的问题。而对简单性和连贯性的考虑则使纯粹的语言平衡倾向于柯桑恩，即非地理解释。

（二）

历史和当代法律背景都表明，国会在撰写目前版本的第109（a）条时，并没有考虑到地理问题。关于历史，我们将第109（a）条的当前语言与它的直接前身的语言进行比较。该条款的前身规定：

"本法中的任何内容都不应被视为禁止、阻止或限制转让已合法获得的版

---

[1] 4 M. Nimmer & D. Nimmer, Copyright §17.02, pp.17-18, 17-19 (2012).
[2] Denbicare U.S.A., 84 F.3d, at 1149-1150.
[3] Costco Wholesale Corp. v. Omega, S.A., O.T. 2010, No.08-1423, p.12.

权作品的任何副本。"[1][2]前者没有说到地理问题（威利公司也没有争论说它有）。因此，我们询问国会在改变其语言时，是否隐含地引入了以前所缺乏的地理限制。另见下文第二（三）部分（讨论1909年对普通法原则的编纂）。

语言的比较表明它没有这样做。先前的版本说，"首次销售"原则保护"任何已合法获得占有的副本的转让"。目前的版本说，"根据本标题合法制作的特定副本或录音带的所有者有权出售或以其他方式处置该副本或录音带的占有。"这种语言上的变化有什么作用？

前一个版本的语言指的是那些不是副本的所有者，而仅仅是"合法获得"副本的拥有者。目前的版本只包括那些"合法制作"的副本的所有者。这一变化遗漏了谁？谁可能合法地获得了版权作品的副本，但不拥有该副本？答案之一是电影院的所有者，他们在20世纪70年代（及以前）经常从电影发行商或电影制作人那里租赁电影。[3]描述了制片人—发行商和发行商—展览商的协议。由于影院所有者是"合法获得"他们的副本，早期的版本可以被理解为允许他们出售该副本，也就是说，它可能给予他们"首次销售"保护。由于剧院所有者是他们副本的承租人，而不是所有者，语言的变化清楚地表明，他们（像受托人和其他承租人）不能利用"首次销售"原则。那些认为立法历史有用的人可以在众议院司法委员会、《版权法》修订、版权注册人关于美国《版权法》总体修订的补充报告中找到确认。[4]（"当一个人从版权所有者那里租用了电影的副本，他将无权在未获得版权所有者的许可前出借、出租、出售或以其他方式处置该副本"）。普拉特和蒙克公司案[5]指出前身法规的租赁问题。

这一目标很好地解释了目前版本的新语言，包括这里有争议的几个词。第109（a）条现在明确规定，副本的承租人不会得到"首次销售"保护，但拥有副本的人将得到"首次销售"保护，当然，前提是该副本是"合法制作"的，而不是盗版。新的语言还考虑到，当一个复制品，例如录音制品，

---

[1] Copyright Act of 1909, §41, 35 Stat. 1084
[2] Copyright Act of 1947, §27, 61 Stat. 660.
[3] S. Donahue, American Film Distribution 134, 177 (1987).
[4] 1965 Revision Bill, 89th Cong., 1st Sess., pt. 6, p. 30 (Comm. Print 1965).
[5] Platt & Munk Co. v. Republic Graphics, Inc., 315 F. 2d 847, 851 (C. A. 2 1963).

通过使用强制许可进入其所有者的手中时，该拷贝可能是"根据本标题合法制作"的，而"本标题"在其他地方，即第115条中有规定。同样，对于那些认为立法历史有用的人来说，相关的立法报告明确了这一点。[1]（"例如，任何非法'盗版'录音带的转售都是侵权行为，但根据第115条的强制许可规定合法制作的录音带的处置则不是。"）

目前法规的其他条款也支持非地理解释。首先，该法规逐步取消了"制造条款"，该条款出现在早期的法规中，限制了许多在美国以外印刷的（受版权保护的作品）副本的进口。（"在1982年7月1日之前，禁止将主要由非戏剧性文学材料组成的作品副本进口到美国或在美国公开发行，除非由这些材料组成的部分是在美国或加拿大制造的。"[2]）该条款的逐步取消旨在使在美国制造的复制品和在国外制造的复制品的待遇平等。[3]

然而，"平等待遇"原则很难与"首次销售"条款的地理解释相吻合，该条款将授予美国版权持有人（也许是外国国民）对美国分销链（销售、转售、赠送和其他分销）的永久控制权，仅针对在国外印刷的副本，但不针对在美国印刷的副本。尤其难以相信的是，国会在寻求这种不平等待遇的同时，却对其只字不提，并且在相关的条款（制造业淘汰）中寻求相反的政策目标。[4]国会已经从1891年以前将外国作品完全排除在美国版权保护之外的版权制度转变为现在"确保大多数作品，无论是外国还是国内作品，都受到相同法律制度的约束"的制度。

最后，我们通常假定，当"根据本标题合法制作"短语出现在不同但相关的章节中时，它们具有相同的含义。[5]但在这里这样做会产生令人惊讶的后果。考虑如下：

（1）第109（c）条规定，尽管版权所有者有"展示"版权作品的专有权[第106（5）条规定]，但"根据本标题合法制作"的特定副本的所有者可以公开展示，而无须进一步授权。从地理上解释这些词，就意味着一个人在加

---

[1] H. R. Rep. No. 94-1476, p. 79 (1976), 1976 U. S. C. C. A. N. 5659, 5693.

[2] Act. §601, 90 Stat. 2588.

[3] H. R. Rep. No. 94-1476, at 165-166.

[4] Golan v. Holder, 565 U. S. (2012).

[5] Department of Revenue of Ore. v. ACF Industries, Inc., 510 U. S. 332, 342 (1994).

拿大、欧洲、亚洲买了受版权保护的艺术品、海报甚至保险杠贴纸，如果没有版权所有者的进一步授权，就不能在美国展示它。

（2）第109（e）条明确规定，"根据本标题合法制作"受版权保护的电子街机游戏的特定副本的所有者可以在未经版权所有者授权的情况下"在投币设备中公开表演或展示该游戏"。从地理上解释这些词语，意味着街机所有者不能（"未经版权所有者授权"）表演或展示最初在日本制造的电玩游戏（无论是新的还是使用过的）。[1]

（3）第110条第（1）款规定，允许教师在没有版权所有者授权的情况下，"在面对面的教学活动中"表演或展示受版权保护的作品（例如，视听作品）——除非该教师故意使用"在此标题下非法制作的副本"。从地理上解释这些词语，意味着教师不能（未经进一步授权）在课堂上使用一部电影的副本，如果该副本是在加拿大、墨西哥、欧洲、非洲或亚洲合法制作的。

（4）在其介绍性句子中，第106条为"本标题下的版权的所有者"提供了该法的基本专属权利。最后三个字不能支持地域性的解释。

威利公司基本上接受了前三种解读，但认为国会有意造成限制性后果。而且它认为，上下文只是要求第四个例子的字句得到不同的解释。把第四个例子放在一边，我们将在下文第二（四）部分中解释，为什么我们认为国会不可能有这样的意图，以及其他相关后果。

（三）

相关的法律解释原则倾向于非地理性的解读。"当一项法规涵盖了一个以前由普通法管辖的问题时"，我们必须假定"国会打算保留普通法的实质内容"。[2]（"侵犯普通法的法规，应以有利于保留长期确立的和熟悉的原则的推定来理解，除非有明显的相反的法定目的。"[3]）

"首次销售"原则是一项普通法原则，具有无可挑剔的历史渊源。在17世纪初，科克大法官解释了普通法不允许限制动产转让的规定。在提到15世

---

[1] Red Baron-Franklin Park, Inc. v. Taito Corp., 883 F. 2d 275 (C. A. 4 1989).

[2] Samantar v. Yousuf, 560 U. S. 305, n. 13 (2010).

[3] Isbrandtsen Co. v. Johnson, 343 U. S. 779, 783 (1952).

纪的顿市时，[1]科克大法官写道：

"（如果）一个人拥有一匹马或任何其他动产并以受赠人或出售人不得转让该动产为条件，给予或出售他的全部权益，（条件）是无效的，因为他的全部权益不属于他。因为他的全部利益不在他身上，所以他不可能有回返者，而且这违反了贸易和贩运，以及人与人之间的讨价还价和订立合同；我们的作者有理由认为它应该将他驱逐出赋予他的所有权力。"[2]

允许版权持有人控制动产出售后的转售或其他处置的法律，同样是"违反了贸易和贩运，以及人与人之间的讨价还价和订立合同"。

通过这最后几个字，科克大法官强调了让商品的购买者在转售或以其他方式处置这些商品时自由竞争的重要性。美国法律也普遍认为竞争，包括转售的自由，可以为消费者带来好处。具有"明显反竞争效果"的限制本身就是非法的；其他限制则受制于合理规则[3]；"反垄断政策的主要目标是通过鼓励企业的竞争行为来实现消费者福利的最大化"[4]。

"首次销售"原则还使法院摆脱了试图对难以追踪的、容易移动的货物实施限制的行政负担。而且，它避免了任何此类努力中固有的选择性执法。因此，至少一个世纪以来，"首次销售"原则在美国《版权法》中发挥了重要作用，这并不令人惊讶。[5][6][7]美国作家联盟的欧文·卡普对"《版权法》的基本概念表示关注，即一旦你合法出售一份副本，你就不能限制其转售"。

普通法学说没有地域上的区别；我们在鲍伯斯-梅里尔案（本法院首次适用"首次销售"原则的地方）或国会一年后颁布的第109（a）条的前身条款中也找不到任何区别。相反，正如副检察长所承认的，"直接适用鲍伯斯-梅里尔案"并不能排除"首次销售"抗辩适用于在海外制作的授权副本。我们找不到任何语言、上下文、目的或历史可以反驳该理论在这里的"直接应

---

〔1〕 Gray, "Two Contributions to Coke Studies", 72 *U. Chi. L. Rev.* 1127, 1135 (2005).

〔2〕 1 E. Coke, Institutes of the Laws of England § 360, p. 223 (1628).

〔3〕 Leegin Creative Leather Products, Inc. v. PSKS, Inc., 551 U. S. 877, 886 (2007).

〔4〕 1 P. Areeda & H. Hovenkamp, Antitrust Law ¶ 100, p. 4 (3d ed. 2006).

〔5〕 Bobbs-Merrill Co. v. Straus, 210 U. S. 339 (1908).

〔6〕 Copyright Act of 1909, § 41, 35 Stat. 1084.

〔7〕 Copyright Law Revision, Further Discussions and Comments on Preliminary Draft for Revised U. S. Copyright Law, 88th Cong., 2d Sess., pt. 4, p. 212 (Comm. Print 1964).

用"。

异议者认为，另一项法律解释原则不利于我们的解读，并指出在法规的其他地方，国会用不同的词来表达类似于我们采用的非地理性解读。引用第602（a）（2）条，禁止进口"制作构成侵犯版权，或如果本标题适用会构成侵犯版权"的复制品。因此，异议者认为，国会一定是指第109（a）条的不同语言意味着不同的东西［例如异议者自己对第109（a）条的地理解释］。然而，我们不知道有什么解释法则禁止将同一法规不同部分使用的不同词语解释为大致相同的意思。不管怎么说，如果有这样的原则，反对者对第109（a）条的解释也会违反它。这是因为国会在1976年法案的其他地方加入了"在美国或加拿大制造"的字样，它表达了与异议者在第109（a）条非常不同的语言中读到的地理思想几乎相同。

（四）

图书馆、旧书商、技术公司、消费品零售商和博物馆协会指出，地理解释将无法促进基本的《宪法》版权目标，特别是"促进科学和实用艺术的进步"。[1]

美国图书馆协会告诉我们，图书馆的藏书中至少有2亿册是在国外出版的（据推测，许多书是在近180个版权条约国中的一个国家首次出版的，并根据《美国法典》第17篇第104条享有美国的版权保护）；还有许多书是在美国首次出版的，但由于成本较低而在国外印刷；而地理解释很可能要求图书馆在流通或以其他方式分发这些书之前获得许可（或至少造成重大的不确定性）。参见美国图书馆协会等人作为法庭之友的简报（讨论潜在辩护的限制，包括合理使用和档案例外）；另见图书馆和图书贸易年鉴（在2000—2009年期间，"大量的图书印刷转移到外国"）。

美国图书馆协会问道，图书馆如何获得分发这数百万本书的许可？例如，他们怎样才能找到一本可能是几十年前写的外国书的版权所有者？他们可能不知道版权人现在的地址。参见美国图书馆协会的简报15［许多书都没有标明生产地点，"没有实际的方法来了解（某）书在哪里印刷"］。而且，即使

---

[1] U. S. Const., Art. I, §8, cl. 8.

能找到地址，寻找地址、联系所有者和谈判的成本可能确实很高。图书馆是否要停止流通、分发或展示其收藏的数百万本在国外印刷的书籍？

二手书商告诉我们，从本杰明·富兰克林和托马斯·杰斐逊建立外国书籍的商业和个人图书馆之时起，美国读者就开始购买在国外出版和印刷的二手书。参见鲍威尔图书公司等人作为法庭之友的简报 7〔1〕，这些经销商说，他们已经在"首次销售"原则适用的假设下"运作了几个世纪"。但是，根据地理解释，一个当代游客在莎士比亚书店（巴黎）买了一打外国书给美国朋友，可能会发现她违反了《版权法》。二手书商不可能轻易预测外国版权持有人对读者出售一本小说的二手版本可能有什么看法。而且他们认为，地域性的解释会伤害到很大一部分二手书的业务。

科技公司告诉我们，"汽车、微波炉、计算器、移动电话、平板电脑和个人电脑"都含有受版权保护的软件程序或包装。参见公共知识等人作为法庭之友的简报10，以及国际服务和计算机经销商协会公司等作为法庭之友的简报2。这些物品中有许多是在美国版权持有人的许可下在国外制造的，然后（经许可）销售和进口到美国。参见零售诉讼中心公司等作为法庭之友的简报4。地理解释将阻止未经每件受版权保护的汽车软件的每个版权持有人的许可而转售，例如一辆汽车。然而，没有理由相信外国汽车制造商经常从他们的软件组件供应商那里获得这种许可，而且威利公司在被问到时也没有表示相反的意见。没有这种许可，外国车主就不能出售他或她的二手车。

零售商告诉我们，2011年进口了价值超过2.3万亿美元的外国商品。参见零售业诉讼中心简报8。美国零售商在国外首次销售后购买了许多这些商品。而且，这些商品中有许多带有、携带或包含有版权的"包装、标识、标签和产品插页和说明，用于使用日常包装商品，从地板清洁剂、健康和美容产品到早餐谷物"。零售商补充，美国更传统的版权作品，"如书籍、录制的音乐、电影和杂志"的销售额可能达到2200亿美元以上，电子游戏业为160亿美元。地理上的解释将使其中的许多（如果不是全部），受到侵权诉讼威胁的破坏性影响。

---

〔1〕 M. Stern, Antiquarian Bookselling in the United States (1985).

艺术馆馆长要求我们考虑他们为展示外国生产的作品所做的努力，例如，赛·汤伯利、雷内·马格里特、亨利·马蒂斯、巴勃罗·毕加索和其他人的作品。参见前文（描述了第104条如何使这些作品"受到"美国版权保护）。他们说，地理上的解释将要求博物馆在展示作品之前获得版权所有者的许可，即使版权所有者已经将作品出售或捐赠给外国博物馆。参见艺术馆馆长协会等作为法庭之友的简报10～11。他们问，如果艺术家保留了版权，如果找不到艺术家，或者如果一群继承人在争论谁拥有哪个版权，博物馆该怎么办？

这些例子以及前面提到的其他例子，有助于解释为什么科克大法官认为"首次销售"原则是保护"贸易和贩运，以及人与人之间的讨价还价和订立合同"的必要，它们也有助于解释为什么美国《版权法》长期适用该原则。

无论是威利公司还是它的众多支持者，都不否认地理解释可以带来这些"可怕的东西"——至少在原则上。相反，威利公司主要是说，这个名单是人为发明的。它指出，一个联邦法院在三十多年前首次采用了地理解释。[1]然而，它补充说，这些问题并没有发生。为什么没有？因为，威利公司说，这些问题和威胁纯粹是理论上的；它们不可能反映现实。

我们就不那么乐观了。首先，这项法律并没有长期对威利公司有利。第二巡回法院在其下面的裁决中，是第一个采用纯粹的地理解释的上诉法院。第三巡回法院则倾向于非地域性的解释。第九巡回法院赞成修改后的地理解释，并附有旨在减少问题的非地理（但在文本上不能成立的）推论。而其他法院则对采用地理解释的有效性犹豫不决，并对其表示怀疑。[2][3]

另外，对"首次销售"原则的依赖深深植根于书商、图书馆、博物馆和零售商等人的实践中，他们长期以来一直依赖其保护。例如，博物馆并没有要求他们的外国同行在将毕加索的作品送去巡展之前向版权所有者的继承人查询的习惯。参见博物馆馆长协会的简报11～12。这种惰性意味着，在这些机构在其律师的指导下开始参与地理解释所要求的复杂的许可核实过程之前，可能需要进行巨大的改变。而本法院采用地理解释可以导致这种巨大的变化。

---

[1] CBS, Inc. v. Scorpio Music Distributors, Inc., 569 F. Supp. 47, 49 (E. D. Pa. 1983).

[2] Pearson Educ., Inc. v. Liu, 656 F. Supp. 2d 407 (S. D. N. Y. 2009).

[3] Red-Baron Franklin Park, Inc. v. Taito Corp., 1988 WL 167344 (E. D. Va. 1988).

这些不可容忍的后果（以及版权所有者即使授权进口或首次销售也可以行使下游控制权的荒谬结果），可以合乎情理地导致第九巡回法院、副检察长作为法庭之友，以及反对者采用法规的文本解读，试图减轻这些危害。[1][2]但这些解读是站不住脚的，因为它们需要跨越太多前所未有的语言和其他障碍，而我们认为这些障碍是无法克服的。例如，后面承认其对第106（3）条的解读"大大限制了第109（a）条的独立效果"。

最后，到目前为止，伤害被证明是有限的，这一事实可能只是反映了版权持有人到目前为止不愿意主张基于地理的转售权。如果法律得到了有利于他们的澄清，他们可能会做出不同的决定。无论如何，一部只有在未强制执行的情况下才能在实践中发挥作用的《版权法》不是一部健全的版权法。它是一部会造成不确定性的法律，会带来选择性的执行，而且如果广泛不执行，会滋生对《版权法》本身的不尊重。

因此，我们认为，请愿人和他的辩护人所描述的实际问题太严重、太广泛，而且太有可能发生，我们不能将其视为无关紧要——特别是考虑到对外贸易对美国日益增长的重要性。[3]结果是，与版权有关的后果以及语言、上下文和解释规则都强烈反对对第109（a）条进行地理解释。

三

威利公司和反对者又提出了几个支持地理解释的重要论点。第一，他们说，我们的宝利金公司案裁决有力地支持了其地理解释。在该案中，我们询问该法的"进口条款"，即现在的第602（a）(1)条［当时的第602（a）条］，是否禁止（未经许可）进口受版权保护的物品（贴在护发产品上的标签），其中美国版权所有者授权首次销售和出口在美国制造的带有版权标签的护发产品，而买方试图未经版权所有者许可将其进口回美国。[4]

---

[1] Brief for United States 27-28.

[2] Post, at 1386-1388.

[3] The World Bank, Imports of goods and services (% of GDP) (imports in 2011 18% of U. S. gross domestic product compared to 11% in 1980), online at http://data.worldbank.org/indicator/NE.IMP.GNFS.ZS? (last visited Mar. 15, 2013, and available in Clerk of Court's case file).

[4] 523 U. S., at 138-139, 118 S. Ct. 1125.

我们认为，进口条款并不禁止将产品送回美国（未经版权所有者的许可）。该条款说：

"未经本标题下的版权所有者授权，将在美国境外获得的作品的副本或录音带进口到美国，是对第 106 条规定的分发副本或录音带的专有权的侵犯。"[1][2]

我们指出，该节规定进口是对"106 条规定的独家分销权"的侵犯。我们注意到，第 109（a）条的"首次销售"原则限制了第 106 条独家分销权的范围。我们认为，有争议的产品至少已经销售过一次，这是既定事实。我们认为，因此，进口受版权保护的标签并不违反第 602（a）（1）条。[3]

在得出这一结论时，我们赞同鲍伯斯-梅里尔案及其声明，即《版权法》并不"意在创造一种权利，允许版权持有人通过在书中的通知，限制在版权所有者将其所有权分给已获得完全支配权的人之后对版权标的物后续转让"。[4]

我们还解释了为什么我们拒绝了关于我们的解释会使第 602（a）（1）条失去意义的说法。那些提出这一主张的人指出，1976 年的《版权法》修正案保留了先前的反盗版条款，禁止进口盗版副本。因此，他们说，第 602（a）（1）条必须禁止进口合法制作的复制品，因为如果允许在首次销售后进口这些合法制作的复制品，就像宝利金公司案所做的那样，将使第 602（a）（1）条没有什么可禁止的。它将成为多余的，没有任何实际工作要做。

我们不认为这一论点是强有力的。根据宝利金公司案的解释，第 602（a）（1）条仍然禁止进口［未经许可，并符合第 602（a）（3）条的例外情况］在国外合法制作的副本，例如：①作为美国出版商的被许可人的外国出版商在海外印刷书籍的副本，但在任何授权销售之前，试图将它们送到美国；②外国印刷商或其他制造商［如果不是第 109（a）条中的"所有者"，例如，在授权销售之前］试图将受版权保护的商品发送到美国；③"一个图书出版

---

[1] 17 U.S.C. § 602（a）（1）（2006 ed., Supp. V）.
[2] 17 U.S.C. § 602（a）（1994 ed.）.
[3] 523 U.S., at 145, 118 S.Ct. 1125.
[4] 210 U.S., at 349-350, 28 S.Ct. 722.

商将副本运送给批发商",而批发商(还不是所有者)将它们送到美国,参见《版权法》修订本(pt.4,p.211)(给出这个例子);或④一个外国电影发行商,在租赁了电影进行发行后,或任何其他被许可人、收货人或受委托人,试图将它们送到美国。例如,"第109(a)条规定,发行权只能在最初处置作品的副本时行使,而不能阻止或限制转售或其他进一步转让这些副本的占有。"[1]这些例子表明,第602(a)(1)条仍有意义。我们承认它的重要性比异议者认为的要小,但异议者也采用了对第106(3)条的解释,"大大限制了"第109(a)条的效力,因此将该条款的范围限制在类似甚至更大的程度。

在宝利金公司案中,我们以类似的理由拒绝了"多余的"论点。但是,在拒绝它的时候,我们说,如果作者把美国的独家发行权给了美国出版商,而把英国的独家发行权给了英国出版商,"大概只有那些由美国版本的出版商制作的(副本)才是第109(a)条意义上的'根据本标题合法制作'。"[2]威利公司现在争辩说,宝利金公司案意见中的这句话意味着在国外出版的书籍(根据许可证)必须不属于"根据本标题合法制作"的字眼,因此我们已经给这些字样以它所支持的地理解释。

然而,我们不能给予宝利金公司案的声明以威利公司所主张的法律效力。在宝利金公司案中,"根据本标题合法制作"的措辞并不存在争议;现在摆在我们面前的这一点在当时并没有得到充分的论证;我们没有讨论我们在此提出的考虑;我们没有说该示例假设"首次销售";我们在那里用"大概"这个词来对我们的声明进行规避。最重要的是,该声明是纯粹的口述。它是包含在对反驳者的反驳中的口述。即使在这方面,它也是不必要的口述。难道法院曾经写过称西红柿为蔬菜的判词后,就一定要永远否认它是一种水果?

相反,我们曾写道,如果更完整的论证表明该论证不正确,我们不一定受该论证的约束。"我们不一定要遵循我们在以前的案件中的意见,在该案件中,现在的问题没有得到充分的辩论"[3];在遵循先例的情况下,拒绝意见,

---

[1] 2 Nimmer on Copyright §8.12[B][1][a], at 8-159.
[2] 523 U.S., at 148, 118 S. Ct. 1125.
[3] Central Va. Community College v. Katz, 546 U.S. 356, 363 (2006).

"如果有足够的说服力，可以遵循这些意见，但不是控制"[1]。而且，考虑到我们的宝利金公司案声明在我们的宝利金公司案裁决中所发挥的作用，我们相信这些意见中所阐述的关于遵循先例的观点适用于现在我们面前的问题。

第二，威利公司和反对意见认为（对那些考虑立法历史的人来说），该法的立法历史支持他们的解释。但是，它所指出的历史事件发生在该法颁布前的十多年，充其量也是不确定的。

在20世纪60年代，图书、唱片和电影行业的代表与版权登记处会面，讨论版权修订问题，抱怨难以划分国际市场。"特殊"书籍的英文版本"找到了"进入这个国家的途径。[2] "在没有任何版权保护的国家出版的"作品被放入"自由商业流"并"运往美国"；对电影也有类似的担忧。

当时的版权局局长亚伯拉罕·卡明斯坦发现这些例子"非常麻烦"。版权局发布了一项条款草案，"涉及进口外国拷贝在美国销售的问题，这些拷贝是在适当的授权下制作的，但如果在美国销售，将违反拥有在美国销售拷贝的独家权利的版权所有者的权利。"该草案没有提及第106条，只是禁止未经授权的进口，它说：

"为了向公众传播而将作品的副本或记录进口到美国，如果这些物品是在未经本标题下分发副本或记录的专有权所有者授权的情况下进口的，则构成对版权的侵犯，可根据第35条[3]起诉。"[4]

在讨论该草案时，一些与会者对其对"首次销售"原则的影响表示关切。例如，代表美国作家联盟的欧文·卡普问道："如果一个德国商人合法地从德国出版商那里购买拷贝，我们是否会遇到限制他转让合法获得的拷贝的问题？"版权局的代表回答说："我想，这可能因情况不同而不同。例如，我猜想，如果一个图书出版商向批发商（即非所有者）运输（即不出售）复制品，这还不是那种用尽控制处置权的交易。"

---

〔1〕 Humphrey's Executor v. United States, 295 U. S. 602, 627-628 (1935).

〔2〕 Copyright Law Revision Discussion and Comments on Report of the Register of Copyrights on the General Revision of the U. S. Copyright Law, 88th Cong., 1st Sess., pt. 2, p. 212 (Comm. Print 1963).

〔3〕 17 U. S. C. §501.

〔4〕 Preliminary Draft for Revised U. S. Copyright Law and Discussions and Comments, 88th Cong., 2d Sess., pt. 3, pp. 32-33 (Comm. Print 1964).

该局后来撤回了该草案,取而代之的是另一个草案,这一草案明确提到了第 106 条,与成为法律的条款相似,即现在的第 602(a)(1)条。该局在一份报告中指出,根据新的草案,进口副本(未经许可)"如果版权所有者授权在外国制作副本,只在该国发行,将违反美国版权所有者的专属权利"。

但是,报告的这一部分没有提到"首次销售"原则,没有提到第 109(a)条,也没有提到"根据本标题合法制作"。而且,该报告和其所附的 1960 年的草案都没有回答我们这里的问题。如果没有这个短语,进口条款通过提及第 106 条规定"首次销售"原则。[1]

但是,为了确定对第 109(a)条的最佳解读,与其剖析行业代表在法规颁布前十年举行的国会会议上关于第 602 条的言论,我们将更加重视第 109(a)条所附的国会报告,该报告是在十年后国会通过新法律时撰写的。那份报告说:

第 109(a)条重申并确认了这样一个原则:如果版权所有者已经转让了作品的某一特定拷贝或录音带的所有权,接受该拷贝或录音带转让的人有权通过出售、出租或任何其他方式处置它。根据法院判决和现行法律所确立的这一原则,版权人的公开发行专有权对任何拥有"根据本标题合法制作的特定副本或录音带"并希望将其转让给他人或销毁的人没有任何影响。

"要纳入第 109(a)条的范围,一份拷贝或录音带必须是'根据本标题合法制作'的,尽管不一定要得到版权所有者的授权。例如,任何非法'盗版'录音带的转售都是侵权行为,但根据第 115 条的强制许可规定合法制作的录音带的处置则不是。"[2][3]

这段历史重申了"首次销售"原则的重要性。例如,"合法制作的副本的全部所有权授权其所有者自由处置"[4]。正如我们所解释的那样,它解释了"根据本标题合法制作"这些词的非地理目的。它没有提到地理问题。重要的

---

[1] Quality King Distributors, Inc. v. L'anza Research Int'l, Inc., 523 U.S. 135, 145 (1998).

[2] H. R. Rep. No. 94-1476, at 79.

[3] Accord, S. Rep. No. 94-473, pp. 71-72 (1975).

[4] Copyright Law Revision, 1964 Revision Bill with Discussions and Comments, 89th Cong., 1st Sess., pt. 5, p. 66 (Comm. Print 1965).

是，第109（a）条的前身条款也没有提到。这意味着，与异议者的建议相反，任何与"首次销售"原则有关的立法历史的缺失，只能支持我们的立场，即国会1976年的修订并不打算在对该条款的修订中创造一个巨大的地理变化。因此，我们认为，总的来说，立法历史支持非地域性的解释。

第三，威利公司和反对者声称，非地理解释将使出版商（和其他版权持有人）难以，甚至不可能划分国外和国内市场。我们承认确实如此。出版商可能会发现在不同的地理市场对同一本书收取不同的价格更加困难。但我们看不出这些事实对威利公司有什么帮助，因为我们找不到任何《版权法》的基本原则表明出版商特别有权获得这种权利。

《宪法》描述了美国《版权法》的性质，规定国会有权"确保""作者"在"有限的时间内"享有"对其作品的专有权利"。[1]建国者们也讨论了授予作者排除竞争的有限权利的必要性。比较托马斯·杰斐逊给詹姆斯·麦迪逊的信（1788年7月31日）和詹姆斯·麦迪逊给托马斯·杰斐逊的信（1788年10月17日），主张反对任何垄断[2]和主张有限垄断以确保产量。但《宪法》的语言没有任何地方表明，其有限的专卖权应包括划分市场的权利或对同一本书向不同购买者收取不同价格的附带权利，比如说为了增加或最大化收益。据我们所知，也没有创始人提出这样的建议。我们没有发现任何先例表明在法律上倾向于对版权法规的解释，以规定市场的划分。版权局芭芭拉-林格的声明，地区市场的划分"主要是私人合同的问题"。[3]

相反，国会颁布的《版权法》（通过"首次销售"原则）限制了版权持有人划分国内市场的能力。而这一限制与通常禁止市场划分的反垄断法是一致的。"竞争者之间为减少竞争而分配领土的协议是非法的。"[4]版权所有者是否应该拥有比普通商业权更多的划分国际市场的权力，这是由国会决定的问题。我们在这里只是试图确定国会已经做出了什么决定。

第四，反对者和威利公司认为，我们的决定使美国《版权法》进入了一个

---

[1] Art. I, §8, cl. 8.
[2] 13 Papers of Thomas Jefferson 440, 442–443 (J. Boyd ed. 1956).
[3] Copyright Law Revision, pt. 2, at 194.
[4] Palmer v. BRG of Ga., Inc., 498 U.S. 46, 49–50 (1990).

前所未有的"国际用尽"制度。[1][2]但他们并没有指出1976年国会的意图。异议者还声称,很明显,美国现在反对采用这样的制度,但作为法庭之友的副检察长在本案中没有采取这样的立场。事实上,在口头辩论时,副检察长表示,威利公司对法规的解读(永久的下游控制)的后果比柯桑恩的解读(对市场细分的限制)"更糟"。异议者对副检察长在宝利金公司案中的立场的依赖,因其在该案中同意我们对第109(a)条的解读而被削弱。参见美国在宝利金公司案中作为法庭之友的简报[3]("当国会希望使制造地点与《版权法》保护相关时,它会明确表示";称国会"明显不太可能"为海外生产提供激励措施)。

此外,异议者显然赞成的用尽制度将规定"在一个国家销售商品"并不"排除知识产权所有者控制该商品在其他地方销售的权利"。但我们在宝利金公司案中认为,即使"第一次销售发生在国外",第109(a)条也是美国法院的辩护理由,[4]已经大大削弱了这种原则。

四

由于这些原因,我们得出结论,支持柯桑恩对"根据本标题合法制作"的非地理解释的考虑更具说服力。上诉法院的判决被推翻,该案被发回重审,以进行符合本意见的进一步审理。

▶ 案情简介

1997年,泰国公民柯桑恩移居美国,在康奈尔大学学习数学,他让他在泰国的朋友和家人在泰国书店购买外国版本的英语教科书,相关英语教科书在泰国以较低的价格出售,购买后将英语教科书邮寄给在美国的他。然后,柯桑恩将出售这些书,偿还他的家人和朋友,保留利润。约翰·威利父子公司起诉柯桑恩侵犯了其第106(3)条规定的独家销售权和违反了第602条的

---

[1] Post, at 1382-1385.
[2] Brief for Respondent 45-46.
[3] Amicus Curiae in Quality King, O. T. 1996, No. 1470, p. 30.
[4] 523 U.S., at 145, n. 14, 118 S. Ct. 1125.

相关进口禁令。

◆ 争议焦点

编入《版权法》的"首次销售"原则是否适用于在国外合法制作的版权作品的副本？——是

◆ 法律规范

《版权法》第106条授予"本标题下的版权所有人"某些"专有权"，包括"通过销售或其他所有权转让向公众分发版权作品的副本"的权利。[1]然而，这些权利受到该法案接下来几条（第107~122条）规定的各种限制的适用。这些章节通常被称为"对专有权的限制"，包括例如"合理使用"原则[2]，允许有限的图书馆档案复制[3]，以及这里讨论的"首次销售"原则[4]。

第109（a）条规定了"首次销售"原则如下：尽管第106（3）条（授予版权所有者独家发行权的条款）有规定，根据本标题合法制作的特定副本或录音带的所有人有权在没有版权所有人授权的情况下，出售或以其他方式处置该副本或录音带的所有权。

因此，尽管第106（3）条禁止在未经版权所有人许可的情况下发行一本受版权保护的小说《赫尔佐格》，第109（a）条补充说，一旦《赫尔佐格》的副本被合法出售（或其所有权以其他方式合法转移），该副本的购买方和后续所有者可以自由地按照他们的意愿处置它。用版权术语来说，"首次销售"已经"耗尽"了版权所有人第106（3）条规定的独家发行权。

从技术上讲，"进口"条款第602（a）（1）条规定：根据第106条，未经本标题下的版权所有人授权，将在美国境外获得的作品的副本进口到美国，是对分发副本的专有权的侵犯。[5]

因此，第602（a）（1）条明确规定，未经许可进口副本侵犯了所有者的

---

[1] 17 U.S.C. §106 (3).
[2] 17 U.S.C. §107.
[3] 17 U.S.C. §108.
[4] 17 U.S.C. §109.
[5] 17 U.S.C. §602 (a) (1) (2006 ed., Supp. V).

独家发行权。但这样做时，第602（a）(1) 条明确引用了第106（3）条的独家发行权。第106条的条款"受制于"第107~122条中包含的各种学说和原则，包括第109（a）条的"首次销售"限制。

在宝利金公司案[1]中，法院认为第602（a）(1) 条对第106（3）条的独家发行权的引用包含了后面小节的限制，特别是包括第109条的"首次销售"原则。

（这里讨论的副本是在国外制造的）这一事实很重要，因为第109（a）条规定"首次销售"原则适用于"根据本标题合法制作的特定副本或录音带"。

1909年《版权法》的语言指的不是副本的所有者，只是"合法获得"副本的所有者。

从地理上解释意味着教师不能（在没有进一步授权的情况下）在课堂上使用在加拿大、墨西哥、欧洲、非洲或亚洲合法制作的电影副本。

当一项法规涵盖了以前由普通法管辖的问题时，法院必须假定国会有意保留普通法的实质内容。[2]

侵犯普通法的成文法应推定保留长期确立和熟悉的原则，除非成文法有明显相反的立法目的。[3]

如果制作复制品构成对版权的侵犯或如果适用本标题将构成对版权的侵犯，禁止进口这样的复制品。[4]

许多书没有标明生产地点；没有实用的方法知道一本书是在哪里印刷的。

没有理由相信外国汽车制造商经常从他们的软件组件供应商那里获得这种许可。

美国版权所有者授权首次销售和出口在美国生产版权标签的护发产品，而买方未经版权所有者许可试图将这些产品进口回美国。[5]

法院认为进口条款并不禁止（未经版权所有者许可）将产品送回美国。

---

[1] Quality King Distributors, Inc. v. L'anza Research Int'l, Inc., 523 U.S. 135, 145 (1998).

[2] Samantar v. Yousuf, 560 U.S. 305, n.13 (2010).

[3] Isbrandtsen Co. v. Johnson, 343 U.S. 779, 783 (1952).

[4] 17 U.S.C. §602（a）(2).

[5] 523 U.S., at 138-139.

未经本标题下版权所有人的授权,将在美国境外获得的作品的复制品或录音制品进口到美国,是对第 106 条规定的发行复制品或录音制品的专有权的侵犯。[1]

进口受版权保护的标签不违反第 602(a)(1)条。[2]

根据宝利金公司案[3]的解释,第 602(a)(1)条仍将禁止进口[未经许可,并受第 602(a)(3)条中的例外情况限制]在国外合法制作的副本。例如,①作为美国出版商的被许可人外国出版商在海外印刷了一本书的副本,但在任何授权销售之前,试图将它们发送到美国;②外国打印商或其他制造商[如果不是第 109(a)条中的"所有人",例如,在授权销售之前]试图将受版权保护的货物运到美国;③"图书出版商将副本运给批发商",批发商(还不是所有者)将副本运到美国[4];或④租用电影发行的外国电影发行商,或任何其他被许可人、收货人或受托人试图将电影送往美国。[5]

第 602(a)(1)条重要性低于异议者认为适当的程度,但异议者采用的第 106(3)条的结构"大大限制了"第 109(a)条的效力,因此更大程度上限制了第 109(a)条的范围。

法院没有义务遵循在以前案件中的格言,因为现在争论的问题在以前的案例中没有得到充分的辩论。[6]如果有足够的说服力但没有控制力,则可以遵循。[7]

第 109(a)条重申并确认了以下原则:如果版权所有人转让了作品的特定副本或录音制品的所有权,则该副本或录音制品被转让给的人有权通过出售、出租或任何其他方式处分该副本或录音制品。根据法院的判决和现行法律规定的这一原则,版权所有人的公开发行权对任何拥有"根据本标题合法制作的特定副本或录音带"并希望将其转让给他人或销毁的人都没有影响。

---

[1] 17 U.S.C. §602(a)(1)(2006 ed.).
[2] 523 U.S., at 145.
[3] 523 U.S. 135, 145 (1998).
[4] Copyright Law Revision, pt. 4, at 211.
[5] 2 Nimmer on Copyright §8.12[B][1][a], at 8-159.
[6] Central Va. Community College v. Katz, 546 U.S. 356, 363 (2006).
[7] Humphrey's Executor v. United States, 295 U.S. 602, 627-628 (1935).

国会有权"在有限的时间内""保护""作者""对作品的独有权利",美国《宪法》描述了美国《版权法》的性质。[1]

▶ 双方辩词

原告:威利公司起诉柯桑恩侵犯版权,柯桑恩未经授权进口书籍以及后来转售这些书籍的行为侵犯了对威利公司的第106(3)条独家分销权、第602条相关进口禁令。

[109(a)不适用]"根据本标题合法制作"这些词限制了第109(a)条首次销售原则的地理范围,因为根据任何一种地理解释,第109(a)条的首次销售原则都不会适用于威利公司的亚洲书,因为"根据本标题合法制作"将首次销售原则限制在美国《版权法》适用的、符合美国《版权法》的副本。这意味着,首次销售原则对在美国境外制作的副本不适用,至少不适用于专为在国外发行而制作的副本。副检察长说"根据本标题合法制作"将首次销售原则的适用限制在符合美国《版权法》的副本,在美国制作的副本。第九巡回法院认为这些词把首次销售原则的适用限制在:①在美国合法制作的复制品;②复制品在美国境外合法制作,但最初经版权所有者允许在美国销售。

被告:(合法的)我所获得的书籍是合法制作的,我是合法获得,第109(a)条的首次销售原则[第109(a)条重申并确认了这样一个原则:如果版权所有者已经转让了特定作品的拷贝、录音带的所有权,那么接受该拷贝、录音带的人有权通过出售、出租或其他方式处置]允许我未经版权所有者进一步许可,就可以转售或以其他方式处置这些书籍。

原告:(国会有意造成限制性后果)在法规的其他地方,国会用不同的词来表达类似于我们所采用的非地域性的解释。因此,第109(a)条使用不同语言一定是国会指不同的东西[如第109(a)条的地域性解释]。

被告:(国会)国会在编写目前版本的第109(a)条时,并没有考虑到地理因素。我们将第109(a)条目前的语言与第109(a)条的直接前身的语

---

[1] Art. I, §8, cl. 8.

言进行比较，第109（a）条的直接前身说本法中的任何内容都不得被视为禁止、阻止或限制转让已经合法取得的版权作品的任何副本。

1947年《版权法》第27条的前身没有说到地理问题，前身说首次销售原则保护对任何合法获得占有的副本的转让。

目前的版本说，根据本标题合法制作的特定副本、录音带的所有者有权出售或处置副本或录音带的所有权。

第109（a）条明确指出，副本的承租人不会得到首次销售保护，但只要该副本是合法制作的、不是盗版，拥有副本的人将受首次销售原则保护。

其他条款旨在平等对待在美国制造的复制品和在国外制造的复制品。现法规的其他条款也支持非地域性解释。对于法规中"制作条款"的措辞，很难相信如果国会寻求不平等待遇却只字不提，而在相关条款寻求相反的政策目标。法院通常假定，"根据本标题合法制作"出现在不同但相关的条款中时，具有相同的含义。

第109（a）条说，尽管有版权所有者［在第106（5）条中规定］，但根据本标题合法制作的特定副本的所有者可以公开展示它，无需进一步授权。从地理上解释这些话意味着，在加拿大、欧洲、亚洲购买受版权保护的艺术品、海报甚至保险杠贴纸的人，如果没有版权所有者的进一步授权，就不能在美国展示。

第109（e）条明确规定，根据本标题合法制作的，受版权保护的视频街机游戏的特定副本所有者可以未经版权所有者授权在投币设备中公开表演或展示该游戏。从地域上解释这些词语意味着如果最初在日本制作街机游戏，则街机所有者不能表演或展示。

第110（1）条规定，未经版权所有者授权，允许教师在面对面的教学活动中表演、展示受版权保护的作品，除非该教师知情使用根据本标题并非合法制作的拷贝。从地域上解释这些词语意味着，如果拷贝是在加拿大、墨西哥、欧洲、非洲或亚洲合法制作的，教师就不能在课堂上使用电影拷贝。

（其他章节）本法第104条规定，不考虑作者的国籍或居住地，受本标题保护的作品包括未发表的作品。包括与美国签署了版权条约的近180个国家中的任何一个国家首次发表的作品。

我们不知道有什么解读法规的法则会禁止将同一法规中不同部分使用的不同词语解释一致。

（普通法）相关的法律解释倾向于非地域性的解读。当一项法规涵盖了以前由普通法管辖的问题时，我们必须推定国会打算保留普通法的实质内容。首次销售原则是一项普通法原则，具有无可挑剔的历史渊源。科克认为首次销售原则对于保护贸易和贩运、讨价还价和签订合同是必要的，让商品的购买者在转售、处置这些商品时自由竞争很重要。美国法律普遍认为竞争、包括转售的自由对消费者有利。直接适用鲍伯斯-梅里尔案不会排除首次销售辩护适用于在海外制作的授权拷贝。

原告： 威利公司说，这些问题并没有发生，是人为编造的。问题和威胁纯粹是理论上的，不太可能反映现实。

被告： （学术、艺术、商业和消费活动）"在本网站下合法制造"是一种非地理限制，它是指根据或遵守《版权法》制造的。只要制造符合美国《版权法》的要求，第109（a）条的首次销售原则将适用于版权作品。就像在本案中，该原则适用于经版权所有者许可在国外制造的副本。国会不会有意创造与版权有关的实际危害，地理解释将威胁普通的学术、艺术、商业和消费活动。

（问题）图书馆协会、旧书商、技术公司、消费品零售商、博物馆指出，地理解释将无法促进基本的宪法版权目标，特别是促进科学和实用艺术的进程，地理解释很可能要求图书馆在流通或以其他方式分发书籍前获得许可。美国图书馆协会问：图书馆是否要获得许可来分发这些数以百万计的书籍，图书馆如何能找到十年前写的、外国书籍的版权所有者。图书馆可能不知道版权所有者现在的地址，即使能找到地址，找到所有者，与所有者联系、谈判的费用可能很高。图书馆是否停止流通、分发、展示馆藏的在国外印刷的数百万本书籍。二手书商说，几个世纪以来，他们的经营都假设适用首次销售原则。二手书商不能轻易预测外国版权人对读者努力出售二手小说有什么看法，二手书商认为，地理上的整合将损害很大一部分二手书业务。技术公司表示，汽车、微波炉、计算器、手机、平板电脑和个人电脑都含有可获得版权的软件程序或包装，没理由相信外国汽车制造商会定期从软件组件供应商那里获得这种许可。如果没有这种许可，外国车主就不能出售他的二手车。零售商表示2011年进口了价值超过2.3万亿美元的外国商品。国外首次销售后，美国零售商购买了许多书籍。零售商认为，美国传统的版权作品的销售额可能超过2200亿美元，地理解释将使许多美国传统的版权作品遭到侵权诉讼，甚至产生破坏性影响。

艺术馆馆长认为，即使版权所有者已经将作品出售或捐赠给外国博物馆，地理解释将要求博物馆在展示作品之前获得版权所有者的许可。如果艺术家保留了版权，找不到艺术家或一群继承人在争论谁拥有版权，博物馆该怎么办？博物馆馆长协会认为，博物馆没有要求外国同行发送前向版权所有者继承人核实的习惯。这种惰性意味着在得到律师的指示之前，这些机构可能需要巨大的改变。这些机构将开始参与地理解释所需的复杂的许可验证过程。迄今为止，损害的有限可能只反映了版权所有者不愿主张基于地理位置的转卖权。《版权法》是会造成不确定的法律，会带来选择性执法。如果广泛不执行，将滋生对《版权法》的不尊重。特别是，考虑到对外贸易对美国的重要性日益增加，实际问题太严重、太广泛、又太有可能被忽视。

原告：（诉诸）威利公司，像第二巡回法院和副检察长一样，必须首先强调根据一词。威利公司把根据这个标题理解为当《版权法》适用时、符合《版权法》，然后，威利公司必须论证《版权法》只在美国适用。

被告：一个困难是，无论是根据还是短语中的任何其他词都不意味着在哪里，它可能意味着受制于。

（语言上的）无地域性的解释很简单，因为它促进了传统的版权目标，而且体现语言学上逐字的意思。地域性的解释充满了语言学上的困难，它几乎没有解释合法这个词。第九巡回法院的地域性解释产生了更大的语言学困难，允许出版商威利自由地在国外印刷书籍、在美国境内进口和销售，但禁止学生在校园书店出售他们的旧书，没有办法将这种半地理、半非地理的解释与"根据本标题合法制作"这一短语相协调。作为一个语言问题，"根据本标题合法制作"要么包括在国外合法制作的副本，要么不包括。

（不确定性和复杂性）更为严重的困难来自第二步努力的不确定性和复杂性，即将必要的地理限制解读为适用一词。《版权法》并不保护美国版权持有人免受国外发生的未经授权的盗版行为的侵害,但这一事实并不意味着该法不适用于国外制作的拷贝。

原告:(质量王案)质量王案的裁决强烈支持地理解释,第602(a)(1)条必须禁止进口合法制作的副本。因为,像质量王案的裁决那样,如果在首次销售后允许进口这些合法制作的副本,将使第602(a)(1)条没什么可禁止。在质量王案中,法院说如果作者将美国独家发行权交给美国出版商,将英国独家发行权交给英国出版商,则推测只有美国版出版商所做的才符合第109(a)条意义上的根据本标题合法制作。质量王案意见中的这句话意味着在国外出版的书籍不符合根据本标题合法制作的范围。法院已经对"根据本标题合法制作"进行了地理解释。

被告:(质量王案)根据质量王案的解读,第602(a)(1)条必须禁止进口外国合法制作的副本。例如,①外国出版商作为美国出版商的被许可人在海外印刷书籍的副本,但在任何授权销售之前,试图将副本运到美国;②外国印刷商或其他制造商〔如果不是第109(a)条的"所有者",在授权销售前〕试图将受版权保护的商品运到美国;③"图书出版商将副本运送给批发商",批发商(还不是所有者)将其发送到美国;或④外国电影发行商租赁电影发行,或任何其他被许可人、收货人或受托人试图将电影运到美国。

(法院声明无溯及力)在质量王案中,"根据本标题合法制作"不是争议焦点,对于现在的争议焦点,质量王案法院没有充分论证,没有充分考虑我们在本案中提出的考虑因素,没提议说质量王案假设了首次销售。因此,我们用大概这个词陈述,陈述是纯声明、无溯及力。如果更完整的论证证明声明不正确,则法院不受声明约束。

(法院)首次销售原则还免除了法院对难追踪、易移动的货物执行限制措施的行政负担,避免了此类努力固有的任何选择性执行。

(巡回法院)为减少问题,第三巡回法院赞成非地理解释,第九巡回法院赞成修改的地理解释与非地理推论,其他法院对采用地理解释能否有效犹豫不决。

原告:(历史)《版权法》的立法历史支持我的解释。

被告:立法历史发生在该法颁布前十多年,立法历史一定程度上也不能作为定论。

缺失与首次销售原则有关的立法历史倾向于支持我们的立场，即国会1967年的修订并不打算在对该条款的修订中创造一个巨大的地理变化，立法历史支持非地理的解释。

原告：（单独的市场）非地理解释将使出版商很难，甚至不可能划分国外和国内市场，出版商可能会发现在不同的地理市场为同一本书定不同价格更加困难。

被告：（宪法）法院没有发现《版权法》的基本原则表明出版商有权享有这种权利，宪法没有表明有限的专有权应包括划分市场的权利，或是为了增加或最大化收益，对同一本书向不同购买者收取不同价格的伴随权利。开国者没有提出这样的任何建议，国会颁布《版权法》限制了版权人划分国内市场的能力，这种限制与通常《反垄断法》禁止划分市场一致。版权人是否应该拥有超过普通商业权力的权力来划分国际市场，应由国会决定。

原告：（国际用尽）该决定将让美国《版权法》进入一个前所未有的国际用尽统治方式。

被告：在一个国家销售商品并不能用尽知识产权所有者决定商品在其他地方销售的权利。

▶ 判决结果

编入《版权法》的"首次销售"原则适用于在国外合法制作的版权作品的副本。

▶ 思考延伸

原告是利比亚海运公司，其公司股东居住在美国，该公司的宇宙卫士号货船从利比亚载物准时运达英国名福特哈温港。该船船员主要是当地人。船员的工资低于《国际运输工人联合会》的规定。到港后，船员声明：除非海运公司捐助80万美元作为海员国际福利基金，否则不卸货，使船不能离开港口。海运公司给付基金，后起诉追偿。

- 多少人认为船员应该保留海员国际福利基金？多少人认为应当退还？

应当给付，因为船员工资低于《国际运输工人联合会》的规定标准。船员需要这笔钱用于医疗、保险、生活。

不应当给付，因为《国际运输工人联合会》的规定不适用。《国际运输工人联合会》不是国内法。船员获得收入就有义务卸货，船员索要费用才承担卸货义务影响恶劣。由于货物到港船员拒不卸货，海运公司要承担监管费用，甚至违反对货物有期待的客户或买家的其他合同。海运公司给付基金是由于船员有欺诈、威胁、强迫海运公司。

- 技术经济是好是坏？

技术是经济增长的主要动力。技术进步使得人们能够更高效地生产出更多更好的商品。这些变化带来了巨大的长期利益。蒸汽机最初用于从矿井中抽水，后来帮助铁路和工业发展。农民和商人将货物从一个国家的内陆运送到沿海，促进了贸易。发电技术使电力能够准确地在需要的时间和地点输送，极大地提高了制造效率。互联网上与朋友的交流几乎是零成本，帮助我们建立更多联系，创造更多价值。在常规、枯燥、困难、危险、不卫生的工作中，机器人比人类更受欢迎，机器人的薪酬比人类低，机器人已经完成了世界上80%的汽车制造。

技术经济带来问题，比如造成环境破坏、加速气候变化。教室里的笔记本电脑减慢学生的学习速度，司机因分心驾驶导致机动车事故，假新闻在社交网络上传播得比真新闻更快。未来的工作会强调人类的同理心和原创性，比如感知他人情感、想象他人所思所感的能力，教师、艺术家的工作将不可取代。

从本质上讲，每一家公司都面临着宝贵的知识产权问题。版权、专利、商标和发明。客户列表、营销策略、定价以及供应商和供应商列表也是知识产权。

- 作为雇主，你如何保护你的商业秘密、机密信息？

员工可以签署协议，不透露其潜在雇主的专有信息（公司知道的、在公司业务中具有商业价值的信息），不在工作期间将工作成果的所有权转让。在给定的地理区域内在一段时间内不为竞争对手工作。违反协议通常会被处以高额的经济处罚。教育培训，通知员工公司的软件、内部网络、程序、应用程序、电子邮件和其他技术都是公司的财产。限制对敏感信息的访问，确保员工知道文件未经明确许可不得离开工作场所。要求特定员工在一定时间内归档文档,从打印机、复印机、扫描仪、传真机中清除松散的文档。

马纳医生离开工作岗位。他被禁止在塔尔萨市方圆100英里内2年内从事心血管和胸外科的治疗手术。公司花费了100多万美元宣传马纳医生的名字和形象。

● 你认为该协议具有可执行性吗?双方分别能提出什么辩论理由?

否。当雇主没有向雇员提供机密信息,或雇员没有利用这些信息来获得竞争优势时,竞业禁止公约是不可执行的。马纳医生开诊所只是为了谋生。公司不会遭受实质性的损失。

是。协议保护合法的商业利益,马纳医生只是被要求离开公司的主要业务区域。

托马斯·爱迪生经常去专利局研究其他发明家的专利,希望能激发出自己的想法。爱迪生开创性的1880年白炽灯专利刺激了下游的开发工作,导致了具有商业意义的新技术特斯拉线圈、密封连接器、化学气相沉积工艺、钨丝灯和磷光照明、荧光灯。

只有一个强大的专利制度在电话、电子、计算和软件对专有技术进行许可和交叉许可,产生智能手机行业。

● 专利真的能促进创新吗?

专利能促进创新。发明的主要动力是期望从拥有发明的权利中获利。发明家想法商业化后,可以自由地广泛地推广发现,获得最大的回报。发明者的创新会提升公共福利。如果没有专利制度保证发明者的财产权,发明者将小心翼翼地保护他们的发现不被竞争对手发现,因为发现被复制后可以不受惩罚。如果专利在经济上没有用处,保留它的动机就会降低。

专利不能促进创新。一项专利如果有效期过长,可能会限制其他人使用和利用它。所有的技术都建立在过去的技术之上,发明在之后很长一段时间内受到限制将大大减缓其他人的发明,从而减缓整个社会的福祉。专利到期后,发明才能被更多人尽可能地使用。大公司限制创造类似的产品或设计挤出竞争对手,通过获得大量专利垄断市场。